"十三五"职业教育国家规划教材

全国空中乘务专业规划教材

FLIGHT SERVICE SERIES

第5版

民航服务心理与实务

张 澜 编著

向 前　聂建波　梁定召　董泽俣　张彩霞 参编

北京·旅游教育出版社

全国空中乘务专业规划教材

编委会

主　　任　　高　宏　刘　权

副主任　　（以姓氏笔画为序）
　　　　　　李　勤　　张新南　　黄永宁　　谢　苏

编　委　　（以姓氏笔画为序）

丁永玲	王化峰	王　娜	王莉莉
王　鑫	亢　元	孔庆棠	邓彦东
石　慧	田　宇	伏六明	安玉新
刘秀丽	刘岩松	刘　晖	成宏峰
向　前	闫　华	李广春	李永平
李庆杨	李　程	杨　柳	杨　静
陆　书	陈丹红	陈晓燕	张　丽
张晓明	张彩霞	张　澜	邹　昊
余明洋	吴　菁	罗　丹	罗亮生
林　扬	柳迪善	郑　巍	姚红光
赵冰梅	洪　涛	聂建波	唐小燕
贾丽娟	徐国立	郭　蓓	顾　骧
梁定召	梁悦秋	黄建伟	崔祥建
韩晓娜	程　茜	谢春讯	谢爱民
蔡　杰	熊　莹	薛兵旺	

丛书修订说明

全国空中乘务专业规划教材依据中国民用航空局关于空乘人员的素质、知识结构、能力要求开发和编写。作为全国首套针对空中乘务专业较为完善的系列教材,从2006年规划之初就一直坚持"探索教材体系、服务专业发展,创新教材内容、引领专业趋势"的指导思想。经过十多年的使用,本套教材得到了相关院校一线教师的充分肯定,获得了很好的口碑,对我国空中乘务专业的建设与人才培养发挥了重要作用。

本系列教材问世以来,正值我国空中乘务服务专业教育不断规范、健康发展之时。一方面,民航服务在不断更新服务理念,服务的品质不断攀升;另一方面,空乘服务教育在人才培养的层次、培养模式、培养水平上不断创新,学科内涵不断充实,服务于我国民航未来发展的具有生机与活力的人才培养体系逐渐形成。此间,我们一直密切关注民航服务的实践,动态跟踪空中乘务专业的国内外发展趋势,不断深化对民航服务专业教育的认识。为适应未来民航服务国际化对人才培养的新要求,继续发挥本套教材在我国空乘服务专业教育的引领作用,完善教学体系、丰富教学内容,提高教学的效率与质量,我们就教材在专业建设与人才培养中的实际效果以及毕业生在实际工作岗位上的职业发展进行了调研,在此基础上我们又一次组织了工作在专业建设一线的空乘服务专业专家、教师对教材进行了修订,力图在教材的科学性、前瞻性和实用性方面有所创新,使这套空中乘务专业系列教材在未来的专业建设与人才培养方面发挥更大的作用。

本次教材修订我们主要遵循了以下原则:

1. 提升教材的学科内涵。现今的空乘服务教育已从普通的专科教育为主,逐步走向本专科教育并存的格局,学科的内涵逐渐凸显出来。为此,我们在本版教材修订中,强化了学科概念,通过完善与创新核心课程的理论体系,以期为未来空乘服务学科建设奠定一定的基础。

2. 提高教材的受用范围。随着空乘服务本科教育的突起,空乘正在从服务技能教育逐步向专注人才培养核心能力与人才档次转变。为此，在本套教材修订中我们融进了本科教育的理念，力图在同时适用于本科与专科教育方面有所改进。

3. 教材模式更适用于教学。教材要为专业建设、为教学服务，更要为学生服务。我们将教材使用过程中的各种反馈意见进行了汇总，在完善教材内容的基础上，使教材更贴近教学需要。

4. 体现现代民航服务研究成果。随着民航业的快速发展，民航服务学科逐渐成形，核心概念与外延正发生着变化。作为教材，必须反映这一发展趋势，摒弃传统的概念与思想，以发挥教材的导向作用。我们根据不断丰富的专业内涵，引进了学科的理念，对教材的核心思想进行了完善，使教材的整体脉络更加科学、更具有前瞻性。

5. 理论与案例结合，着力于培育整体服务思想体系。空乘服务专业实践性很强，服务涉及的情境复杂，服务的艺术性凸显，教与学问题突出，理论的引领更需要案例的配合。为此，在本套教材修订过程中，除了进一步完善教材理论内容体系，还特别增加了案例的数量，并及时将最新的案例编入教材中，以为读者提供一个更为广阔的民航服务的"崭新空间"。

我们欣喜地看到，在过去的十多年中，我国空中乘务专业办学层次不断提升，人才培养的内涵不断丰富，培养体系更加科学，在专业建设与教学改革方面取得了长足的进步。特别是以空中乘务本科培养为主的学校，在探索专业内涵、丰富课程体系、完善教学内容等方面发挥了积极的作用。可以说，我国的空中乘务专业已经步入成熟发展时期，希望此次教材的再次修订能为我国空中乘务专业未来发展与专业水平的提高做出贡献。

本套教材目前共有16本，分别是《民航概论》《空乘服务概论》《民航旅客运输》《民航法律法规与实务》《客舱设备运行及管理》《客舱服务技能与训练》《民航地勤服务》《民航服务心理与实务》《空乘服务沟通与播音技巧》《航空卫生保健与急救》《空乘人员形体及体能训练》《空乘人员化妆技巧与形象塑造》《空乘人员仪态与服务礼仪训练》《民航乘务英语会话》《民航乘务英语视听》和《民航服务实用韩国语》。

高质量空乘服务人才的培养需要建立在科学的培养模式、学科建设、规范的课程体系以及合理的课程内容与有效的教学方法基础上。希望本套教材的修订再版能在优化全国空中乘务服务及相关专业培养方案、完善课程体系、丰富课程内容、传播交流有效教学方法方面尽一份绵薄之力。对于教材使用中的问题，我们衷心希望能够得到广大师生的积极反馈及专家学者的批评指正，我们会全力以赴地不断提升教材的品质，以回报给予我们大力支持的广大师生。

如有建议或疑问，欢迎发邮件至wytep@126.com。

旅游教育出版社

第5版前言

随着社会的发展变化,人民的生活水平不断提高,乘机外出的人数逐年增多,这对民航服务也提出了更高、更人性化的要求。在交通运输服务中,民航服务由于其自身行业的特点以及我国社会发展的实际情况,一直被认为是处于高端位置的服务。航空公司以及旅客对民航服务人员的行业要求和心理期望都比较高,导致民航服务人员的工作压力较大,心理压力随之增强。在不断提高民航服务质量的同时,民航服务人员自身心理素质的培养与训练以及心理的调适也是非常必要的。

在这一背景需求下,我们对《民航服务心理与实务》一书进行了5版修订。经过前4次的修订,由于内容体系已经比较完整和完善,所以保留了章节框架,主要将案例进行了大规模更新,使案例与教学内容紧密结合,反映出民航服务中的新形势、新情况。整本教材更加体现出心理学知识的色彩,便于使学生更好、更灵活地将心理学知识运用于实际工作中。

修订后,本教材仍分为上、下两篇,标题分别调整为"上篇 民航服务心理及运用"和"下篇 民航服务人员心理及调适"。上篇立足于旅客的服务心理需求,选取了知觉、需要、沟通、交往、突发事件这五个最具代表性和最基本的、与民航服务工作联系最为紧密的重点内容,着重运用心理学的基本知识与理论,对旅客的心理需求与心理规律进行比较详细的分析,目的在于探讨民航服务的工作要领,帮助民航服务人员把握旅客的心理,提高自身的心理素质与工作能力;下篇则从端正民航服务人员的心态、提高其心理素质的角度,对个性、情绪、团队合作、心理素质四个方面进行了细致的阐述与探讨,重点分析了民航服务人员常见的心理问题以及心理调适的技巧和方法。

本教材不仅能够作为高校空乘专业的教材,对于民航企业的服务与管理人员以及培训部门,也不失为一本有价值的参考用书。

参与编写本教材的作者，长期以来一直在航空相关院校及其他高校从事民航服务人才的教育与培训工作，不仅具有扎实的心理学知识，而且积累了丰富的民航服务人才培养经验。本教材是理论与实践、教学与科研、高校与企业有机结合的成果，既包含通俗的心理学理论知识，又解析了丰富生动的服务案例，并增加了自我心理测试部分，便于学习者进行理论学习与实践应用。

本教材具体编写分工如下：第一章、第二章、第三章、第四章、第六章、第八章第一节和第三节、第九章第二节和第三节、第十章由沈阳航空航天大学张澜编写；第五章第一节由张家界航空工业职业技术学院聂建波编写；第五章第二节和第三节、第七章第一节和第三节由沈阳航空航天大学董泽俣编写；第七章第二节由湖南女子大学向前编写；第八章第二节由张家界航空工业职业技术学院梁定召编写；第九章第一节由沈阳航空航天大学张彩霞编写。张澜进行全书的统稿和审定。本版修订工作由张澜完成。

鉴于各种原因，本书还存在诸多不足之处，敬请广大读者批评指正。在写作过程中我们还参阅和引用了一些专家学者的研究成果，选取了一些航空企业的工作案例，在此我们一并表示感谢。

编　者

上篇 民航服务心理及运用

第一章 心理与服务心理 3

3 第一节 心理概述
　　一、心理的本质/4
　　二、心理的现象/5
　　三、心理现象之间的关系/7

8 第二节 服务与服务心理
　　一、服务概述/8
　　二、服务心理/9

10 第三节 民航服务与民航服务心理
　　一、民航服务/10
　　二、民航服务心理/14

第二章 需要心理与服务 21

21 第一节 需要心理概述
　　一、需要心理/21
　　二、需要心理的类别与层次/22

24 第二节 旅客的服务需要
　　一、旅客的饮食需要/24
　　二、旅客的安全需要/25
　　三、旅客的便捷需要/25
　　四、旅客的舒心需要/27
　　五、旅客的情感需要/30
　　六、旅客的尊重需要/31

33 第三节 特殊旅客的服务需要
　　一、老、弱旅客的服务需要/33

— I —

二、病、残旅客的服务需要/35
三、儿童旅客的服务需要/36
四、初次乘机旅客的服务需要/37
五、重要旅客的服务需要/38
六、国际旅客的服务需要/39
七、航班延误与取消情况下
　　旅客的服务需要/41
八、挑剔旅客的服务需要/42
九、民航内部旅客的服务需要/45

第三章　知觉心理与服务　49

49　第一节　知觉与社会知觉概述
一、知觉/49
二、社会知觉/50

52　第二节　社会知觉的偏差
一、首因效应(第一印象)/52
二、晕轮效应/56
三、刻板效应/56

57　第三节　旅客的社会知觉
一、旅客社会知觉的内容/57
二、影响旅客社会知觉的因素/63

69　第四节　服务人员的社会知觉
一、服务人员对旅客的知觉/69
二、服务人员的自我知觉/74

第四章　交往心理与服务　78

78　第一节　客我交往概述
一、客我交往的含义与特征/78
二、客我交往的心理状态和
　　交往形式/80

83 第二节　客我交往的影响因素与心理效应

　　一、客我交往的影响因素 /83

　　二、客我交往的心理效应 /85

　　三、客我交往的不良心理表现 /89

90 第三节　客我交往的原则与技巧

　　一、客我交往的双胜原则 /90

　　二、客我交往的技巧 /94

　　三、客我交往的注意事项 /96

第五章　应急心理与服务 101

101 第一节　突发事件的特点

　　一、突发性 /102

　　二、欲望性 /102

　　三、群体性 /102

　　四、破坏性 /102

103 第二节　突发事件的种类

　　一、航班延误与取消 /103

　　二、旅客突然发病 /106

　　三、旅客的过激行为 /107

　　四、行李晚到、丢失、损坏等 /109

　　五、售票差错、退票、超售等 /110

　　六、旅客人身损害 /111

　　七、飞机上的违法或犯罪行为 /112

115 第三节　突发事件的积极应对

　　一、突发事件后旅客心理行为反应 /115

　　二、突发事件的处理原则 /117

　　三、突发事件的应对措施 /119

第六章　沟通心理与服务 129

130 第一节　沟通心理概述

　　一、沟通心理的特点 /130

　　二、沟通的作用 /131

三、沟通的方式 /134

136　第二节　身体语言的沟通

一、身体语言沟通的类别 /137

二、身体语言的理解 /146

149　第三节　服务中的沟通障碍

一、语言沟通障碍 /149

二、文化沟通障碍 /151

三、情绪沟通障碍 /152

四、个性沟通障碍 /153

五、角色沟通障碍 /153

六、态度沟通障碍 /154

七、信息沟通障碍 /155

155　第四节　服务中的沟通技巧

一、充分地了解旅客 /156

二、正确使用身体语言 /157

三、熟练掌握语言技巧 /159

四、学会倾听 /161

五、与旅客找到共同语言 /163

六、赢得旅客的理解和配合 /163

七、迅速解决各种问题 /165

下篇　民航服务人员心理及调适

第七章　个性心理与调适　171

171　第一节　个性概述

一、气质 /172

二、性格 /175

三、能力 /178

179　第二节　个性特点与服务工作

一、旅客的个性特点与服务工作 /179

二、服务人员的个性特点与服务管理/180

182　第三节　服务人员的个性调适

　　一、服务人员良好个性调适的可能性/182

　　二、服务人员良好个性的总要求/183

　　三、服务人员良好个性的调适方法/191

第八章　情绪心理与调适　196

196　第一节　情绪概述

　　一、情绪的含义/196

　　二、情绪的分类/197

　　三、情绪的功能/201

202　第二节　服务人员的情绪困扰

　　一、服务人员的不良情绪/202

　　二、不良情绪的消极影响/206

208　第三节　服务人员的情绪调适

　　一、情绪健康的标准/208

　　二、健康情绪对服务的积极影响/208

　　三、服务人员的情绪调适/214

第九章　合作心理与调适　225

225　第一节　团队概述

　　一、团队的类型/225

　　二、团队的特征/226

　　三、团队的价值/227

228　第二节　合作心理机制

　　一、共生效应/229

　　二、情绪认同/230

　　三、心理相容/231

　　四、社会表现/232

　　五、参与管理/233

223　第三节　团队的建设和管理
　　一、团队建设的途径/223
　　二、团队的组织管理/241

第十章　心理素质培养与训练　247

247　第一节　心理素质概述
　　一、心理素质的含义/248
　　二、心理素质的影响/248

253　第二节　服务人员心理素质培养与训练
　　一、心理素质的内容/253
　　二、民航服务人员提高心理素质的策略/260

参考书目　*265*

上篇

民航服务心理及运用

第一章 心理与服务心理

> **课前导读**
>
> 本章的主要内容包括心理现象、心理的本质、服务以及服务心理的基本内容和特征、民航服务心理的内涵、研究对象、研究内容和研究方法。需重点掌握心理的基本内容和本质特征、服务的本质特征。

教学目标

- 明确心理的现象和本质特征,为服务工作打好基础;
- 从精神层面了解服务的深刻本质特征。

在汉语里,心理一词中的"心",是指"心思""心意",而"理",是指"条理""准则"。从汉语的字面上来解释,心理就是心思、思想、理念等的总称。从心理学专业角度来讲,心理就是人的心理活动和心理现象,简称心理。心理现象人皆有之,它可以说是世界中最复杂的现象之一,一直为人们所关注。

民航服务工作的本质是人与人之间的交往和沟通。这一过程从根本上来说是人与人心理的沟通与交流。因此,了解人心理的本质,把握人的心理规律,对于提高民航服务质量,提升服务人员心理素质具有极其重要的意义。

第一节 心理概述

人的心理现象也称心理活动,简称心理,它是人在生活中对客观事物的反映活动,是生命演化发展到高级阶段的脑的特殊机能。心理活动无时无处不在,人的一切活动都伴随着心理现象的发生发展。例如,在民航服务工作中,服务人员通过自己的眼睛、耳朵等感觉器官开始了解和认识旅客的某些特点,这就产生了感觉;服务人员不仅要感知具体的事物和对象,还要记住它们,有时还要回忆过去的所见所闻,这就是记忆;服务人员为了进一步了解工作内容以及工作对象,需要利用自己已有的知识和经验,进行分析、综合、推理、判断,查找原因,判断是非,等等,这些思考活动就是思维。它们都属于人的心理活动。

总之,人的心理活动包括两方面的内容:一方面是心理过程,包括认识过程(感觉、知觉、记忆、思维、想象等)、情感过程(喜、怒、哀、乐等)和意志过程(确定目标、克服心理障碍等),心理过程人人皆有,是人的心理活动象的共性。另一方面是个性心理,包括个性倾向性(动机、需要、信念、理想、世界观)和个性心理特征(能力、气质、性格),个性是心理现象的个别性,正像世界上找不到两片完全相同的树叶一样,也找不到两个个性心理特征完全相同的人。心理学正是从这两大方面来研究人的心理和行为的规律的。

以上心理过程与个性心理可以总结如下。

$$
\text{心理现象}\begin{cases} \text{心理过程}\begin{cases} \text{认知过程(知):感觉、知觉、记忆、思维、想象} \\ \text{情绪情感过程(情)} \\ \text{意志过程(意)} \end{cases} \\ \text{个性心理}\begin{cases} \text{个性倾向性:需要、动机、兴趣、世界观、理想、信念} \\ \text{个性心理特征:能力、气质、性格} \end{cases} \end{cases}
$$

一、心理的本质

心理是脑的机能;心理是客观存在的反映。

(一) 人的心理是人脑的机能

早在远古时代,人们虽然已经注意到心理的种种神秘现象,但由于当时科学技术发展水平的限制,人们还不能较正确地理解心理现象,不能揭示它的本质和产生原因。后来,随着科学技术的不断发展,人类才逐渐认识到心理与人脑有着十分密切的关系。心理是脑的机能,认识的产生、情感的表达、意志行动的触发,都与人脑息息相关。感觉、知觉、注意、记忆、思维、情感、意志、性格等心理过程,都在人脑内产生、进行和完成。

(二) 人的心理是客观现实的主观反映

人的心理活动就其产生方式来说,是脑的反射活动,即客观事物作用于人所引起的高级神经活动。但是,人的心理就其内容来说,则是客观现实的反映。人脑只是反映外界的物质器官,只是人的心理产生的自然前提,只为人的心理的产生提供了可能性,而要把这种可能性变成现实性,必须依靠外界的客观现实。

所谓客观存在,也就是存在于人的意识之外,不以人的意识为转移的独立存在的东西。其中包括自然、社会生活以及人际关系等人类生活的社会环境。

人脑自身不能产生心理。人的心理活动,无论是简单的心理现象,还是复杂的心理过程和个性心理特征,其源泉都是客观外界。例如,颜色视觉是由光波作用于人眼引起的;声音的听觉是由声波作用于人耳引起的。没有光波和声波,也就没有颜色视觉和声音的听觉。人的心理同周围的物质环境有着不可分割的联系,没有物质环境的作用,就不可能发挥机能作用。视觉、听觉,以及其他感觉,只有在客观存在的对象的作用下,才能在人脑中产生。这些对象及其特性作用于人的感官,然后将所获得的信息通过神经通路传递给大脑两半球皮质,在那里便产生了相应的感觉。

心理作为对客观现实的反应,并不是消极的、被动的,它同镜子反映物象不同。心理反应是能动的,在一定条件下,心理对客观现实的发展进程起着重大作用,因为人与动物不同,能够通过自己的行动引起客观世界的变化,使之适合自己的需要,而人的行为总是受心理、意识支配的,心理、意识通过人们的实践活动,反作用于客观世界,引起客观世界的变化,这就是人的主观能动性。

二、心理的现象

迄今为止,心理现象是我们所知道的世界上最为复杂的一种现象,它形形色色,变化万千,来去无踪影。为便于研究,心理学家把心理现象分为两大部分,一部分是人所共有的心理过程,一部分是人各有异的个性心理。

(一)心理过程

人的心理活动是一个动态过程,人的心理过程系统包括认识过程、情绪情感过程和意志活动,即人的心理反应过程的知、情、意。心理过程是人的心理活动中共性的一面。

1. 认知过程

认知过程由下面几个环节组成:

感觉。人脑经由感官对客观事物个别属性的直接反映称感觉。如不同波长的光波作用于视网膜后引起大脑相应部位机能活动,产生不同颜色的视觉映像,就是一种感觉现象。感觉有视觉、听觉、嗅觉、味觉、皮肤觉等多种,眼、耳、鼻、舌、身是这些感觉产生的外部感官。感觉是人对客观事物认知的起点。

知觉。人脑经由感官对客观事物整体属性的直接反映叫知觉。如我们把一个有一定形状、颜色、大小，用来装茶水用的物品叫茶杯；把由一系列有着不同的音调、音色的音符组成的，富有节奏感的曲子听成某首乐曲，等等，就是知觉。知觉是人脑把各种感觉加以联合的结果。知觉有空间知觉、时间知觉和运动知觉三大类。事实上，在正常人身上感觉和知觉难以分开，心理学把它们统称为感知。

记忆。人对客观事物反复感知后，在头脑中形成较为巩固的映像，并在需要时把映像重现出来的心理活动，称为记忆。记忆是一个识记——再认——再现逐步深化的过程。记忆是联结感性认识和理性认识的桥梁，也是人知识经验积累的保障条件。

思维。人脑对经由感知得到的事物现象材料进行分析、综合、抽象、概括，揭示事物内在联系和本质特征的心理活动叫思维。对客观事物反映的间接性和概括性是思维的基本特征。因此，思维能使人摆脱感性经验的束缚达到对事物的理性认识，并能对客观事物作超前反映。

想象。指人脑对从感知得来的事物表象(记忆中的事物形象)进行加工组合，形成现实生活中存在或不存在的新形象的心理活动。想象是一种特殊的思维。正是通过思维与想象的结合，人才能把握过去、预见未来和创造发明。

综上所述，人对客观事物从现象到本质的认知，就是通过以上几个环节实现的。

2. 情绪情感过程

情绪、情感也是人对客观事物的反映，但不是对客观事物的属性、特性的反映，而是对客观事物与人的需要之间关系的反映，或者说情绪、情感是客观事物能否满足人的需要时，人所产生的一种肯定或否定的反映。这种反映以态度体验的形式表现出来。比如你想有个求学的机会，家庭、学校为你提供了这个机会，满足了你的需要，你会因此而高兴；相反，家庭反对、学校不接纳，你的需要未能满足，你会因此而苦恼、焦虑。你的这种高兴或苦恼、焦虑就是一种情绪、情感现象。

情绪、情感统称为感情，是人的感情生活中相互依存的两个方面。情感是感情生活的一种感受、体验，而情绪则是感受、体验的表现。人们通常把道德感、美感和理智感看成是人的情感的基本方面，而把心境、激情和在特定条件下出现的应激状态看成是情绪反应的基本形式。情绪、情感是人的心理活动的重要组成部分。

3. 意志活动

人为达到预定目的而自觉组织行动、克服困难与挫折的心理活动叫意志活动。意志活动的特点是：自觉确定行动目的；与克服困难战胜挫折相联系；对行动起激励或克制作用。

人在意志活动中表现出来的个性特征，反映了一个人的意志品质的性质和水平。

另外，在以上三种心理活动的产生和进行中，还伴随有一种心理现象，叫注意。注意指人的意识对一定对象的指向和集中。注意对上述三种心理活动起维持、监督和调节作用。

（二）个性心理

个性心理也简称为个性。个性心理是表现个性差异的心理现象，即所谓"人心不同，各如其面"。个性心理反映出一个人在社会生活实践中形成的相对稳定的各种心理现象的总和，包括个性倾向性和个性心理特征。

个性倾向性是指个人的意识倾向，即与客观世界的相互作用中形成的对事物的态度和趋向，人们在需要、动机、兴趣爱好、理想、信念等方面会有程度、性质差异，使人们的思想行为有着不同的倾向性。这些心理现象统称为个性心理倾向。

个性心理特征是指个人身上表现出来的比较稳定的心理特征。每个人在处理问题和待人接物时会表现出与他人不同的特点。有的人观察问题仔细，有的人记忆力非凡，有的人分析问题头头是道，这是人的能力差异；有的人快言快语、热情直爽，有的人沉默寡言、拘谨、离群，这是人气质类型的差异；有的人诚实、勤奋、公而忘私，有的人虚伪、懒惰、自私，这是人的性格差异。能力、气质、性格统称为个性心理特征。

三、心理现象之间的关系

以上所讲心理现象彼此间有着密切的相互依存关系。

三种心理过程之间的关系：认知活动是情绪、情感活动和意志活动产生和进行的前提；情绪、情感活动和意志活动对认知活动起着促进或干扰作用；情绪、情感活动能推动或破坏意志活动；意志活动对情绪、情感活动有调节控制作用。

心理过程和个性心理之间的关系：个性心理经由心理过程形成，并在心理过程中表现出来；已经形成的个性心理对心理过程起制约作用。

总之,表现在人身上的各种心理现象都不是孤立存在的,而是相互依存、相互作用而形成的一个整体。正因如此,我们研究心理现象时,如果想研究人的心理全貌,就应当从多角度多侧面进行;如果想研究人的某一心理现象的特点与规律,则应以联系的、整体的观点做指导,唯有如此,我们才会有比较准确科学的结论。

第二节　服务与服务心理

要做好民航服务工作,首先必须对服务的内涵和本质有着深刻的认识和了解。只有这样,才能从根本上对自身的服务工作进行正确的认知和评判,准确把握服务工作的尺度。

一、服务概述

(一)服务的定义

国内外有很多种对于服务的阐释和理解,其中比较有代表性的有三种。第一种认为服务是本质上不可感知和不涉及实物所有权转移,但可区分、界定和满足欲望的活动;第二种认为服务一般是以无形的方式,在顾客与服务职员、有形资源商品或服务系统之间发生的,可以解决顾客问题的一种或一系列行为;第三种则认为服务是一种不可自产自用,只能买卖交易的东西。

在我国,受传统思想的影响,一般认为服务就是做有益于他人的活动,认为服务是由人、机器或设备实施某项活动,其结果是可为顾客所感知的、不可分割的结合体。随着社会的发展和进步,人们对服务概念的理解不断深入,有人提出服务是用于交易并满足他人需要,本身无形和不发生所有权转移的活动。近年来,人们普遍将服务与产品等同起来,提出了服务就是产品的全新概念。

为了全面提高我国各行业的服务水平和服务质量,我国国家技术监督局引进了国际标准化组织 ISO(International Standardization Organization)颁布的国际标准 ISO9004-2《Quality management and quality system element – part2: Guidelines for service》中对服务的定义,即"为满足顾客的需要,供方与顾客接触的活动和供方内部活动所产生的结果"。从定义中可以看出以下几点:

(1)顾客是产品或服务的接受者。

(2)服务是为了满足顾客物质和精神方面的需要。

(3)服务是结果和过程的统一。

(4)服务必须树立以顾客为核心的观点。服务是以顾客为中心的,服务方案的设计和提供的一切活动都是围绕着顾客进行的。

(二)服务的特征

从以上内容可以看出,服务就是产品。根据服务的定义,可看出服务具有如下特征:

1. 利他性

服务是满足他人需要的活动,不是满足自己需要的活动,满足自己需要的活动不能叫作服务。服务离不开他人的需要,因此具有利他性的特点。

2. 交易性

服务是用于交易的活动。在市场经济条件下,满足他人需要的服务只有通过交易才能提供,离开交易,就不存在真正意义上的服务。例如,父母照看自己的孩子,自己照顾自己的父母,就不能称为服务。而保姆照顾他人的孩子,就可以叫作服务,因为存在着交易关系。

3. 无形性

服务本身是无形的或抽象的。不仅律师、护理、保姆这些纯粹的服务工作是无形的,交通、金融、保险、餐饮、旅游、娱乐等具有有形实体成分的服务,本质上也是无形的。例如,餐饮业的菜肴、点心、酒或饮料、厨师和服务人员是有形的,但这些实体成分并不是餐饮服务的本质,餐饮服务的本质是烹饪服务、就餐服务和酒或饮料的买卖服务,这些服务是无形的、抽象的。

4. 服务与所有权无关

服务是一种人的活动。人的活动能被他人所享受,但不能被他人占有,因此服务本身不发生所有权的转移。不仅律师、保姆、护理等这些纯粹的服务与所有权无关,餐饮、金融、房地产、美食等伴随所有权转移的服务,本质上也与所有权无关。

二、服务心理

服务心理就是在服务过程中,服务者与被服务者所具有的心理特点和产生的心理活动。服务工作是专门与人打交道的工作，工作中时时刻刻要与人进行沟通和交流。在这个过程中，必须以人为本，切实了解人的心理特点和心理规律，在此基础上提高服务技能技巧，满足旅客的服务需要。

第三节 民航服务与民航服务心理

民航服务是服务行业中专业性比较强的一种服务。相比于其他服务，它具有自身比较特殊的特点和要求。

一、民航服务

(一) 民航服务的含义

由于行业自身的特点与要求，民航服务与其他行业的服务，如餐饮服务、旅馆服务、旅游服务等相比，在服务的内涵、本质以及要求等方面存在着一定的区别。

民航服务就是以旅客的需求为中心，为满足旅客的需要而提供的一种活动。这个概念体现了这样的思想，即旅客是民航服务的核心和主体，而民航服务人员、服务部门是民航服务的客体。

这是从狭义角度给民航服务所下的定义，但实际上民航服务的含义并非仅此而已，有更丰富的内涵。

根据民航服务的实践，我们还应该从以下三种不同的角度来认识、理解民航服务：

第一，从广义角度看，民航服务不仅只是单纯的服务技巧，还包括航空公司所提供的各项内外设施，是有形设施和无形服务共同组合而成的有机整体。

第二，从旅客的角度看，民航服务是旅客在消费过程中所感受到的一切行为和反应，可以说是一种经验的感受，也可以说是航空公司及服务人员的表现给他们留下的印象和体验。

第三，从航空公司的角度看，民航服务的本质是员工的工作表现。这是航空公司提供给旅客的无形产品，而这个产品具有消费和生产同时发生的特性，而且不可能储存。

综上所述，民航服务就是在服务人员礼貌、友善、和蔼可亲的态度接待中所营造的服务环境。在这个环境中，航空公司内外所提供的各种便利设施，对无形服务起着必不可少的辅助作用。

良好的民航服务,应该让旅客能够产生温暖的、被了解、被关注的宾至如归的美好感觉,并由此达到让旅客渴望再次光临的效果。

(二) 民航服务的特征

民航服务作为一种特殊的产品,它具有如下特征:

1. 以旅客的需求为中心

民航服务是为满足旅客的需要而提供的一种服务。每个旅客在思想、爱好、需要、价值观、情绪等方面存在着很大的差异,民航服务必须围绕旅客的不同需求展开工作,力求使每个旅客感到满意。

2. 无形性

民航服务本身是无形的、抽象的。旅客看不见、摸不着,但能感觉到和享受到。旅客对服务质量较难考核和控制,难以做出精确的判断。所以,民航服务人员必须接受专业化、灵活的服务训练,以有效应对不同类型的旅客,向他们提供最适合的服务,尽可能地满足他们不同的消费需求。

3. 一次性

旅客对民航服务的心理需要,往往具有一次性的特点。如果旅客在服务过程中感到不满意或不愉快,就不可能像工业产品那样,能够重新弥补、重新返工,因而不周到的民航服务所产生的不良结果,往往难以在短时间内消除,甚至没有机会改正。

4. 即时性

民航服务在很大程度上要受旅客即时需要的制约,也就是说,只有当旅客具有一定的服务需要时,民航服务行为才能实现和完成。

5. 灵活多变性

不同的旅客有不同的服务需要,即使同一个旅客,他的需要也是不断变化的,民航服务必须针对旅客不同的需要,及时准确地、周到地提供相应的服务。一般情况下,民航服务组织很难做到百分之百的精确预测。旅客来自不同民族、不同国家地区、处于不同层次、不同文化背景;他们有不同的年龄、不同的职业、不同的思想意识和道德规范,并且有不同的宗教信仰、风俗礼仪、饮食习惯、生活禁忌等。因此,服务人员除应具备一定的专业服务知识和技能外,还应广泛掌握多方面的知识与技能。如旅游知识、礼仪知识、营养学知识、心理学知识等。这样,以便灵活、有针对性地运用多种服务方法,接待形形色色的旅客。

6. 系统性

民航服务是航空公司各个部门、各个环节以及服务过程、服务程序和服务质量的综合体现,具有系统性的特点。

7. 主体价值性

民航服务的宗旨是最大限度地满足旅客的需要,使旅客得到益处,得到愉悦和快乐。旅客为得到相应的服务已经付出了一定的报酬,航空公司和民航服务人员应为旅客提供所需要的服务。

8. 不可转让性

任何一位旅客,都无法把其所接受的服务转让给第三者去了解和体验,且仅以"当时"为限。等到下次光临时,则会因服务人员不同,而呈现出另外的服务模式及服务态度。

9. 差异性

即使旅客乘坐同一家航空公司的飞机,也可能因为服务员的差异,或是时间的不同,而出现多种多样的服务模式和形态。

(三)心理知识对民航服务的意义

1. 提高民航服务营销效果

随着我国市场经济的不断发展,市场竞争日趋激烈,消费需求日趋多样化。在这种新态势下,企业营销越来越难,如果不分析研究消费者心理及其变化,并据此采取有效的营销对策,就难以在竞争中取胜。民航服务更是如此,在感性消费日益成为潮流的市场环境下,如果仅仅根据人口、年龄、职业、收入等因素来研究市场,根本无法理解消费者,成功的营销策略更是无从谈起。正如日本著名营销专家小村敏峰所说:"现在如果我们不用感性来观察分析市场,就根本无从理解。"但事实是,在激烈的商战中,一些民航企业往往将主要力量投入到如何击败对手上,而忽视了对乘客消费行为的心理状态的了解,结果竞争往往不能成功或事倍功半。那么为什么掌握乘客心理,比起其他条件如票价、硬件环境等,在营销上反而更有决定性呢？这是因为乘客的一切消费行为,到最后都是取决于乘客当时的情绪导向。假如有两家航空公司,其硬件条件相差无几,但乘客最后乘坐的是甲而不是乙,可能只是因为空乘服务人员的服装令他看起来心情愉悦罢了。所以,有人认为,"成功的服务营销从心理开始",了解乘客的行为与心理规律对于制定民航服务策略非常重要。

2. 提高民航服务质量

当今,民航业正在迅猛发展,无论是民航业的管理者,还是各航空公司,都应该去了解、去研究乘客的旅行动机及其心理需求,力求最大限度地满足乘客的需求,以提高航空公司的核心竞争力。近几年,随着我国经济的快速发展,旅游业呈现出前所未有的繁荣景象,出入境游和国内游持续兴旺,民航乘客流量大增。不同乘客的社会背景不同,心理表现也各异。我们的民航业若以一流的服务质量,一流的设施设备,去服务于每一位乘客,满足每一位乘客的需求,就能在当今民航市场竞争强烈的形势下,赢得胜利。

随着国民经济的快速发展和人民生活水平的日益提高,国内的普通乘客也越来越多。据近几年国内乘客调查结果显示,国内乘客中的农民、工人、军人、学生、离退休人员数量不断增多。这些人收入虽然不高,但他们也有着不同的服务心理需求。所以作为民航经营者、管理者需要掌握这些人的旅行心理,努力提高民航服务质量,更好地为他们服务,满足他们的需求。

3. 提高民航服务人员心理健康水平

有人的地方就有心理。掌握一些心理学知识,不仅有益于民航服务人员自身心理健康发展,而且有助于与他人友好相处。首先,有助于了解自己,加强自我修养。学习心理学知识,可以加深对自身的了解,可以知道自己为什么会做出某些行为,这些行为背后究竟隐藏着什么样的心理活动,以及自己现在的个性、脾气等特征又是如何形成等。科学地理解心理现象,能使人正确地评价自己个性品质的长处和短处,确定个别的特点,正确而自觉地去努力发展积极的品质,克服消极的品质。同样,民航服务人员也可以把自己学到的心理活动规律运用到人际交往中,通过他人的行为推断其内在的心理活动,从而实现对外部世界的准确认知。其次,在工作、学习和生活中,一个人难免会碰到种种心理难题和心理困惑,例如、恋爱问题、婚姻问题、人际关系问题以及失眠、焦虑、忧郁等。学习心理学,有助于民航服务人员更好地进行自我分析和自我调节,避免陷入心理困惑不能自拔,而导致心理疾病,甚至是精神疾病。随着现代社会的发展,人的精神生活将越来越重要,心理问题会越来越多,心理学亦将越来越重要。因此,民航服务人员掌握了一定的心理学知识,就可以在一定范围内对自身和他人的行为进行预测和调整,也可以通过改变内在外在的因素实现对行为的调控。也就是说,可以尽量消除不利因素,创设有利情境,引发自己和他人的积极行为。例如,当我们发现自己存在一些不良的心理品质和习惯时,就可以运用心理活动规律,找到诱发这些行为的内外因素,积极地创造条件来改变这些因素的影响,实现自身行为的改造。

二、民航服务心理

民航服务心理是为满足民航旅客的服务需要,为其提供优质、满意的服务而研究民航旅客及民航服务人员的心理活动及其变化规律的科学。

(一)民航服务心理的研究对象

民航服务心理的研究对象包括民航旅客的消费心理和行为及民航服务人员的服务心理和行为。因此,民航服务心理既要研究民航旅客的服务需要、动机、情绪情感、社会文化等相关的心理活动特点和规律,又要研究民航相关服务人员,如机场商场的售货人员、机场地勤服务人员、空中乘务人员的态度、需要、动机、人际关系等心理活动特点和规律。随着社会的快节奏发展,人们的职业压力不断增强,缓解民航服务人员的心理压力与加强民航服务人员的心理调节能力也成为民航服务心理的研究内容。

(二)民航服务心理的研究内容

1. 旅客心理

旅客是民航服务的对象,其心理特点、心理需求影响着航空公司的决策以及服务导向。为提高服务质量,提高旅客的满意度,必须研究、了解、把握旅客的心理。民航服务心理学主要研究旅客的社会知觉、旅客的服务需要与动机、旅客的个性以及旅客的文化背景对心理需求的影响。这些知识对于民航服务人员把握服务尺度、提高服务效果是极其重要的。

2. 民航服务人员心理

民航服务人员的心理素质对于飞行的安全、旅客的安全、服务的质量有着至关重要的影响,在一定程度上影响着旅客的身心健康。民航服务心理学主要研究民航服务人员心理素质的特点与内容,以及提高心理素质、进行心理自助的途径与方法。具体内容包括情绪的调节与控制、态度的把握与端正、个性的完善与培养、挫折的应对与解决、人际关系的建立与发展等诸多方面。

3. 民航服务工作

民航服务人员除了应具有扎实的理论知识外,在实际工作中还要不断总结、完善、提高自己的服务技能和技巧。民航服务心理学主要研究民航服务人员与旅客的沟通技巧、客我交往技巧、语言技巧,提高工作效率和工作质量。

(三)民航服务心理的研究原则

1. 客观原则

人的心理源于客观现实,同时人的心理也是一种客观存在,有其自身产生与发展变化的规律。但是,心理是人的一种内在体验,尽管现代科技高度发达,仪器设备精密先进,但仍然难以直接对之进行观察和测量,绝大多数心理现象还只能通过对言谈举止、表情动作和活动的观察、分析、测量来间接推知。而且人的心理与行为之间往往不是一对一的关系,此外,心理现象人皆有之,不仅研究对象有,研究者也有,研究者容易做出猜测与臆断。这所有特点现象都提示着我们,民航服务心理研究必须严格遵循客观性原则。即研究要严格地对人的外在表现进行如实的观察和系统地记录,尽可能地收集到完整的、不漏掉矛盾的资料;在分析资料得出结论时,必须尊重资料提供的事实状况,对资料不能简单取舍,更不能任意添加和臆测,唯有如此,才能称为科学的研究。

2. 发展原则

发展原则又称为动态变化原则。民航服务理念、工作方法以及管理方法会随着内外环境条件的变化而变化,伴随这些活动的心理现象也必然是发展变化的。可见,民航服务心理研究从思想指导到方法手段都应该遵循发展原则,不能轻易地拿出前人的、曾经是科学的结论去解释已变化的新现象、新情况。同时,研究方法也要寻求突破与创新。

3. 相关原则

服务工作中的每个人,其心理与行为都会在彼此相互影响、相互作用的各种外部环境因素作用下产生变化,且各种心理现象之间、心理与行为之间也互相影响、互相作用。因此,民航服务心理研究要真实、科学地揭示服务过程中心理现象的特点与规律,坚持相关性原则是必要的。坚持此原则,就是要求用联系的观点做多方面的考察,考察环境因素之间、环境与心理现象之间、心理现象之间、心理与行为之间的关系,以求研究结果的科学、真实。

4. 实践原则

深入民航服务工作、发现和研究心理现象、验证研究成果并用它为服务工作服务、不断提高研究水平,这是服务工作对民航服务心理研究的要求,也是民航服务心理学科完善、提高的要求。

5. 兼收并蓄原则

这一原则要求搞研究要在立足于我国国情的前提下,贯彻"洋为中用"的方针,批判地吸收国外一切有利于我国民航服务工作发展的民航服务心理学理论与研究方法,对其进行改造和应用。同时也要贯彻"古为今用"方针,努力挖掘、继承我国古代心理学思想,使历史为现实服务。

(四)民航服务心理的研究方法

民航服务心理的研究方法是多种多样的。目前,主要采用的方法有下述几种:观察法、谈话法、问卷法和测验法。

1. 观察法

在日常生活条件下,观察者以感官为工具(如眼、耳等),直接观察他人的行为,并把结果按时间顺序做系统记录的研究方法,称为观察法。现代研究中,必要时也采用视听器材,如录像机、照相机、录音机等工具,协助观察。

在实际情境中进行观察时,可按被观察者所处的情境特点分为自然观察与控制观察两种。自然观察是在完全自然的条件下进行的观察,被观察者一般并不知道自己正处于被观察状态之中。例如,要了解某服务人员的成就动机水平,可以观察他在上班、打球、文化考试等各种不同场合的行为。而控制观察则是在限定条件下进行的观察,被观察者可能不了解,也可能了解自己正处于被观察状态。

按照观察者与被观察者之间的关系,还可以把观察方法分为参与观察和非参与观察两种。观察者直接参与被观察者的活动,并在共同的活动中进行观察的方法称为参与观察;而观察者不参与被观察者的活动,以旁观者身份进行观察的方法称为非参与观察。

观察法目的明确、使用方便,所得材料比较系统,已在服务心理学研究中得到广泛应用。但运用这种方法,只能了解大量的一般现象和表面现象,很难进一步了解复杂现象的本质特征,做出"为什么"的解答。因此,最好能与其他方法结合使用,才能有更大的成果。

2. 谈话法

研究者通过面对面的谈话,以口头信息沟通的途径直接了解他人心理状态的方法称为谈话法。

根据谈话过程中结构模式的差异,可以把谈话法分为两大类——有组织的谈话和无组织的谈话。有组织的谈话结构严密、层次分明,具有固定的谈话模式。主试根据预先拟定的提纲提出问题,被试针对所提的问题内容进行回答(这种问题一般涉及范围较小)。整个谈话过程中,被试犹如做了一个口头问卷。而无组织谈话结构松散、层次交错、气氛活跃,没有一个固定的模式。主试提出的问题往往涉及一个很大的范围,被试可以根据自己的想法,主动地、创造性地进行回答。通过这种谈话,双方不仅交换了意见,也交流了感情。

运用谈话法时,既要根据谈话的目的,保持主要谈话问题的基本内容和方向,也要根据被试的回答,对问题内容进行适当的调整,更要善于发现被试的顾虑或思想动向,进行有效的引导,还必须注意在整个谈话过程中保持无拘无束和轻松愉快的和谐气氛。

谈话法简单易行,便于迅速取得第一手资料,因而使用范围较为广泛。但由于关于被试心理特点的结论必须从被试自己的回答中去寻找,所以具有较大的局限性。

3. 问卷法

运用内容明确、表达正确的问卷量表,让被试根据个人情况自行选择答案的研究方法称为问卷法。常用的问卷量表有三种格式:是非法、选择法和等级排列法。

(1)是非法,即要求被试对问卷中每个问题做出"是"或"否"的回答的方法。

例:你喜欢一个人单独工作吗? 是(√)否( )

你会为了多拿奖金而愿意增加工作时间吗? 是(√)否( )

(2)选择法,即要求被试从并列的两种假设提问中,做出选择的方法。

例:我有意见就向上级反映。(√)

我在上级领导面前总感到胆怯。( )

(3)等级排列法,即要求被试对多种可供选择的答案,按其重要程度为次序进行排列的方法。

例:我最喜欢的奖励方式是……上光荣榜、奖金、脱产学习、调休、旅游。

问卷法的优点是可以在较短时间内取得广泛的材料,并使结果达到数量化。但问卷法所取得的材料一般很难进行质量分析,因而无法把所得结论直接与被试的实际行为进行比较。

4. 测验法

采用标准化的心理测验量表或精密的测量仪器来测量被试有关心理品质的研究方法称为测验法。例如能力测验、人格测验、机械能力测验、驾驶员反应测验等。

我们根据不同的标准,可以对心理测验进行不同的分类。

(1)个别测验与集体测验。根据参加测验人数的多少,可以把心理测验分为个别测验与集体测验。

个别测验一次只能给一个人进行,因而针对性较强,所测项目的结果分析比较深入细致。但因为这种方法费时费工、成本较高。

集体测验一次就可以给许多人进行。测验人数可根据测验场所的具体条件而定。这种测验方法速度快、成本低,因而被广泛应用。

(2)速度测验与难度测验。根据测验时间是否限定,可以把心理测验分为速度测验与难度测验。

速度测验在规定时间内进行,时间一到,测验立即停止,而难度测验则没有时间限制,被试可以自己掌握。一般说来,难度测验的题目比速度测验的难,更能反映出人的一些潜在的特性。而速度测验实施方便,可以在规定的时间内统一收卷,特别当工作速度本身作为一种关键因素时,速度测验的作用更为突出。

(3)能力测验与个性测验(人格测验)。根据测验的内容不同,可以把心理测验分为能力测验与个性测验。

能力测验用于测量人的一般能力水平与特殊能力,而个性测验则用于评定人的个性品质,如气质特点、成就动机、是否忠诚老实等。

(4)书面测验与操作测验。根据测验形式的不同,可以把心理测验分为书面测验与操作测验。

书面测验用问卷的形式进行,操作测验则需要通过一系列的操作来完成。一般看来,操作测验不仅耗用时间较长,而且往往需要个别进行。

本章小结

认识过程、情感过程和意志过程是心理活动和心理现象的主要内容,也是旅客心理活动的重要部分,对民航服务工作有着深刻的影响与启发,对民航公司及民航服务人员的生活、发展都有着积极的意义;民航服务的特征有助于民航服务人员深入理解民航服务工作的性质;民航服务心理的研究原则与研究方法,有助于提高民航管理工作的实效性,从而进一步提高民航服务工作质量。

复习与思考

(1)人的心理现象和心理本质是什么?
(2)服务的本质特征是什么?
(3)民航服务工作的本质特征有哪些?

民航服务标准的七项要求

国内外很重视民航服务的质量水平。有关人士认为,民航服务的基本要求可以用英语单词 SERVICE(服务)来进行诠释。具体说来如下:

第一个字母 S,即 Smile(微笑)。其含义是服务人员要对每一位旅客提供微笑服务。

第二个字母 E,即 Excellent(出色)。其含义是服务人员要将每一项微小的服务工作都做得很出色。

第三个字母 R,即 Ready(准备好)。其含义是服务人员要随时准备好为旅客服务。

第四个字母 V,即 Viewing(看待)。其含义是服务人员要把每一位旅客都看作需要提供特殊照顾的宾客。

第五个字母 I,即 Inviting(邀请)。其含义是服务人员在每一次服务结束时,都要邀请旅客下次再来光临。

第六个字母 C,即 Creating(创造)。其含义是每一位服务人员都要精心创造出使旅客能享受其热情服务的气氛。

第七个字母 E,即 Eye(眼光)。其含义是每一位服务人员始终都要用热情好客的目光关注旅客,预测旅客的要求,并及时提供服务,使旅客时刻感受到服务员在关心自己。

民航服务的十把金钥匙

国际航空业对民航服务的统一要求,除了上述七个字母外,许多著名航空公司都把"十把金钥匙"作为服务程序的灵魂和指导。这"十把金钥匙"是:

第一把金钥匙,旅客就是上帝。因为民航服务是一种产品,你想把它出售给旅客,就必须服务得好,让旅客感到满意,他们才会付钱。

第二把金钥匙,微笑。微笑是一种国际间普遍都能理解的世界性欢迎语言。

第三把金钥匙,真挚、诚实、友好。要求服务人员一定要尽力为旅客服务,一定要用友好积极的语言与旅客沟通。

第四把金钥匙,提供快速敏捷的服务。这是因为旅客普遍缺乏信心。

第五把金钥匙,服务人员至少要经常使用两句具有魔术般魅力的话语。当旅客向你走来时,你要说:"我能帮助您吗?"(May I help you?)当旅客向你道谢时,你要说:"不用谢!"(You are welcome!)

第六把金钥匙,要佩戴好你的名牌卡。主要是为了便于旅客与你联系。

第七把金钥匙,每一位服务人员都要为自己经过修饰的容貌而骄傲。这样,就要求每一位员工都要注意清洁卫生,修饰得体,既不要过于招摇,也不能毫不讲究。

第八把金钥匙,要有与其他人互助合作的团队精神。

第九把金钥匙,在旅客问候你之前,先用尊称向旅客问候。

第十把金钥匙,每一位服务人员都要熟悉自己的工作,熟悉自己的企业和有关信息。

第二章 需要心理与服务

课前导读

服务的本质归根结底就是满足旅客的合理需要。本章内容包括需要心理的内涵和本质特征。重点介绍了马斯洛的需要层次理论。着重分析了普通旅客和特殊旅客不同的服务需要。

教学目标

- 了解需要心理的内涵与本质;
- 了解马斯洛的需要层次理论;
- 了解普通旅客的服务需要;
- 了解特殊旅客的服务需要。

满足旅客的需要是民航服务的最高宗旨。及时了解、掌握旅客的各种服务需要并给予满足,才能把握好服务的尺度,才能为航空公司赢得旅客,增加航空公司在市场的竞争力。

第一节 需要心理概述

一个人的一生有各种各样的需要,有物质方面的、有精神方面的,不同的人更有不同的需要。人的一生,也是在不断地产生、满足着各种需要。

一、需要心理

需要心理是指个体在某些方面感到缺乏,力求获得满足的一种心理倾向。

严格来讲,就是个体对其生存和发展的某些条件感到缺乏而出现体内平衡倾向和择取倾向,力求获得满足的一种心理状态。需要明确的是,此概念有三个基本意思:一是缺乏,无论是物质还是精神方面;二是平衡,即欲望,想要物质资料、物质财富、精神满足等;三是择取,即获得自己想要的东西。这三个条件缺一不可,否则都不能构成人的需要。

二、需要心理的类别与层次

人的需要多种多样。按需要的属性,可分为生理性需要和社会性需要。生理性需要是人与生俱有的,它反映的是人对延续生命、繁衍后代所必需的客观条件的需求。社会性需要是人类特有的,如科学文化知识需要、艺术需要、道德需要以及劳动工具、生活用品、学习用品的需要等,都是人的一些社会性需要。

按照需要对象,可分为物质性需要和精神性需要。物质性需要包含生活用品、劳动工具、文化用品等方面的需要,随着历史的进步,人的物质性需要的内容、种类、表现形式会不断趋向丰富和复杂。精神性需要为心理性、观念性的需要,如参加文化科学知识学习、参加社会活动、进行品德修养、培养审美情趣等,都属精神性需要之列。

关于人的需要及其分类,国外心理学家进行了许多研究,其中影响较大的是美国心理学家马斯洛(A.H. Maslow,1908—1970)的需要层次论。马斯洛认为人有以下五种基本的需要:

1. 生理的需要

这是人类生存最基本的需要,具有自我和种族保存的意义,其中包括衣、食、住、行和性的需要。当一切需要都未得到满足时,生理的需要起着支配作用,它是推动人行为的强大动力。

2. 安全的需要

指人身安全、劳动安全、职业安全等需要,其中包括防备肉体上的损伤、疾病,以及意外事件的发生。马斯洛认为,整个有机体就是一个追求安全的机制。

3. 归属与爱的需要

这是一种社会的需要,其中包括同人来往应酬、进行社会交际、获得友谊和爱、并为团体和社会所接纳,等等。当人们的生理需要和安全需要得到基本满足之后,社会需要就开始成为强烈的动机。人都有"归属"于某一群体的需要,希望成为其中的一员,得到应有的关心和照顾。一个人一旦离群索居,就会感到孤独和痛苦。

4. 尊重的需要

这是指自尊和受人尊重,取得荣誉和得到承认,其中包括独立、自由、自信,以及得到别人的尊敬和重视,取得一定的名誉和地位,等等。如果一个人的尊重需要得到满足,就能使他对自己充满信心,对社会充满热情,否则将产生自卑感,甚至丧失生活和工作的信心。

5. 自我实现的需要

这是最高层次的需要,是指满足自己发展与成长的愿望,做他最适宜的工作,发挥他最大的潜在能力,成就他所能达到的任何事物,做一番有意义的事业,并从中获得满足。自我实现的需要主要有两个方面,一是胜任感,表现为出色完成任务的强烈欲望,愿意从事具有挑战性的工作;二是成就感,表现为创造性的工作。

马斯洛认为,上述五种基本需要由低向高依次排成一个阶层。当低层次的需要获得满足之后,才有可能提出高层次的需要。例如,沙漠中的干渴者把水当成甘露,而把昂贵的项链当成粪土。但是,任何一种需要都不会因为下一个高层次需要的提出而告终,各个层次的需要总是相互依赖、彼此共存的。高层次的需要提出之后,低层次的需要还继续存在,只不过是后者对人的行为的影响有所降低而已。在不同时期,各种需要对行为的支配力量是不一样的,支配力量最大的需要称为优势需要。一般说来,较高层次需要优势的出现,常在较低层次需要优势出现之后。需要的发展并不是一种间断的、阶梯式的跳跃过程,而是连续的、波浪式的演进。

马斯洛的需要层次论,其贡献就在于强调了对人的关心和尊重,以及需要在调动人的积极性、激励和组织人的行为中的巨大作用,把人的需要区分出不同的内容和先后层次,并作为一个完整的系统加以研究,揭示了有关人类行为的动力结构,突出了满足人的最基本需要(生理的需要和安全的需要)对于人的发展的重要性,从而推动了人类对于需要这个个性心理特征的研究和认识。

马斯洛的这一理论对民航服务工作具有重要的借鉴和启发。根据这一理论,我们在工作中能够切实了解和体会旅客的各种物质和精神需要,能够从旅客出行的根本心理需要出发,关心旅客的所需、所想,并满足不同年龄、不同职业、不同性别、不同阶层旅客的各种合理需要,甚至对待旅客的一些不合理的需要,也能平心静气地理解和接受。

第二节　旅客的服务需要

旅客的旅程就是一个个需要产生和被满足的过程。如果他们的合理需要得到了满足,那么可以说旅程是非常愉快的;反之,则会有这样那样的遗憾和不满。结合马斯洛的需要层次理论,归纳起来,旅客的需要心理主要包括以下几个方面。

一、旅客的饮食需要

快捷的飞行速度、宽敞明亮的候机环境、美丽可爱的空姐、可口的饮食,是吸引民航旅客,特别是初次乘机旅客的主要因素。很多旅客对飞机上提供的餐饮的种类、口味很在意,期望值较高。他们关心饮料的种类是否齐全,饭菜是否卫生,口味是否可口。有些旅客反对那种以降低饮食质量,甚至取消机上餐食以降低成本、降低票价的做法,特别是对于那些长途旅客来说,令其满意的餐饮是他们长途旅行中不可缺少的重要部分。航空公司在注重提高飞机的型号、性能、技术等硬性指标的同时,应加强航空公司食品改革的力度,在思想意识上提高对它们的重视,改变航空公司多年来机上食品品种一成不变的状况,花心思研究旅客的食品需求与喜好,最大限度地满足旅客的需求。

美食留下城市印象

近日,挪威奥斯陆机场为在申根区航站楼候机的旅客献上惊喜——五辆食品卡车供应来自世界各地的风味美食,车身上的彩色涂鸦营造了充满年轻活力的氛围,为旅客带来了味觉和视觉的双重享受。

为"食品卡车节"而来的这些卡车,为旅客提供了那不勒斯比萨、蛋卷、迷你汉堡和各种正宗墨西哥食物,以及多种饮料。

机场商务经理佩尔·鲁内·伦德比表示:"'食品卡车节'的概念受到全球食品发展趋势的启发,活动旨在将奥斯陆街头那种充满活力的气氛带入机场,我们希望它能为旅客带来美好的体验。"

来自各个国家的街头食品分量不同,价位不同,为旅客提供了多种选择。卡车既是运输工具,也是展示窗口。对于旅客来说,坐在候机楼二楼的大餐厅细细品尝这些美食或是将其带到飞机上都很方便。

HMSHost 观察到北美市场对拉丁美食和高档龙舌兰餐饮的需求日益增长,于是在美国洛杉矶机场和劳德代尔堡机场推出旗下概念店"La Familia"。

集团将 La Familia 描述为"一个充满活力的鸡尾酒吧和餐厅,旅客可以品尝来自拉丁美洲各地的美味佳肴,享用现代工艺鸡尾酒,并享受各种精选龙舌兰酒"。

La Familia 的意思是"家庭",餐厅为客人营造了家庭般的舒适感受,提供诸如啤酒鱼、烤火鸡、炸玉米饼等主食,以及墨西哥式烤牛排等菜肴。

HMSHost 餐厅开发执行副总裁斯蒂芬妮·哈弗德说:"拉丁美洲文化多元,拥有丰富多样的饮食文化。我们创造了 La Familia 品牌,旨在为旅客提供各种风味和潮流特色餐饮,辅以精选龙舌兰酒和前卫的艺术设计。在这里,旅客在视觉、嗅觉、听觉方面都能获得享受,我们期待用创新为旅客提供独特的用餐体验。"

(资料来源:中国民航报)

二、旅客的安全需要

没有什么比安全更让旅客关心和重视的了。受传统偏见的影响,人们普遍感到乘坐飞机不安全。这是因为:一是由于现代资讯的发达,关于飞机失事的新闻报道会在短时间内传遍世界,更加重了人们的恐惧心理;二是人们生于大地、长于大地,对大地有着强烈的归属感与认同感,在大地上会感到更安全,所以很多人认为坐火车要远比乘坐飞机安全得多。很多人乘坐飞机时会有不同程度的焦虑感和紧张感,心中盼望尽快到达终点。除此之外,在旅行过程中,对人身的安全、财物的安全需要也很强烈。有些旅客对机上乘务人员有着强烈的依赖心理。为此,航空公司要提高安全意识,加大管理力度,不仅要提高飞行员、地面技术人员的业务能力与素质,严把飞行关,也要加强对机上乘务人员安全知识的培训,使他们掌握相关的飞行业务知识,及时解答旅客的困惑,缓解旅客的紧张感,满足旅客的安全需要。

三、旅客的便捷需要

许多旅客出行选择乘坐飞机,就是看中了它的方便、快捷、高效。在现代社会,"时间就是金钱""时间就是生产力"的观念深入人心。为了节省时间、提高效率、提高生活质量,人们倾向于把快速、便利的飞机作为交通工具。飞机必须保证准时、高效、快捷,否则它的优势将大打折扣。许多航空公司为提高服务质量,树立良好形象,花大力气、下大功夫在诸多环节加强管理、改善服务,力求满足旅客的这一需求,达到旅客的满意,获取良好的声誉。例如,上海航空公司在订票、候机、登机方面采取新的举措,为广大旅客提供了极大的便利。在订票方面,上航开通了95530订票电话,旅客在每天24小时中的任何时段内,均可查询航班信息、预订机票、确认机位,而且旅客还可以进入上航网站查询航班动态及票价,并能完成订票与支付活动。在候机、登机方面,上航在浦东和虹桥两个机场开通了"全天候值机服务""无行李值机服务""常旅客专柜值机服务""无缝隙中转服务"和"市中心值机服务"。同时,上航还在两个机场延伸开通了"绿色通道""举牌引导服务",极大地方便了旅客的出行。

海航"刷手机"登机服务广受好评

海南航空自2016年9月初在首都机场T1航站楼推出手机二维码通关服务,方便快捷的服务体验得到了旅客的一致好评。为此,笔者来到首都机场T1航站楼,亲身体验了一次海航"刷手机"登机服务。

近日,笔者来到首都机场T1航站楼海航值机柜台,打开此前手机中收到的值机邀请短信并点击链接,随即弹出了本次航班的二维码登机牌页面。拿着这个电子登机牌直接到T1安检柜台,安检员持扫描枪扫码,仅一秒左右即确认完毕。通过安检后,来到登机口也是类似的流程,登机口控制员使用扫描枪迅速识别确认登机信息,随后即可顺利登机。整个流程体验下来感觉非常顺畅,由于节省了人工核对各类信息的时间,通关效率也提升不少。

海航北京客运分部经理王晶表示,二维码的通关减少了旅客在值机柜台排队等候的时间,同样也减少了值机柜台的排队压力,减少了值机员的工作压力,希望二维码通关服务能在旅客中得到广泛推广。

据了解,海航首都机场T1二维码快速通关是一种旨在简化旅客出行步骤,节省旅客在航站楼内的通关时间,提升旅客体验的一种便捷旅行类服务。该服务将之前旅客出行所必需的四个步骤(购票—值机—安检—登机)缩减为三步(购票及值机—安检—登机)。旅客在海航直属售票处购票并选择相关服务,在航班初始化后即可收到值机邀请短信。点击短信链接,即可办理二维码电子登机牌。旅客可持该电子二维码登机牌直接到首都机场T1安检柜台过检。

最后,海南航空提示广大旅客,使用二维码通关请保持手机电量充足,如果有托运行李还请先到专用柜台进行托运后再进入安检,如果不巧遇到扫描设备故障也不用担心,海南航空会帮助旅客打印纸质登机牌进行登机。

(资料来源:中国民航网)

桂林机场推出"微信值机"服务

2014年8月8日,桂林两江国际机场的微信订阅号"桂林机场航空信息"正式推出"微信值机"服务,为旅客朋友提供最便利的值机手续办理方式,旅客订机票后可以自己在手机上选择乘坐飞机的位置,为旅客办理值机手续又多了一种个性化服务。现在网上值机、自助值机以及人工柜台值机等多种值机方式的并存,对缓解机场规模不断扩大带来的工作人员压力、现场客流压力都起到了很好的作用,也为旅客的出行节省了大量时间。

据了解,桂林机场的官方微信订阅号还推出了"微网站"服务,可提供查询航班动态、机场服务信息、机票特价信息等各项功能,为旅客提供更加便捷的服务。桂林机场微信订阅号自2014年2月正式启用以来,吸引了广大用户的关注,作为机场自媒体,订阅号不仅及时为其用户提供各种特价机票和旅客服务、机场优惠信息,让用户在第一时间了解最新资讯,更是加大了与广大用户的互动,并通过各种微信活动为用户送一些小惊喜,给用户不一样的微信体验。

微信作为目前传播的重要新手段,桂林机场后期还将不断优化升级微信服务功能,利用信息化创新技术为旅客提供更加优质、便捷的个性服务。

(资料来源:中国民航网)

上述案例表明航空公司和机场能够从细节做起,切实为旅客着想,为旅客出行提供了极大的方便。

四、旅客的舒心需要

旅客出门在外,除了需要方便、快捷、安全,还希望整个旅程充满温馨与舒适。特别是民航旅客,他们不同于乘坐其他交通工具的旅客,对民航服务普遍寄予了较高的期望,希望物有所值。方便、快捷不是全部,希望得到更加人性化的关怀和服务。有的航空公司正是抓住了旅客的这一心理需要,及时调整服务策略与手段。例如,某航空公司客舱服务部开展了"健康、舒适、亲情、温馨"的特色服务活动,并推出了温馨服务卡。

(1)休息旅客服务卡。在餐饮服务中,为了不打搅已经休息、熟睡的旅客,乘务员将此卡片贴在休息旅客前方座椅的靠背上,当旅客醒来时,乘务员能够为旅客提供及时、周到并有针对性的服务。

(2)国航信息卡。为了方便广大旅客在搭乘国航航班时能够尽可能多地获取国航服务信息,国航客舱服务部设计并制造了"国航信息卡",此卡包括国航售票、行李查询、机场询问、国航俱乐部等信息。

(3)国航常识卡。随着旅客群体不断扩大,越来越多的人开始选择乘坐飞机出门旅行、探亲,很多基本的飞机常识对于那些初次乘坐飞机的旅客,都具有很强的可读性和吸引力。为此,国航客舱服务部归纳了国航发展史、机型常识,由乘务员利用巡视客舱、服务空隙向旅客随时发放,以满足初次乘机和对此类问题有兴趣旅客的需求。

(4)无人陪伴儿童卡。为了进一步提高对无人陪伴儿童的服务质量,客舱服务部不仅从地面接收、机上服务、落地后的交接等阶段,完善、改进了"无人陪伴儿童服务程序",还重新设计、制作了"无人陪伴儿童服务卡"。在卡片上,除了记载儿童和本航班的相关基本信息外,还必须由本次航班主任乘务长亲自填写此无人陪伴儿童在本航班上的旅行情况,包括休息、娱乐、餐饮及其他相关情况,填好后放入其随身携带、统一制作的无人陪伴儿童资料袋内,以便其父母、家人在接到此儿童后能够及时了解到其在机上的情况。

国航客舱服务部突出此类特色服务,旨在通过点滴小事,细化每个服务环节,突出健康、舒适、亲情、温馨的个性化服务,改进服务现状,提升服务品质,打造国航服务品牌,向服务要效益,以抢占市场先机,在激烈的市场竞争中赢取一席之地。

东航全球首发新一代世界顶级旅客服务系统

2018年9月22日,中国东方航空公司(以下简称"东航")通过最新引进抵沪的B787-9飞机,正式向全球发布最新配置的新一代顶级旅客服务系统。该系统创新集成了全球航空领域最新科技运用,全舱采用了大量客户化新概念设计,"包厢式公务舱""空中会客厅"等诸多"亮点"属世界首创或业界首次应用,重新定义了国际远程航线舒适服务的新标准、新风尚。东航B787-9也因此成为全球同类机型中极具鲜明特点的服务平台,将为东航加速国际化发展、提供世界一流航空出行服务续写更为精彩的篇章。

根据东航的机队规划，首架配置一新的B787-9飞机落户旗下上海航空(以下简称"上航")，成为后者第100架飞机，极具标志性意义：卓越的梦想客机与卓越的全球都市形成新的互动，在改革开放40周年再出发之际，在迎接首届中国国际进口博览会开幕之时，为全球旅客呈现上海城市的"空中名片"。

全球首发独有的包厢式公务舱

东航上航B787-9充分发挥新一代国际远程机型的特性，应用全新的三级客舱布局，设置了30个公务舱（包括4个豪华公务舱）、28个超级经济舱、227个经济舱，共285个座位。公务舱均采用1-2-1布局，除了方便乘客进出走道外，更为突出的特点是全部配置了移动滑门，形成乘客独立的私密空间。豪华公务舱来自Thompson Vantage First，为目前同类机型中的顶级配置，使用32寸高分辨率触摸屏幕，为同类设施的最大尺寸，远超常规头等舱配置。迷你酒吧、便捷的储物柜、HP USB和AC电源插座以及更为舒适的"三点式安全带"等，每一个细节都极富"人性化"。尤其是中间两个豪华公务舱还能通过折叠椅的展开，形成可供四人使用的社交区域，如同"空中会客厅"，为商务会谈、家庭旅行提供了更为惬意的体验。与豪华公务舱一脉相承的是标准公务舱，来自Thompson Vantage XL包厢版，同样也是全平躺座椅，标配18寸高分辨率显示器，拉门包厢式设计让东航公务舱在全球航空公司中独树一帜。

更为舒适的经济舱

东航此次选配的Rockwell Collins公司超级经济舱和经济舱座椅同样是全球流行的新型座椅。超级经济舱独立分舱，为东航全机队首次使用，采用"摇篮式"的椅盘设计，座椅间距达38寸，扶手内宽度达到19寸，后靠角度达到7寸，配备了腿靠和脚蹬、四维头枕、13寸新款高清显示器、独立的AC+USB电源、真皮椅套、鸡尾酒台和更大面积的餐桌板，为旅客提供更舒适的乘坐体验。经济舱座椅则采用符合人体工学的坐垫和椅背设计，配备12寸新款高清显示器，业内最大，可以很好地提升旅客的视觉享受。

全球首发的高端配置

东航上航使用的B787-9飞机全舱配备新一代娱乐系统（松下EX3/GCS系统），较上一代而言，硬件全面提升，并提供了更为丰富的媒体及娱乐内容。全宽体机具备空中上网功能一直是东航提升旅客体验的重要一环，新引进的B787-9更是配备了新一代客舱上网系统，最大接入速度可达200Mbps，有能力提供更高速的互联网接入服务。除此之外，东航上航B787-9还有多个设备属全球首发：包括全部公务舱配备的NFC便捷支付硬件设施，能够让空中升舱、空中消费变得更为便捷；专门为"空中厨房"配备的新款微波炉为全球第一次投入使用,加上咖啡机、多功能冰箱等多款最先进的空中设备,能为乘务员配制适合中外旅客不同口味的餐食提供有利条件;32寸迎宾屏幕第一次在东航机队中选用,飞机内饰从配色到细节进一步提升;6种客户化颜色的氛围灯光,分别命名为琥珀红、蒂凡尼蓝、浪漫紫、玉兰粉、天空蓝、银杏金,多种照明模式带来不同的客舱视觉体验。

2.0版客舱服务系统

从2014年9月东航在首架引进的B777-300ER上启用新一代客舱服务系统以来,东航历时4年,倾力打造,融入全新服务理念,借助新一代机型的启用和最新的硬件配置,对服务流程、旅客餐食、机上用品同步进行了革新、升级和优化,带来视觉、听觉、味觉、嗅觉、触觉等方面的全新体验。新升级的客舱服务系统被视为2.0版,代表了东航不断提升服务品质的执着信念,通过服务硬件同步升级服务软件,兼顾公务舱、经济舱的不同需求,让全球旅客都可以享受到非同以往的航空旅行体验。随着此次B787-9的引进,以"轻、盈、悦"为主题的新一代空中服务理念正式推出,更加贴合旅客的个性化需求,让旅客从细微之处感受用心服务。

新飞机、新客舱、新体验,这一系列"新"正是B787-9客机加盟东航机队、首架落户上航的真实写照,正是东航新时代开启"世界一流、幸福东航"新征程的一个重要标志。据介绍,该架飞机是东航采购的15架B787-9的首架,后续共有10架落户上航,5架落户东航云南有限公司。按计划,2018年年底上航将引进3架B787-9飞机,其余7架将在2021年底前交付完毕。根据航线安排,上航B787-9初期计划执行上海飞北京、广州、深圳等国内航线,后续将执行上海虹桥往返台北松山、香港、东京羽田、首尔金浦等港台地区及国际航班。此外,上航B787-9还将执行上海浦东往返新加坡、墨尔本等中远程国际航线。

(资料来源:中国民航网)

五、旅客的情感需要

情感,是人的需要中一个很重要的方面。除了公务、谋生、旅游外,人们出行在外的一个主要原因是亲朋好友之间的交往与沟通,而这无不渗透着人们的情感交流。比如逢年过节,特别是中国的传统节日——春节,人们的情感需要表现得更是强烈。人们不顾旅途遥远,不辞辛苦往家赶,为的就是亲人的团聚。因此说,过年是中国人的文化传统和情感需要,而这种需要已经成为一种非选择性的需要,买票乘飞机坐火车也就成了一种非选择性的消费。有些人到了春节,由于种种原因不能回家,那么就想方设法达到与亲人团聚的目的。比如,很多夫妻长年在外经商,忙工作,把孩子留在了老家,过节时由于路途遥远,他们就会委托航空公司"寄送"孩子。近年来,航空公司推出的"无人陪伴儿童"的业务很受人们的欢迎。这种特色服务、温情服务已经越来越得到人们的认可和欢迎。

南航推出"木棉童飞"免费服务　小孩乘机无忧

随着春运客流增加,南航推出无陪儿童"木棉童飞"免费服务,帮助家长记录孩子单独乘机的特殊成长经历,同时缓解无成人陪伴儿童的家长对孩子单独乘机的担忧和焦虑。

"木棉童飞"主要面向无陪儿童及其家长。家长在机场办理无陪儿童乘机手续时,只需提前来到机场的南航柜台,在"木棉童飞"服务确认书上签字。南航的地面服务和空中乘务人员会将孩子在候机室儿童乐园、休息区、登机口,以及飞机客舱等多个环境中的精彩瞬间记录下来,在国内航班结束的12小时内(国际航班在航班到达后5天内),工作人员会将照片上传到指定位置存储,系统将向无陪儿童的家长预留的手机号码发送短信邀约和验证码。家长关注"中国南方航空"微信服务号后,可获取孩子的照片信息。

无成人陪伴儿童服务针对年满5周岁未满12周岁的单独乘机儿童,家长可在机场南航问讯柜台申请。

据了解,这是国内首个面向无陪儿童的可视化记录服务产品。2016年春运期间,南航平均每日为106位无伴儿童提供"木棉童飞"服务。

(资料来源:湖南日报)

六、旅客的尊重需要

随着社会的发展、社会文明程度的提高、人们自主意识的加强,可以说,旅客对尊重的需要是越来越强烈了。民航旅客作为消费者,在消费过程中希望能够获得服务人员的理解和尊重、关心和帮助。其直接的表现方式就是旅客希望民航服务人员为其提供周到、细致的服务和人性关怀,希望自身的价值得到认可和尊重,自己的主体地位得到体现。有位旅客在意见卡上这样写道:"我很现实,比几年前更加现实,我已经习惯使用好的东西。因为我有钱了,我已经习惯享用好的服务,因为我的要求提高了。我是很自我、很骄傲的人,你们必须亲切友好地招待我才不会伤害我的自尊。你们要感激我,因为我买你们的产品和服务,我是你们的衣食父母。我是一个完美主义者,我花钱就要得到最好的。你们的产品或服务使我不满意,我会告诉别人影响他们。你们有缺点才让我不满意,所以必须找出缺点加以改进,否则你们留不住我这个顾客,甚至连我的朋友都不再向你们购买。我可不是一个忠一不二的旅客,其他的公司都在不断提供更好的服务。我现在是你们的顾客,但是你们必须不断让我相信:选择你们是正确的,否则我会选择别人,为了留住我这位顾客,你们必须提供更好的服务。"

方便面和牛肉面的差别在哪里?

身为多家航企金卡或白金卡的旅客,常先生日前在朋友圈晒出了两张照片,分别是一杯方便面和一碗牛肉面。他说这是其在同一航线往返时在不同航企的高端休息室享受到的服务,为了这碗牛肉面,他以后可能会更多选择这家航企的航班。一碗牛肉面,留住了一位高端旅客;一杯方便面,让旅客意兴阑珊,这一现象值得航企深入思考一碗面背后的服务理念和服务方式以及对旅客忠诚度的影响。

头等舱、商务舱旅客和高端常旅客往往对机票价格的敏感性较低,但对服务的要求往往更高。在该群体的取舍评判标准中,大到休息室环境的安静与否、问候服务是否贴心及时,小到一杯咖啡品质的优劣、一碗面的味道,都可能成为重要因素。这并非是对服务的吹毛求疵,而是高端服务自带的精益求精属性,也是价格决定服务内容的市场特点。有句调侃的话是,坐头等舱也不能比经济舱提前一小时到达目的地。既然如此,为什么旅客愿意支付往往是经济舱数倍的票价来选择高端舱位?自然是看中了高端舱位机票所附加的更多优质服务。比如,有的旅客看重的是空中座位的舒适度,有的旅客则关注的是地面安检专属通道。在此情况下,自然会有旅客对一碗面提出高要求。

虽然要求高,但是两舱旅客是航企收入的重要组成部分。有数据显示,在很多航企长航线收益中,两舱旅客是"主力"。基于此,各航企长期以来非常重视对高端旅客服务需求的满足,一方面通过各种创新服务提升高端旅客的体验感,另一方面不断想方设法培养高端旅客的忠诚度。比如,有的航企就推出了"门到门"的服务,只要旅客购买特定舱位、航线的机票,就可以享受高端车型接送,其中不乏奔驰、宝马的身影。有旅客在点赞此项服务时说:"我不在意一次用车,在意的是这种专属服务的用心和体贴。"

正如文章开头这位高端旅客对一碗面提出的意见,表面上看是对方便面的不满意和对牛肉面的满意,但本质上是对服务用心程度的关注。一碗热气腾腾的现做牛肉面,背后传递的是服务人员随时为高端旅客提供服务的理念,这会让旅客感觉被尊重和被重视,旅客就会更有归属感,忠诚度也就在潜移默化中被培养起来了。

越来越多的航企不断挖掘高端旅客和高端常旅客市场潜力,在此过程中,要注重服务软硬件的配套升级。比如,有的航企休息室狭窄破旧,服务基本靠"自助",甚至出现高端旅客找不到座位休息的情况。在此情况下,就要审慎考虑规模扩张速度,主动升级软硬件配套,避免出现供不应求的情况。因为高端旅客偶尔遇到一两次此类情况,或许尚可忍耐,但若常态如此,难免弃之而去。

回到最初的话题,方便面可不可以有?牛肉面是不是必须有?答案是方便面可以有,牛肉面也并非必备,毕竟很多高端旅客也有"方便面情结",而有的休息室也确实没条件随时煮好牛肉面。但航企必须透过现象看本质,关注高端旅客对用心服务的需求。只要关注了高端旅客的真正需求,一杯方便面也可以赢得旅客的点赞。

(资料来源:中国民航报)

第三节 特殊旅客的服务需要

特殊旅客是在年龄、身体、身份地位等方面情况比较特殊,有别于其他旅客的旅客。因为他们的身份特殊,因而也会提出较为特殊的服务需要。根据实际情况,我们对特殊旅客进行了一定的归纳与分类,总结出以下几种情况:

一、老、弱旅客的服务需要

人到老年,体力、精力开始衰退,生理的变化必然带来心理的变化。老年人在感觉方面比较迟钝,对周围事物反应缓慢,活动能力逐渐减退,动作缓慢,应变能力差。老年人由于年龄上的差异,与青年人想的不同,因而心境寂寞,孤独感逐步增加。尽管老年人嘴上不说,但他们内心还是需要别人的关心帮助的。他们关心航班的安全,关心飞机起飞、降落时带来的不适应感。因此,空中乘务员为老年旅客服务时,要更加细致,与老年旅客讲话速度要略慢、声音要略大,经常主动关心、询问老人需要什么帮助,洞悉并及时满足他们的心理需要,尽量消除他们的孤独感。

体弱的旅客既有很强的自尊感,又有很深的自卑感,由于身体的原因自感不如他人,暗暗伤心,同时在外表上却表现出不愿求别人帮助自己。因此,样样事情都要尽自己最大的力量去做。空中乘务员应尽可能多地去关照他们,而又要不使他们感到心理压力,对他们携带的行李物品,要主动协助提拿,关心他们的身体状况,消除他们对乘坐飞机的恐惧感。

南宁机场值机员人性化服务感动旅客

盛夏消退,秋凉如水,转眼间又是一年中秋节。刚刚举行过东盟盛会的广西南宁,迎来送往,大到东盟各国政要,小到各国地区的商人以及全国各地的人民群众,南宁机场值机员们都给予了最专业、最温馨的服务,完美助力了这次东盟盛会的圆满结束。而东盟的热情还未消退,又迎来了金桂飘香的中秋时节。南宁机场总是这样充满热情地迎接着每一天的到来。作为南宁机场的第一窗口,值机部门也对旅客给予了最大的帮助、最人性化的服务。

2018年9月20日,一对国际转机联程的年迈夫妻,行李车里推着四个大箱子,两人身上都背着旅行背包,缓慢地来到值机柜台,拿出护照要办理国际转机联程手续,他们要乘坐国航航班前往北京再转机前往美国。两位老人告诉值机员,他们是第一次乘坐这样的转机,因为女儿远嫁他国,他们要趁着这个团圆的节日去美国看望女儿。当值机员告诉两位老人,根据航空公司规定,行李可以直接挂运至美国,在北京不需要提取行李、也不需要再办理任何手续时,两位老人非常激动,非常开心。然而在托运行李时,行李超过了国际航班规定的重量,需要交纳高昂的逾重行李费用,老人表示不知该如何是好。经过询问,原来老人在行李箱里放了很多家乡特产,还放了自制的月饼。此次远行,能感觉到老人对女儿的那份思念,总想把最好的都带过去。但入境美国,对很多食物都有限制,月饼更是严查食品之一。值机员对老人说明了情况,老人表示理解,如果有问题再自行解决。由于行李超重,值机员让老人把行李进行了重新整理调配,让老人把一些可以随身携带的衣物都装进背包作为随身行李。调整过后,行李称重符合规定,值机员即刻完成了值机手续。两位老人对值机员贴心的服务表示满意。

值机员能为旅客提供优质的服务,让旅客满意顺利地出行,也是职责所在。

(资料来源:庞蓉.中国民航网)

二、病、残旅客的服务需要

病、残旅客,是指在乘机过程中突然发病的旅客及有生理缺陷的旅客。这些人较之正常人自理能力差、有特殊困难,迫切需要他人帮助。但是他们自尊心都极强,一般不会主动要求空中乘务员去帮忙,总是要显示他们与正常人无多大区别,不愿意别人讲他们是残疾人。对此,空中乘务员要了解这些旅客的心理,特别注意尊重他们,最好悄悄地帮助他们,让他们感到温暖。

在飞行过程中,经常会发生一些旅客突然发病的突发事件。对于这种情况,民航服务人员除了需要掌握一些急救常识外,遇到情况发生时,要给予旅客足够的关爱,及时采取措施。

新疆首家!南航残障旅客登机车正式投入使用

"就像在飞机旁边架了个电梯一样,稳稳地就升上来了,太方便了!"作为第一位使用残障旅客登机车的沙比尔努肉孜对南航的贴心服务竖起了大拇指。2018年3月27日,南航新疆分公司引进的首台专为轮椅、担架旅客服务的残障旅客登机车正式投入使用。今后,南航在乌鲁木齐的特殊旅客上下飞机将更加方便快捷。

27日,CZ6805次乌鲁木齐飞往喀什的航班,一位旅客因腿部受伤不能自主行走。因为航班停靠的机位没有廊桥,所以旅客需要通过登机梯才能登机。对于腿脚不便的旅客来说,以前乘坐轮椅、担架登机时,需要工作人员或医护人员手抬肩扛才能顺利登机,不但费时费力,也存在一定的安全隐患。现在有了登机车的帮助,地面服务人员只需将旅客连同轮椅推进车厢,车厢随后升起与客舱舱门对接,便如同乘坐无障碍电梯一样直接登机了。

据了解,该车可以对接多种机型,为行动不便的旅客出行带来了极大的便利。残疾旅客登机车内安装有用于固定残疾人轮椅的设备,可以防止轮椅在车厢升降过程中滑动。此外,登机车还具备安全保护特性及应急功能,1~2名工作人员即可操作完成整个登机过程。

据南航新疆分公司地面服务工作人员介绍,作为新疆首家将残障车投入生产保障的航空公司,南航此举有效提高了在乌鲁木齐机场的特服保障能力,让接受这项服务的特殊旅客也能享受到便捷、安全、快速的登机体验。另外提醒大家,使用登机车不会收取额外费用,但旅客有使用残疾旅客登机车的需求,需提前与南航客服95539联系,或在南航直属售票处现场购票时提出申请。

(资料来源:金亮、林凯、王浩强.中国民航网.)

三、儿童旅客的服务需要

儿童旅客的基本特点是:性格活泼、天真幼稚、好奇心强、善于模仿、判断能力较差、做事不计后果。鉴于儿童旅客的这些特点,空中乘务员在服务时,尤其要注意防止一些机上不安全因素的发生。如要防止活泼好动的小旅客乱摸乱碰飞机上的设施;航班起飞、降落时要注意防止小旅客四处跑动;给小旅客提供热饮时,要防止他们碰洒、烫伤等。无人陪伴的儿童,航空公司根据协议,最好派专门乘务员主要负责照看,以防出现意外。

用耐心细心让孩子出行安心

夏天到了,越来越多的小朋友出现在飞机上,享受自己的暑期出游。其中,有一个较为"特殊"的群体,他们没有依赖父母的陪伴,而是自己在乘务员的悉心照顾下独自完成空中之旅。这群勇敢的小朋友,就是无成人陪伴儿童旅客。

无成人陪伴儿童服务近年来因其安全、高效、便捷,日益受到家长们的青睐。民航无成人陪伴儿童数量屡创新高,对服务的要求也日益细化。作为唯一能够提供规范化无成人陪伴儿童服务的交通运输方式,民航做好无成人陪伴儿童服务,是真情服务旅客的应有之举。对于航空公司而言,为旅客提供更好的无成人陪伴儿童服务,则能够提升企业自身形象和增强竞争力,打造精品服务品牌,提高旅客的忠诚度。

无成人陪伴儿童服务对服务流程的严谨性和安全性有较高的要求。做好无成人陪伴儿童服务,首先应完善服务流程,确保从接收到送出每个环节的无缝衔接,认真核对接送人员有效身份证件,保证孩子的出行安全,让家长放心,让孩子安心。以东航为例,其制定了严格的无成人陪伴儿童交接规定,要求地服人员和乘务员填写交接单,无成人陪伴儿童登机后何时吃东西、喝水、睡觉都会被详细记录,规范的流程让东航得以创造无成人陪伴儿童服务30年零差错的纪录。

做好无成人陪伴儿童服务,还应该为无成人陪伴儿童提供更加个性化的服务。无成人陪伴儿童一般年纪较小，面对一段需要独自完成的旅途，难免会有紧张和害怕的情绪出现。这时候，就需要地面服务人员和乘务员给予他们更多的关注及呵护。一方面，要耐心做好无成人陪伴儿童的安抚工作，了解孩子在不同阶段的需求，密切关注他们的身体状况和心理状态；另一方面，应细心总结无成人陪伴儿童服务的经验，提前做好相关准备工作，如利用小礼品、小玩具、小点心等"道具"，适时与孩子进行互动，主动照顾好这些独自外出的小旅客。随着民航技术的发展，不少航班上已经开放了Wi-Fi网络，乘务员也可以鼓励孩子们与家长进行远程聊天，安抚他们的情绪。

要实现无成人陪伴儿童顺畅出行，当然也离不开家长的配合。家长应提前了解各航空公司对无成人陪伴儿童出行的相关规定，准备好相关资料，办理好相关手续，在航空公司规定的时间内提交申请，安排好航班到达后的接送人，时刻关注航班动态。同时，要确保孩子的身体、年龄、心理适合在无成人陪伴的情况下出行。为确保家长获知孩子的出行情况，民航也做出了诸多尝试和努力。如南航推出了"木棉童飞"服务，地面、客舱工作人员会全程为无成人陪伴儿童拍摄照片，上传到微信平台，家长随时可以查看孩子的情况。

没有家长陪伴的孩子，如同幼鸟离开家独自飞行。民航用安全、周到的服务，为孩子们提供安心、舒适的空中之旅，是对这些充满勇气的小旅客成长最好的支持与鼓励。

（资料来源：王诗彧.《中国民航报》.中国民航网.）

四、初次乘机旅客的服务需要

初次乘机旅客的心理，一般来讲主要是好奇和紧张，因为民航运输毕竟不同于汽车、火车、轮船的运输，人们不是常见、常坐。因此，初次乘机者对民航的一些设备、环境等都十分感兴趣，怀有一种好奇心。

为满足初次乘机旅客的新奇感，空中乘务员要主动为他们介绍本次航班的情况。如机型、飞行高度、地标等，以满足他们的好奇心。首先，初次乘机的旅客缺少乘机知识，空中乘务员要主动、耐心地介绍，不要指责或嘲笑他们，避免使旅客感到不必要的内疚和尴尬。其次，初次乘机的旅客内心比较紧张，对飞机这种交通工具的安全性不很放心，空中乘务员要针对这种心理，一方面，介绍飞机是在所有交通工具中比较安全的，请他们放心；另一方面，亲切地与他们交谈，询问他们此行的目的，以分散他们的紧张心情，使他们感觉到乘坐飞机是安全舒适的。

五、重要旅客的服务需要

一般来讲,重要旅客有着一定的身份和地位。他们比较典型的心理特点是自尊心强、自我意识强烈,希望得到应有的尊重;与普通旅客相比较,他们更注重环境的舒适和接受服务时心理上的感觉;同时,由于乘坐飞机的机会可能比较多,他们在乘机过程中会有意无意地对机上服务做比较。空中乘务员为他们服务时要注意态度热情、言语得体、落落大方,针对他们的心理需求采用相应的服务。例如,当重要旅客一上飞机,就能准确无误地叫出他们的姓氏、职务;当重要旅客递给空中乘务员名片时,应当面读出来,这样可使重要旅客有一定的心理满足感;同时,在提供周到的物质服务的前提下,更应注意与重要旅客精神上的沟通和语言上的交流,使重要旅客的整个行程都沉浸在愉悦的心情之中。

因为贴心　　所以信赖

2012年12月19日,一位国航白金卡旅客购票后拨打了国航高端旅客客户经理专线,提出第二天需要国航用车将他送至首都机场,第二天,当他走出办公楼时发现原来接送客人的奥迪A6,换成了宝马5系最新型的轿车。自从国航2005年用6.88亿元改造波音747和空客A340两舱以来,针对高端旅客的全流程、无缝隙、高品质、个性化的服务已经保持了5年多时间,这次国航用宝马5系轿车加入高端旅客服务用车,就是旨在使服务硬件再上一个档次。

针对高端旅客,国航2010年年初推出了客户经理制,客户经理就相当于五星级酒店的贴身管家,从售票、出行,一直到机场乘坐飞机,每位高端旅客都有客户经理直接负责。在国航地面服务部的电脑中,储存着4700多名白金卡旅客的5000多条信息,在旅客身上曾经发生的事情,旅客的习惯、爱好等,都有详细记录。平均每天都有300多名白金卡旅客从北京进出港,国航地面服务部的29名客户经理保证了对他们的个性化服务。不管旅客遇到什么问题,比如有的旅客把手机、衣服忘了机舱里,只要给客户经理打个电话,就没事了。有的旅客上午乘机走的时候不舒服,下午回来时客户经理就已经为他买好药等候在舱门口了。正好碰上旅客今天过生日,客户经理也不忘送上问候。

另一位坚持乘坐国航航班10年的白金卡旅客叙述了他的经历。2010年9月,他从青岛乘坐国航航班经北京中转去合肥,由于飞机从青岛起飞晚了两个多小时,他担心赶不上下一趟北京至合肥的航班,于是在青岛起飞前给北京的白金卡柜台打了个电话,希望其将北京至合肥的登机牌提前打出,上飞机后他向乘务长说明了情况,临降落时乘务长请他坐到头等舱,以便第一个下飞机。当他下机来到中转柜台时,工作人员已经手持打印好的登机牌在恭候他了,没有耽误一分钟,他迅速赶往下一个航班登机口,赶上了北京至合肥的航班。无独有偶,当这位旅客时隔几天再次从北京飞往合肥时,遇到了堵车,在北京四环路上走了一个半小时还没上机场高速,他对赶上航班几乎不抱希望了,他试着给白金卡柜台又打了一个电话,说明堵车情况,问还能不能赶上飞机。工作人员告诉他不用着急,所有手续都会为他办好,来了就可以马上走。终于,当他离飞机起飞还有15分钟下车时,国航的工作人员已经手持登机牌在等候了,并引领他经过没人排队的白金卡专用安检通道,随后乘上一辆电瓶车到达登机口,在舱门关闭前跨进了机舱。短短15分钟就解决了问题,正是由于实行了客户经理制,有专人对每一名高端旅客负责,所以旅客才能如此顺利成行。

作为一家品牌航空公司,国航不断致力于满足高端旅客的需求,继改造空中两舱后,地面两舱服务也不断升级。为了解除旅客长途旅行的疲劳,国航在头等舱休息室增设了淋浴室、按摩室、睡眠室,24小时提供热餐,并且在国际头等舱休息室实行点餐服务,与西餐的服务程序完全相同。两舱休息室每月推出一次食品周和品酒会等,不但食品多种多样,茶、咖啡、饮料、汤也多达几十种。在影视区,电视频道增加到70多个,并有英文电视节目。客人进入头等舱休息室时,有专人引领服务;客人中转时,在舱门口有专人接机。

国航针对高端客户的多项服务措施,得到了旅客的认可,国航的白金卡旅客、大客户在不断增多,他们也给国航创造了可观的效益。

(资料来源:刘建峰.《中国民航报》)

六、国际旅客的服务需要

随着对外开放的广泛化,来我国参观、旅游、考察、工作的外国人逐年增加,中国古老灿烂的文化对他们有着强烈的吸引力。但是很多外国人不懂汉语,在交流上存在着语言障碍。在旅行过程中,特别是在一些突发情况下,如航班延误等,往往会给他们带来许多麻烦。因此,在民航服务人员为国际旅客服务时,要了解他们此行的目的,用较熟练的外语与他们交谈,态度要和蔼热情、不卑不亢,注意语言得体,对外宾和内宾要一视同仁,以免造成不应有的麻烦。

襄阳机场安检员真情服务美国旅客收获感谢信

2017年7月4日上午,襄阳机场出发大厅正迎接南来北往的旅客,安检人员正有序地为每名过检旅客实施规范化地安检服务。刚执行完30分钟繁忙勤务保障的安检员任雨婷岗歇时,听到手机发出悦耳的来信铃声,打开一看是一封来自境外的全英文信件,字里行间透露着美国加州的杰奎琳和比尔对她深深的谢意。

4月29日,由北京飞来襄阳的航班准时抵达,两位外籍旅客杰奎琳和比尔走出旋梯却发现自己来错了地方,要到咸阳机场参会的夫妇却购买了到襄阳的航班。夫妇俩着急地来到问询柜台求助,正值验证岗位的安检员任雨婷得知问询员无法与两位旅客沟通后,立即向值班主任报告,并主动请缨前去帮助这两位外籍旅客,值班主任得知此事后立即安排岗休人员前去替换验证岗位安检员任雨婷让其去协助两名外宾。

经了解后得知,杰奎琳和比尔原本是要从北京到西安参加一场重要会议,然而粗心大意的售票员误将应去西安咸阳国际机场的航班出成了北京到襄阳机场的机票。待飞机在襄阳机场落地他俩才发现,这儿根本不是他们的目的地!眼看就要赶不上晚上的会议,两位旅客心急如焚。任雨婷一边用英文安抚两位外籍旅客,一边向地服问询人员了解当天的航班动态。因襄阳机场仅有晚上一班飞往西安的飞机,如选择从襄阳乘机,两位外籍旅客将无法及时赶上会议。为了能够帮助这两位旅客顺利前往西安,安检员任雨婷建议他们选择乘火车前往,在留下自己的姓名及联系电话后,将他们送上了前往襄阳东站的出租车。

正当任雨婷刚刚松口气,以为事情到此应该圆满结束时,她却接到了来自杰奎琳的电话。原来,他们去了火车站之后,没能买到去西安的票,又折返回了机场。任雨婷得知后又帮助他们找到了出租车司机咨询去西安的价格,出租车高昂的报价让二位外籍旅客实在无法接受,只能推迟西安的活动,选乘当晚的航班从襄阳飞西安。接着任雨婷将杰奎琳和比尔领至售票窗口办理购票手续。然而售票员的一句话又使得任雨婷头疼起来——他们两位没有兑换人民币,售票处却不能刷VISA卡!去外面银行兑换太远,去西安的机票又仅剩两张,任雨婷只得满候机楼地寻找可以帮助他们兑换货币的旅客。最终帮他们找到了好心人,顺利兑换了货币,买好机票办完乘机手续后,任雨婷这才放下心来。此时时值正午吃饭时间,任雨婷担心身上没有现金的他们无法吃饭,还贴心地将他们带至餐厅就餐。杰奎琳和比尔对安检员任雨婷的真情服务表示诚挚的感谢,并主动留下了珍贵的合影,一切安顿好后任雨婷终于安心地回到了自己的工作岗位中去。

时隔月余后,任雨婷收到了来自美国加州的杰奎琳发来的感谢邮件,感谢任雨婷为她和比尔所做的一切,并向任雨婷要通信地址,表示要送礼物给她。任雨婷回复邮件,收下了两位的谢意,拒绝了送礼物的好意,并欢迎他们再次来中国。

事实上,由于咸阳和襄阳的发音相近,经常有国际友人到达后才发现买错了票,任雨婷的这一做法不仅仅是出于对国际友人的热情关怀,更是践行民航"真情服务"的完美体现。

(资料来源:杨俊龙、夏孟雅.中国民航网.)

七、航班延误与取消情况下旅客的服务需要

当旅客手持机票进入候机室时,一般来讲,他们心理的需求是希望按时起飞。在航班正常的情况下,旅客的心情是较为平静或平衡的,一旦听到自己乘坐的航班延误或取消,心理的主观需求与客观现实马上相矛盾,便失去了原有的平静和平衡,随之而来的是情绪波动,这时的心理是焦虑、抱怨和愤怒。对此,空中乘务员首先要全神贯注地倾听对方的诉说,尽管这样做并非易事,但却是缓解旅客情绪必不可少的第一步。其次,向旅客表明你已经听懂了客人的话,承认既成的事实,认同对方的感受。最后客客气气、实事求是地向客人解释和说明航班延误或航班取消的原因。对客观存在的原因要说得清楚和明白,对由于机场方面的原因造成的延误,要真诚地道歉和自我批评,以求得旅客的理解和谅解。

奥凯航空出行故事:一件独自跨国旅行的行李

近日,一名女士为感谢奥凯航空地服人员给予的帮助,送给奥凯天津机场柜台一面锦旗,锦旗上写着"服务周到 尽心尽责"八个大字。一个小小的航空出行故事,却充满了真情与感动。

事情原来是这样的:2018年8月29日,一名旅客焦急地到奥凯长沙柜台咨询航班情况,奥凯长沙地服蒋鹏(昵称"小蒋")接待了张女士。经过沟通,小蒋得知张女士乘坐的 BK2992 由长沙飞往天津的航班由于流控原因导致长时间延误,到达天津后张女士还要转机飞往韩国,按目前延误的趋势将无法赶上后续国

际航班。小蒋立即为这名旅客寻找解决办法,最终决定帮助张女士改乘CZ3125次航班赶往天津。当即,奥凯长沙机场柜台为张女士重新改订了机票,并由小蒋带领旅客前往T2航站楼办理登机手续;与此同时,奥凯安排地面商务人员到行李房为旅客翻找行李,并将行李送至T2。但是由于行李到达时登机即将结束,只能走后续航班,于是张女士的这件行李只能开启它独自的跨国旅行……

由于张女士改乘的CZ3125次航班衔接国际航班的时间也非常紧张,小蒋为她联系了奥凯天津商务的同事,并说明了相关情况。航班CZ3125在天津降落后,奥凯天津商务的人员早已等候在廊桥,协助张女士迅速前往天津T1航站楼办理国际值机手续,并留下张女士的电话,承诺一定想办法将行李带到韩国。奥凯天津商务的同事接到张女士的行李后,考虑到涉及国际航班,如果走公务行李,有无法通关的危险。于是,为确保张女士的行李能够顺利运送至韩国济州,奥凯天津商务立即联系了与奥凯有合作的旅行社,让其帮忙找到一位近日将乘坐奥凯航班前往济州的导游,由导游帮忙把行李带过去。联系好导游之后,奥凯天津商务又继续与济州场站商务人员联系,并告知导游及张女士的电话和微信。事情全部安排妥当后,奥凯天津商务人员将工作记录清楚后交接给8月31日的值班员。31日,导游将行李顺利带到济州出关,奥凯济州场站接到行李之后,由商务人员及时联系张女士,最终将行李安全交至张女士手中。

在这件"行李"独自跨国旅行期间,奥凯航空三地的工作人员,包括长沙地服、天津商务、济州场站人员,一直与张女士保持联系,及时解决这件行李运送期间的各种问题。在航班延误的情况下,张女士得以顺利完成韩国之行,她非常感谢奥凯为她所做的一切,并赠予锦旗以示感谢。作为奥凯航空一名普普通通的地服工作人员,蒋鹏接到表扬后很谦虚地表示:"这些都是我们应该做的,尽心尽力为每一位旅客提供最优质的服务,尽全力为旅客解决困难,是我和我的同事们的责任与义务,能够得到旅客的认可是对我们工作最大的肯定"。

为旅客服务,任何小事对奥凯来说都是大事。未来,奥凯航空将在三万英尺高空为旅客提供更加优质、暖心的服务,让感动常在,让旅程不再"孤单"。

(资料来源:中国民航网)

八、挑剔旅客的服务需要

在飞机上偶尔也有比较挑剔的旅客。他们往往对服务、设备和餐食、饮料等提出一些可能达不到的要求。究其原因,有些可能是由旅客本人性格因素决定的,有些是由于旅客在上飞机之前遇到了不愉快的事情,未能得到解决而发泄。

这时,这些旅客的心理,是要求受到尊重、要求补偿、要求发泄。对此,空中乘务员的服务要耐心、不急躁,以平静的心情倾听客人的倾诉,不要急于解释和辩解,避免引起客人心理上更大的反感。用耐心、热心、周到的服务,使客人的心情慢慢自然地平静下来。

中美日乘客坐飞机谁最难伺候

游客闹事导致亚航客机返航事件发生后,常有朋友问我,在我曾经任职某外航空姐的几年里,是否也遇到过刁蛮的乘客?由于当时我值的是中日和美日航线,接触最多的就是中国、美国和日本乘客,因此也有朋友问我,中国乘客是不是其中最难"搞"的?

不不不。事实上,整体而言,中国乘客相对老外反而是最为善解人意的。而这三国乘客,各有他们"难搞"的地方。下面不妨以他们对乘机过程不满意要求投诉为例。

日本乘客的投诉信

遇到乘客想投诉,空姐最希望的当然是尽量弥补乘客的不满意之处,从而获得乘客谅解,打消其写投诉信的念头。在中、美、日三国客人中,据我估计,空姐成功率最低的是撤销日本乘客的投诉。日本乘客是三国乘客中最不倾向于表达自己意见的,但是他们一旦表达了,就很难撤回。

我曾经亲眼看到一名班组同事蹲在一位年长的日本女乘客面前,窃窃私语讲了10多分钟的话;不久后又换作乘务长来到乘客面前,一样窃窃私语讲了10多分钟。全过程中,这位日本女乘客只是听,表情严肃,很少回应,搞得同事相当尴尬。

事情的起因是在送餐时,日本女士告诉推着前餐车的乘务员需要一杯果汁,前餐车乘务员看到装满饮料的后餐车很快就要推到这名乘客的服务区域,于是就将乘客需求口头告诉后餐车乘务员。但麻烦的是,后餐车乘务员把这事儿给忙忘了。

从我们的文化看来,这也不算什么大事,乘务员忘了,提醒她一下便是。可是,这位日本乘客愣是从头忍到尾,一直忍到用餐完毕,发现乘务员还没送来果汁,于是直接进入了投诉程序。

这里要补充一点我的个人服务体验:日本人是内心戏深重的民族,他们比任何其他国家的乘客都期待你来主动发现他的需求,也都更不愿意开口来麻烦你,似乎其他人都没提这个要求,而他提了,就是"失礼"的。

举个例子,在一些"饮料餐食同时送"的服务级别航段里,按照服务守则,收完餐盘后不再加一轮饮料服务。这时,如果机舱里是美国客人或是中国客人,服务铃就会当当当响起来,这本没什么不好的,如果有乘客配餐饮料不够,餐后还想喝水,我们当然要一一满足。但是,如果机舱里满是日本客人,同样的情况就会鸦雀无声,有时我做完收餐工作后看时间离飞机降落还早,会额外加一轮饮料服务,这时日本客人会纷纷索取一份。这就是他们,明明有需求却总是憋着。

说回到那位难"搞"的日本乘客。在空姐们事后送去饮料、外加几轮沟通后,到下机前,她已经有了笑容。据乘务长事后"培训"我们说,像这样的日本乘客,她需要你做的,不是简单的道歉、简单地送上饮料,而是告诉她"以后如何避免"。乘务长告诉她会让小组成员在沟通协调机制上进行改进,比如将记录了乘客座位号的便笺纸给对方而不是口头通知,比如任务发起人事后要检查一遍任务接收人是否完成任务。是这些让日本乘客有了笑容。

但让人惊讶的事情发生了:在这位日本乘客最后已经表示对事件处理满意时,她还是亲手写了一封长长的投诉信。在信里,她记录了协调失误的过程、令她满意的乘务长的对策,同时也表扬了后续跟进工作的真诚。

她说,写这封信是她作为一名乘客的职责,她希望别的乘客通过她的经历得到更好的服务,她愿意帮助自己国家的航空公司进步。

爱表达意见的老美

如果日本乘客是最不愿表达意见的,那美国乘客往往是最乐意表达意见的。在飞机上,厨房是空姐的工作场所,一般乘客都不会进入,最容易不请自来的就是美国人。

"长途飞行真是够累的,你说呢?""Hi,你们的啤酒是付费的吗?""后面那个厕所的垃圾桶就快满了,我的意思是,如果你不忙的话记得去看一下。"老美就是这样,偶尔会跑到厨房边上说上两句,甚至"多管闲事"。

顺着这种逻辑,美国乘客也会表达不满、要求投诉。一名资深的乘务员同事曾告诉我"搞定"美国乘客的秘诀,虽然并非准确但也颇让人忍俊不禁:"他们的内心住着孩子,不舒适就会说出来,所以最好的方式就是让他说个够,等他把想说的都说完了,并且确定你都听从了,也就没必要再落笔了,所以你最后就不会收到投诉信。"

一般情况下,重视美国乘客的意见和建议,并且在余下的航程中给予服务上的关注,美国乘客的"气性"一般都不长。

相对其他国家的乘客,中国乘客一方面更加善解人意,另一方面需求又特别实际。在我看来,和中国乘客最好的沟通方式是告诉他我的能力范畴。比如飞机晚点了,可以告诉他我能为他做到的是去问乘务长她得到的机长最新通知是什么,自己并没有权限在此情况下直接拨打机长内线,中国乘客一般都能理解,不会再为难空姐。而且在外航上相遇,尤其是在境外时,我们之间能用普通话交流,会让很多中国乘客更愿意体恤我们的工作。

不过,不得不说中国乘客颇为可爱的一个特点是:当中国乘客有情绪,最好的让他"息怒"的方式,不是注重规则和后续如何避免,也不是让他尽量释放情绪,而是给他一些"特权"或"特惠"。比如,送一份飞机模型小礼物(机上备着给孩子玩耍用的),或是为他调制一份特别的鸡尾酒,这或许才是缓和气氛的最管用手段。

(资料来源:夏心愉.腾讯财经.)

九、民航内部旅客的服务需要

内部旅客大多对航空公司及与飞行和飞机有关的事情比较了解,大部分人愿意主动和空乘人员聊天,聊一些民航内部的事情,对服务的要求是希望被照顾,希望与其他旅客不同。如果满足其要求会很高兴,如果不能满足要求,个别内部客人会不高兴,容易挑剔空乘人员的毛病。在这种情况下,空乘人员服务要有理、有利、有节。

(1)有理。航空公司对各舱位有明确的规定,如果我们不能满足内部旅客升舱的要求时,要心平气和、实事求是地说明情况,以求得旅客的理解。

(2)有利。内部旅客中有一些是很有影响的人物,对于这些人要灵活处理,对他们的服务要有利于公司的利益。

(3)有节。内部客人由于对民航内部和公司内部都有相对多的了解,有时提出一些无理的要求,应适时制止,不要盲目地为了拉关系、套好感,为其提供违反公司规定和损害公司利益的服务。

面对内部人员的特殊要求

在航班上,乘务员发现一对夫妇带着一个两岁多的小孩儿,坐在B757的翼上应急出口处,便马上走过去要为他们调换座位,但是该旅客不愿意。乘务员耐心向其解释:"先生,这儿是应急出口,不满15周岁的旅客坐在这儿,是不符合安全规定的。您看是否……""我是民航局的,这个位置是我特意要求地面安排的。"说着他将工作证拿了出来。乘务员一方面担心他是明察暗访的检查员,在试探自己安全关把得牢不牢;另一方面又因为他是民航局的工作人员却提出坚持要带小孩坐在应急出口这样的无理要求而感到为难,最后只好请示乘务长。乘务长向该客人提议请其坐到10排,告诉他那儿也比较宽敞,旅客欣然接受,调整了座位。对于内部旅客提出的特殊要求,除原则应该坚持外,还要能灵活提出另一个解决方法来满足旅客的需求,相信他们都会理解和支持的。

(资料来源:中国民航信息网)

本章小结

马斯洛的需要层次理论为民航服务工作起到了引导和借鉴的作用。通过分析和体会该理论,进一步明确需要心理的内涵和本质。特别是深入了解了普通旅客和特殊旅客的不同服务需要。通过案例分析,深刻把握旅客的深层次的需要心理,有益于提高民航服务质量和工作效率。

复习与思考

(1)掌握需要心理的内涵和本质。
(2)如何评述马斯洛的需要层次理论?
(3)如何处理旅客的不合理需要?

课后阅读

飞机上空乘人员如何为独自乘机的老年旅客服务

随着国民经济的快速发展,飞机方便度、舒适度不断提高,选择乘机出行的老年乘客不断增多,而又由于儿女工作繁忙,或在外地工作生活,独自乘机出行的老年旅客也是日益增多。作为一名客舱乘务员,怎样为独自乘机出行的老年旅客提供服务呢?先来稍微了解一下老年旅客的基本生理特点。

随着年龄的增长,老年人的各种脏器功能都会有不同程度的衰退,导致视力和听力的下降、动作和学习速度减慢、操作能力和反应速度降低等,从而对环境的适应能力下降。加之记忆力和认知功能的减弱和心理改变，常常出现生活自理能力下降的情况。针对这些特点我们应提供相应的服务，服务过程中一定要仔细，要有耐心，语气要缓，动作要慢、要稳，特别是要尊重老年旅客的意愿。

登机过程中，我们第一次与老年旅客碰面，一定要热情打招呼，给他们一个愉快放松的氛围，引导他们找座位就座，帮助安排行李。那些老年旅客航班中可能需要使用的柔软的物品，建议安放在老人身边、脚下，方便取用。短程航线，航班配备的枕头毛毯不见得每个人都配备，这时乘务员要及时提前为其准备好。起飞前重点为其介绍客舱设备，安全注意事项，特别是帮他们使用并系好安全带，教他们怎么使用呼唤铃，告诉他们不管有什么需要都可按压呼唤铃找乘务员帮忙。同时可寻求周围旅客的帮助，提供相应的支援。遇有航班延误，除了广播说明原因外，还要单独为老年旅客解释，做好安抚，让老人不要着急，必要时可与老人的家属通电话，说明情况，老人与亲人说说话，会有效减缓心里的焦虑。

起飞后，了解一下老人有什么需求，如有空座位，可以为其更换一个相对舒适的座位，这对于单独乘坐长航线的老年旅客很有帮助。关注老人对客舱温度的适应，为其做好保暖工作。对于有个人娱乐系统的机型，简单教其怎么使用，帮助调到老人喜欢看的节目。提供餐饮时，优先满足老年旅客的需要，因为老年人对餐饮会有些特殊的要求，如温度、辛辣、软硬度等。先由老人选择，尊重其意愿。老年人宜适温而食，过冷过热饮食会损伤消化道黏膜，特别是食道黏膜。过食生冷还会损伤脾胃。当然也要从机上实际情况出发，建议老人选择一些热量高、易消化的食品，如面包、蛋糕、面条、酸奶、鱼肉、巧克力以及水果等。客舱空气干燥，建议老人多喝些温开水，少喝冷饮、咖啡。老人用餐速度会较慢，一定不要催，让其细嚼慢咽，慢慢品味。

餐后也应多照顾、多关心，特别是长航线。高空低氧，客舱压力的变化会对老人有些影响，需要及时了解老人的身体状况有没有不适，做好监控。还有一个很重要的事情就是在合适的时候问问老人需不需要使用卫生间，老人可能不知道卫生间的位置，机型不同，有的在前，有的在中间，有的在后。卫生间里的设备很多老人不会使用，我们要为其详细介绍，老人腿脚不便，我们需要帮助搀扶。很多老人自尊心很强，不会主动求人帮忙，或怕给别人带来麻烦，我们得去跟他们聊天，让他们不感觉孤独，精神上的愉悦能有效缓解疲劳，同时也可以进一步了解他们的需求。长时间久坐，下肢静脉血液回流不好，脚会发麻，老人需要起身活动活动。国际航班，由于时差问题，老人还可能会出现睡眠困难，这都需要我们去关注。起飞着落阶段，客舱压力的变化，有些老人会出现压耳的现象，可以教他们一些简单动作有效缓解，如吞咽、捏着鼻子鼓气等。

飞机下降前，了解好老人后续的转机、行李问题，是否需要轮椅等，解决他们的后顾之忧。为什么要在下降前？举个例子，前几日，乌鲁木齐—北京，旅客下机的时候，乘务长发现一名女性老年旅客很吃力地提着三件行李，动作很缓慢。乘务长过去帮她提行李，知道她是一个人乘机，一会还要转机东京，有托运行李，老人是第一次从北京转机，对北京候机楼不熟，感觉不知如何是好。乘务长一边安慰她不要着急，一边帮她拿着行李往候机楼走，心里在想着如何才能帮帮这位老年旅客。国内转国际，行程较远，需要办理出关手续，还需要坐内场火车转候机楼，老人家一个人肯定是很困难。而乘务长还有后续航班,到起飞时间所剩不多,国内隔离区到国际隔离区还需要安检,乘务长不执行国际航班不能进入,真是心有余而力不足。赶紧找地服人员帮忙吧,遇上两个地服人员,都因为其正在执行航班任务而分不开身,到第三个地服人员,刚好赶上她下班,听到乘务长说的情况,她二话不说,立马答应送老人去转机,一直送到登机口为止。老人甚是高兴,连连感谢,乘务长也是很感激,心里的石头终于落了地。虽说,难处解决了,但乘务长对自己的工作还是不满意,为什么呢?因为乘务长在航班中没有提早了解旅客的需求,如果在飞行过程中能知道这个情况,乘务长就可以在飞机落地前通过机长经无线电联系地服,提早让地服人员在机门口等待,帮助老年旅客转机,而不会像现在这么难、这么费劲。

很多时候,服务工作需要其他部门的强力支持与配合,光靠一己之力是难以完成的。前几天,马德里一北京航班中有一名 82 岁的老年旅客单独乘机,飞行中,乘务组为其更换了宽敞的座位,对老人的餐饮、身体状况重点特殊照顾,乘务员时不时找老年旅客说说话,了解他的需求,缓解他单独乘机的孤独感,还帮助他上了几次厕所。老人很是高兴,对乘务员的服务很是满意。但困难还是来了,老人到北京后还要转机青岛,有托运行李,国际转国内,偌大的候机楼,繁多的手续对老人来说真是很难。乘务长联系地服,但由于是大清早,联系不上。老人人生地不熟,动作又缓慢,跟不上其他的旅客。于是一男乘务员扶着老人慢慢走,安慰他不着急,会送他去转机,老人很感激。乘务组对这乘务员的工作很支持,要他不要着急,带好老人,其他组员会帮他办理手续。乘务员牵扶着老人慢慢走到边防,帮他办了手续,又带着他坐内场火车到行李区域领取行李,过海关,到中转柜台,把老人转交给中转工作人员,用了一个多小时。虽说为旅客服务是乘务员分内的事,但每次都要乘务员这么去送老年旅客也不现实。这就需要乘务组与其他部门做好协调,及时交接,让老人的旅途顺心,舒心。现在很多航空公司与机场都有专门对老年旅客的特殊服务,需要我们平时多了解,掌握相关信息,以备不时之需。

我们常说服务要有服务意识,有了意识要付出行动,但这还不够,服务还需要有超前思维,要先旅客之想而想,旅客从购票到登机,再到到达目的地领取行李出候机楼,有很多程序步骤,旅客可能不太清楚熟悉,不能提前预想到,独自乘机的老年旅客更是会有意想不到的困难。而我们经常飞航班,经常会遇到旅客有各种各样的难题找我们帮忙,我们可以根据这些经验,依据所飞航线的旅客特点把可能遇到的困难想到前面,提前做好准备,旅客所想的,就是我们所做的,从而为独自乘机的老年旅客提供无微不至的服务。借用一位同仁的话就是:服务要做到心坎儿里。

(资料来源:民航资源网)

第三章 知觉心理与服务

课前导读

知觉心理是与民航服务联系比较密切的学习内容。了解知觉心理的内涵以及本质特点,掌握知觉偏差的表现形式,对于进一步提高民航服务的技巧、灵活分析处理在民航服务中遇到的难题,具有积极的意义。

教学目标

- 了解知觉和社会知觉的内涵和本质特征;
- 了解社会知觉的偏差;
- 掌握旅客的社会知觉相关内容。

第一节 知觉与社会知觉概述

人们认识世界是从感觉开始的,感觉是人们对客观事物的各个属性的认识。但认识过程却是依靠知觉来进行的,知觉是对客观事物的整体属性的认识和了解。对整个世界的认识,知觉贯穿始终。学习和掌握知觉的内涵和本质,对于提高自身的认识水平,处理好与他人的关系至关重要。

一、知觉

(一) 知觉的概念

知觉是人脑对直接作用于感觉器官的客观事物的各个部分和属性的整体反

映。人的知觉不同于计算机,人对客观事物的认识会受个人的知识、经验和情感所影响;也可能对感知到的事物赋予一定的意义,体现出个人的价值和情感倾向;还往往会从中抽掉、丢弃一些自己不喜欢的元素。

(二) 知觉的分类

(1) 根据在知觉中起主导作用的分析器的特征,可以把知觉分为视知觉、听知觉、味知觉、嗅知觉、触知觉和动知觉。

(2) 根据知觉所反映的事物的特性,可分为空间知觉、时间知觉和运动知觉。

还有一种知觉,叫作错觉。如果对客观事物的个别属性的综合分析所形成的整体反映是错误的,便会产生错误的知觉。出于各种原因,它在日常生活中常常被人们所利用,如在广告设计、产品设计中,常会利用错觉来增加美感和满足感,以提高营销效果。

在时间知觉中,也常常有高估或低估固定时间间隔的错觉。在车站、机场等候时的一小时和在观赏一场扣人心弦的体育比赛所消磨的一小时,虽然以秒为单位的物理量是完全相等的,但人们却通常会感到前一个小时过得很慢,后一个小时过得很快。中国有句俗语:"欢乐嫌夜短,寂寞恨夜长。"

二、社会知觉

(一) 社会知觉的概念

知觉包括对物的知觉和对人的知觉。对人的知觉就是社会知觉,比前者要复杂困难得多。

(二) 社会知觉的基本特征

1. 整体性

知觉的整体性,也称为知觉的组织性,是指知觉能够根据人们的知识经验,将直接作用于感官的客观事物的多种属性整合为同一整体,以便全面地、整体地把握该事物。知觉的整体性可以归纳为以下定律:

(1) 接近律,是指空间位置接近或发生时间相近的客体,容易被知觉为同一个整体。比如人们习惯上认为泰国、马来西亚、新加坡离得很近,常常把它们划为一个地区来考虑,这就是接近律的一种体现。

（2）相似律，是指人们在感知各种刺激物时，容易将具有相似自然属性的事物组合在一起。例如，在民航服务中，人们容易将美国人、加拿大人、英国人混淆，就是因为他们的长相、举止很相似的缘故。

（3）连续律，是指几个对象在空间和时间上如果有连续性，容易被感知为一个整体。例如，世界各国航空公司的职工、空中乘务人员都有统一的制服。人们一看到他们的服装及不同的标志，很容易将他们知觉为一个整体。他们代表了公司的形象，成为航空公司的象征。

2. 选择性

人们按照某种需要、目的，主动地、有意识地选择少数事物作为知觉对象，或无意地被某种事物所吸引，以它作为知觉对象，对这些事物产生鲜明清晰的知觉印象，而周围的事物则成为知觉的背景，其知觉印象比较模糊，这就是知觉的选择性。知觉的选择性保证了人们能够把注意力集中到重要的刺激或刺激的重要方面，排除次要刺激的干扰，更有效地感知和适应外界环境。

如乘飞机的人，通常不注意航空保险机构，因为他们不愿意也不可能把乘坐飞机旅行知觉为危险的过程。例如，一位旅客，如果想在目的地租一辆汽车，那么他在乘机过程中就会注意飞机上的杂志中有关汽车租赁服务的广告。空中乘务人员及时捕捉到这个信息，就可以向旅客多推荐、提供这方面的广告及相应的信息。

3. 理解性

知觉的理解性，是指必须借助过去的知识和经验，理解客观事物的含义，才能形成整体的知觉印象。知觉理解性的主要影响因素有个人的知识经验、言语指导、时间活动及个人兴趣、爱好等。当我们知觉某一刺激物时，如果与需要、态度和兴趣有关，就可以使知觉直接对准我们所需要的事物，从而缩短知觉距离，但有时也易使我们形成偏见。例如，一名旅客在飞机上对某位空姐的服务不满意，就容易认为这家航空公司的服务不到位，服务质量不高，进而对这家航空公司形成不好的印象，以后也不愿乘坐这家航空公司的飞机。再如，某家航空公司的票价下降了，有的消费者会理解为这家航空公司可能经营业绩不好，会对其服务产生疑虑。

第二节　社会知觉的偏差

在社会生活中，由于种种因素的影响，特别是根深蒂固的传统文化和传统观念的影响，人们的认知往往会深深地打上时代、民族、种族、习俗等烙印，不可避免地存在着种种习惯与偏见。这些习惯和偏见影响着人们的认识和判断，影响着人们的情感和交流，使人难免会产生一定的认识上的偏差，对工作和生活都会有一定的影响。

一、首因效应（第一印象）

（一）首因效应（第一印象）的概念

在人际交往中，或者是在平时对于某一事物的接触过程中，人们对于交往对象或者接触的事物所产生的最初印象就是第一印象。这种印象，往往不但会直接左右着人们对于自己的交往对象或者所接触的事物的评价，而且还会在很大程度上决定着双边关系的好坏，或者人们对于某一事物的接受与否。

第一印象甚至往往会决定一切。所以，有人据此将"首轮效应"称为第一印象效应，并且进而将"首轮效应"理论直接叫做"第一印象决定论"。

所谓第一印象，实际上往往与人们的第一眼印象可以画上等号。人们平日对于某人、某物、某事所产生的第一印象，大都是在看到或听到对方之后的一刹那之间形成的。心理学实验证明，人们在接触某人、某物、某事之时，大都少不了会对对方产生第一眼印象。而这种瞬间所形成的第一眼印象，通常只需要 30 秒钟左右的时间。对于不少人而言，他们对于某人、某物、某事的第一印象的形成，甚至只需要 3 秒钟左右的时间。在他们那里，第一印象与第一眼印象，的的确确是完全一致的。

事实上，人们多多少少都会有过这样的经验，自己对于某人、某物、某事的看法和评价，主要是在与对方初次接触时所产生的一种感觉。这种"跟着感觉走"的第一印象，其实未必百分之百地全面、客观、正确，但是它在人际交往中的客观存在与实际作用，却是服务行业必须承认并应充分重视的。

第一印象的非理性特征表现在，人们对于某人、某物、某事所产生的第一印象，一旦形成以后，通常都是难以逆转的。简言之，就是第一印象形成之后，往往会使人们产生某种心理定式。

人们对于某人、某物、某事的第一印象假若比较好的话,那么对于此后与之交往、接触中所感知到的某些负面的因素,往往会不甚介意,不太计较,有时甚至还会完全将其忽略。也就是说,即使后来对于对方的了解与认识同第一印象存在着一定的距离,人们通常也会自觉或不自觉地服从于自己的第一印象。

如果一个人不喜欢另外一个人,对他的第一印象欠佳的话,不管那个人后来的实际表现如何,他人对其所做的评价如何,恐怕一时半会儿都难以说服前者。

实践表明,人们的第一印象基本上都是比较准确、比较可靠的。第一印象形成之后,要想再去改变它,通常不仅非常麻烦,而且搞不好还会弄巧成拙,适得其反,越想使之改观反而越是改变不了。所以服务行业的全体从业人员都必须意识到,重要的是要努力留给外界自己良好的第一印象。相对来说,这肯定比不佳的第一印象形成后再去采取补救性措施要容易得多。

(二)如何塑造良好的第一印象

1. 态度

要想产生好印象,必须采取正确的态度。把积极乐观的态度传达出去,就会立即得到同样积极的回应。一个容易令人接受的表情或几句恰当的话语都能表达这种态度。怀着热情走进任何场合都能得到最佳的回应。简单来说,一分耕耘,一分收获。

抛开外界的干扰,专心服务旅客是一种能力,需要不断练习才能获得。当旅客向你走来时,如果你可以抬起头并露出真诚的微笑,就会容易地赢得一个好印象。首先你要喜欢见到旅客,第二要享受你的工作,这两点会把你的信心推向新的高度。第一印象是否完美,衡量标准是人们对你做出的回应。进一步说,你要对这些回应做出迅速的判断并消化吸收。这样才能确认是否应该让这个印象在旅客心中保持下去。

东航北京地服部高志力真情服务旅客受赞赏

近日,东航北京地服部在首都机场的值班经理柜台迎来了一位特殊的旅客。"高志力在哪里?高志力在哪里?我要找他。"只见一名男性旅客带着两名家属站在东航值班经理柜台前,一边着急地说着一边四处张望。值班经理看到旅客这样着急找自己的同事,忙回答道:"您别着急,您看有什么我们能帮到您的吗?您慢慢说。"

原来两个月前,旅客带着父亲从青岛坐飞机来京。旅客父亲岁数大了而且脚上有伤,还随身携带了许多行李。高志力看到两位旅客后,立马上前帮助旅客搀扶旅客父亲,并询问是否有车接。虽然乘客已经联系了救护车,但正值晚高峰,因交通拥堵问题,救护车迟迟未到。高志力边安慰旅客,边联系救护车,查看救护车位置。"看着比我们家属还上心,还要着急。帮助我们查地图,一直陪伴着我们,直到把我们送上救护车才离开。在陪伴我们的过程中,我听见他的同事给他打电话,才知道当时他已经下班了,但是为了送我们,一直没有走。我父亲仔细地观察了小高的姓名牌,说一定要给他送个锦旗,还亲手给他写了这封感谢信,并叮嘱我一定要表扬他这种助人为乐、爱岗敬业的精神。"

听了旅客的叙述,当班的值班经理在心中也为高志力这种默默付出、暖心帮助旅客的行为点赞,并立即联系了高志力告知情况。高志力刚到值班经理柜台,旅客就过来握着他的手:"我父亲让我替他感谢你,我们一家人都非常地感谢你……"高志力不好意思地说:"这都是我应该做的。"

对我们来说,这可能只是下班后随手提供帮助的一件小事,对于旅客来说却是东航北京人给予他最深的印象。一个随手之举,一个发自内心的微笑,都可能让旅客感受到用心服务的力量。

(资料来源:狄荃.中国民航网;)

2. 姿势

态度和姿势之间是有联系的。在形容正确的姿势时我们经常使用"优美"和"高雅"这样的词汇。不良的姿势不仅能引起健康问题,还能传达一种拒人于千里之外的感觉。如果旅客与你交流时面向别处或者背朝着你,这个人就非常不易接近,也难获得良好的印象(外交礼节除外)。以一个优雅的姿态面向旅客,这表示你很愿意随时提供服务。走向旅客的方式也会影响他们对你的直接印象。

3. 口头表达

良好的第一印象可以通过视觉形成,但也能在你一开口说话时就轻易毁掉。旅客不一定仅仅听到你说了些什么,他们还看到了你的牙齿和笑容,一定要确保这两者都处于良好的状态。一旦开口说话,就应该把"音量"调节到最佳状态,有些人对那种能让整个大厅的人都听到的说话方式感到窘迫;如果说话太轻柔,像是被吓坏了一样,同样会遭人反感。什么样的说话方式能给人留下不错的印象呢？至少要做到 4 个 "C"，即：control（控制），clarity（清楚），caring（关心），cheerfulness（愉快）。留意一下别人说话时给你的感觉，不光是用词方面，还要注意对方的举止。小心翼翼地选择用词，同时注意音量和语气，这样可以令你在人际交往中显得更为专业且容易给旅客留下更好的印象。

4. 非口头表达

亲切的目光、正确的态度、优雅的姿势、随机应变的能力和良好的形象会立即博得人们的赞许。这些都是感性层面的事情，难以从逻辑上解释清楚。手势、身体语言和面部表情都能迅速在人们的潜意识里留下印象。第一次见面打招呼不应仅仅通过语言，无言的表达也能给旅客留下好印象。即使遭到"突然袭击"，你的真诚、趣味以及活力也可以传达出去。这些都是令旅客感到轻松和受到欢迎的因素。完美的服务不是刻意地在脸上挤出笑容，也不是仅仅因为旅客需要才做出某种姿态，矫揉造作是很容易被旅客拆穿的。

5. 个人形象

无论是对普通服务人员还是对管理人员来说，注重个人形象都是职业素质的重要环节。服务人员工作时的穿着是其职业素质的第一标志，也是最明显的标志。实际上，不管是否身着制服，或者不管在不在工作岗位上，真正的专业人士总是穿着得体，表现出充分的自尊。

穿着打扮得体和注意个人卫生不仅能够表现出正确的工作态度，而且还可以使我们变得更加自信。讲究个人卫生对所有空乘服务人员来说都是最起码的要求。

6. 胸卡

胸卡是服务人员身份的标志，重要程度可想而知。如果不慎丢失，千万不要用别人的胸卡来代替。在某些紧急情况下或出现特殊状况时，需要通过胸卡上的姓名对相关人员的身份进行鉴别，每个人都佩戴着自己的胸卡是很必要的，这会避免一些不必要的麻烦。而且，旅客在叫出你胸卡上的名字时，如果你没有立即做出反应，他们会感到很诧异。你可能已经忘了，但旅客的眼睛却看得很清楚。

7. 微笑

微笑始终是每个人身上最宝贵的财富。微笑不仅表现出真诚、热情和关心，其本身就是一种积极的态度。在面对旅客时，不要吝啬我们的微笑。它能够让旅客确信自己做出了明智的选择，而且可以鼓励他们在不久的将来再次光顾。

记住:第一印象是持久的印象!

二、晕轮效应

晕轮效应,又称光环效应,是指当认知者对一个人的某种人格特征形成好或坏的印象之后,人们还倾向于据此推论该人其他方面的特征。许多心理学家都对晕轮效应的存在及一般规律进行过许多有趣的研究。苏联学者博达列夫在一次实验中,曾向两组大学生分别出示同一个人的照片。在出示照片前,实验者向第一组被试者说,照片上的人是一个恶贯满盈的罪犯;而向第二组被试者说,此人是一个大科学家。然后让两组被试者对照片上的人进行描述。第一组的评价是:深陷的眼窝,证明了他内心的仇恨;突出的下巴,意味着他沿着罪恶道路走到底的决心。第二组的评价则是:深陷的双眼,表示了他的思想深度;突出的下巴,体现了他在认识道路上克服困难的意志力。在社会知觉过程中,由于晕轮效应,一个人的优点(缺点)一旦变为光圈被夸大,其缺点(优点)也就引退到光圈的背后被遮掩了。例如,如果旅客对某家航空公司的机上服务特别满意,形成了良好的印象,那么,其他某些不足或令人不快的方面,如飞机起飞时间延误、服务设施较为陈旧落后、机上配餐不合口味等,就容易被旅客忽视,不会产生不快。这就是民航服务知觉中的晕轮效应。航空公司要关注自身的每一个工作环节,特别是对旅客的利益与需求有重要影响的方面,更要努力保证其服务质量与服务效果。

三、刻板效应

刻板效应,又称定型效应,是指在过去经验的基础上,根据有限的信息,对某一群体得出的一种共同的、固定的和笼统的结论与印象。

刻板印象一般是经过两条途径形成的:其一是直接与某些人或某个群体接触,然后将这些人或群体的某些人格特点加以概括化和固定化;其二是依据间接的资料形成,即通过他人的介绍、大众传播媒介的描述而获得。在现实生活中,大多数刻板效应是通过后一条途径形成的。

刻板效应对人们的社会知觉会产生积极和消极两方面的影响。从积极的方面来看,"刻板效应"本身包含了一定的合理的、真实的成分,或多或少地反映了知觉对象的若干实际状况。因此,刻板效应有助于简化人们的认知过程,为人们迅速适应社会生活环境提供一定的便利。从消极的方面来看,由于刻板效应一经形成便具有较高的稳定性,很难随现实的变化而发生变化。因此,它往往会阻碍人们接受新事物。刻板效应易导致成见。

一般来说，生活在同一区域或同一社会文化背景中的人，总会表现出许多心理与行为方面的相似性。如同一个民族或国家的人有大致相同的风俗习惯、性格特征和行为方式；职业、年龄、性别、党派、宗教信仰一样的人，在思想、观念、态度和行为等方面也较为接近。在民航服务过程中，旅客与服务人员彼此之间的知觉，有时也会受到刻板效应的影响。例如，人们一般认为，商人大多较为精明，知识分子一般文质彬彬，女性温柔体贴，北方人比较粗犷豪达，南方人比较灵活细腻……美国人民主乐观，日本人善模仿、尚武，德国人勤奋、呆板……这些相似的人格特点概括地反映到人们的知觉中，在服务过程中也会有所体现。

民航服务人员在工作中应避免以偏概全，固守已有的偏见与传统，不受旅客身份、地位、着装、性别、口音等因素的影响，以客观、公正、热情的态度对待每一位旅客。

第三节　旅客的社会知觉

人从同时作用于感官的纷繁刺激物中主观地选择某些刺激物并做一定的加工，被选择的刺激物就是知觉对象，而其他刺激物就是知觉的背景。与知觉背景相比，知觉对象一般是鲜明的、完整的、有意义的、容易被记忆的。人们往往对自己周围世界常见的某种刺激物的大小、形状、声音、色彩、运动等习以为常，当其他一些刺激因素出现时，如果这些刺激因素和人们所预料的差别较大，就容易引起人们的注意而成为知觉的对象。一般来说，响亮的声音、鲜艳的色彩、突出的标记等都会引起人们的注意，使人们清晰地感知到这些事物。而社会知觉是主体对社会性客体的感知过程，航空公司自身的环境、服务等硬件、软件条件，必然会影响到旅客的社会知觉。世界各国航空公司的特有标志，无论是公司名称、飞机标识，还是服务人员的服装、服务技能技巧，都是为了吸引旅客的注意力，给旅客留下深刻难忘的印象。

一、旅客社会知觉的内容

（一）旅客对机场环境的知觉

优美宜人的机场环境会吸引旅客的注意力，提高旅客对航空公司的赞誉度，使他们留下美好的印象。

全球著名"十大机场之最"

1. 世界上最大的机场

美国芝加哥奥黑尔国际机场：世界上唯一的双中枢机场，占地面积7700英亩，拥有7条跑道和4个航站楼。

2. 世界上最繁忙的机场

美国亚特兰大哈兹菲尔德-杰克逊国际机场：24小时不间断的机场，旅客可由此机场飞向全世界超过45个国家、72个城市及超过243个目的地。

3. 世界上最为危险的机场

法国库尔舍维勒机场：525米的跑道，坡度18.5%。以至于降落的时候要从上坡道减速，而起飞的时候需要下坡加速。是《007——明日帝国》的取景地。

4. 世界上最难降落的机场

尼泊尔卢卡拉机场：坐落在世界第一屋脊的喜马拉雅山脉上，海拔高度2860米，跑道一头为高耸入云的高山，而另一头则为700米的深渊，跑道全长只有475米。

5. 世界上最有趣的机场

茱莉安娜公主国际机场：位于荷属安帝列斯群岛圣马丁岛上，紧邻Maho海滩。由于该机场第十跑道全长只有2180米，因此抵达的航班为了尽早落地，不得不在海滩尽头即降落。这样一来，海滩上的度假者一抬头就可看见庞大的飞机，体验头顶上空10米左右飞机呼啸而过的刺激感受。

6. 世界上最大单体航站楼

北京首都机场T3航站楼：建筑面积达到90多万平方米，南北向长2900米，宽790米，建筑高度45米。T3航站楼由T3-C主楼、T3-D、T3-E国际候机廊和楼前交通系统组成。T3主楼包括地面五层和地下两层。

7. 世界上海拔最高的机场

四川甘孜州稻城亚丁机场：海拔高度4411米，该飞行区等级指标为4C，跑道长4200米，航站楼占地5000平方米。从此"蜀道难，难于上青天"成为过去，这里通航成都只需要65分钟。

8. 世界上海拔最低的机场

以色列巴尔·耶胡达机场：-341米的海拔高度成就了其海拔最低的机场盛名。

9. 世界上最奇葩的机场

英属直布罗陀机场：因为岛屿面积与城市中心规划的问题，直接形成了跑道穿越公路的局面。以往我们等待在路口避让的是火车，在这里我们在栏杆外就可以清晰地看到飞机起降！

10. 世界上最北端的机场

挪威斯瓦尔巴机场：位于北极圈以内，工程师巧妙利用当地严酷的低温气候，将跑道建在一层永久冻结带上，是世界上游客可以订票的最北端的机场。

（资料来源：搜狐旅游）

（二）旅客对服装的知觉

各航空公司空乘服务人员的服装各具特色，或体现民族特点，或追求美观时尚，目的都是体现自身的企业文化与理念，吸引旅客的注意力，力求给旅客留下美好、深刻的印象。例如，法国和韩国的航空公司在服装设计上独具匠心，力求尽善尽美。

四川航空发布第七代空乘制服

2018年7月31日，四川航空正式对外发布该公司第七代空乘制服。新制服采用红黑经典配色，兼具热情和沉稳的特质，经川航空乘的演绎，尽显优雅韵味和灵动之美。据了解，此次换装作为川航"熊猫之路"计划的一部分，旨在展示美丽川航的国际化形象。

此套制服灵感来自川航主题色——川航红，主款为红色七分袖连衣裙，黑色腰带，浅立领，胸前有红黑相间的"褶皱"折饰。红色连衣裙整体线条简洁流畅，展现川航乘务员娴静端庄的职业仪态。浅立领衬托乘务员的优雅气质；黑色线条为服装注入理性、沉稳的特质；"褶皱"折饰在行走时自然律动，传递灵动之美。考虑到空乘的职业特性，袖子采用干练利落的七分袖设计，裙身下摆微收，留有足够活动裕度，方便乘务员在客舱中开展服务操作。

设计师选用黑色帽子作为配饰，黑色大方沉稳，红色外放热情，经典配色组合，明丽而不失稳重，同时与黑色腰带巧妙呼应。帽子造型有柔和弧度，将面部线条修饰得娇俏柔美；帽檐上扣有金色的川航航徽，以光泽和色彩点亮整体造型。

男乘的制服设计则主打优雅绅士风,衬衫为白色翻领、红色条纹的款式,干练又有活力;西装背心为斜襟收腰设计,西装外套口袋上的一抹红色与女乘务员的连衣裙形成呼应。

据介绍,新制服设计理念为"Movements,Sichuan"("动静之间,川红")。红色似四川人好客热情,也代表着川味麻辣美食,是川航带给旅客"中国元素 四川味道"的第一印象。设计师通过衣服的线条、色彩、饰物等,来表达川航乘务员由内而外的职业素养与真情服务。

一直以来,川航在空乘制服的设计上都有许多独到的心思——早年的斑点衬衣搭配白色花边套裙曾在蓉城风行一时,引领了各行各业窗口单位的制服潮流;第六代制服"红玫瑰"与"蓝宝石",腰部以蝴蝶结点睛,自2008年推出以来好评不断。不仅如此,川航也是行业内较早将旗袍设计为空乘制服的航空公司之一,向世界展示中国文化。

(资料来源:中国民航网.)

人们对乘务员服装的注意进而转到对乘务员本身的喜欢,就体现了社会知觉选择性的特点。乘务员独特的服装,在色彩相对单调的机舱内无疑形成了一道亮丽的风景,大大地吸引了旅客的注意,引起了他们的兴趣。这也是航空公司树立品牌形象,赢得市场的良好促销手段。

(三)旅客对服务举措的知觉

机场环境、设施、服装是航空公司吸引旅客的外在手段,能够对旅客产生持久影响力的关键,是航空公司的服务举措与手段。有些航空公司在此不惜投入巨大的财力、物力、精力,精心打造自己的品牌与形象。下面的例子就生动形象地说明了这一点。

石家庄机场再推中转服务新举措

2018年国庆节前夕,石家庄机场针对空空中转联程乘客推出了免费餐食代金券服务。

在石家庄机场中转的乘客,在用餐时段,即11时30分~13时30分和17时30分~19时,可在中转柜台或二楼出发服务台,免费领取餐食代金券。旅客凭代金券可前往指定餐厅享受免费餐食及饮料一份。

据悉,积极完善中转服务是石家庄机场建设区域枢纽机场的重要抓手。近年来,石家庄机场高度重视发展中转联程业务,不断细化流程,完善服务设施,提升服务质量。2017年7月16日,石家庄机场隔离区内的中转旅客休息区正式启用,中转联程旅客不出隔离区就可以办理乘机手续,中转至下一航程。

目前,在石家庄机场中转且间隔时间24小时内的旅客均可享受石家庄机场提供的丰富的中转联程服务,包括免费饮料、餐食;停留6小时以上可免费乘坐前往石家庄市区的大巴,隔夜中转旅客可享受免费住宿一晚服务。同时,石家庄机场积极推进基地航空公司河北航空和春秋航空中转联程产品设计开发,实现了不同航空公司航班中转的行李直挂。

据了解,今年1月~8月,石家庄机场中转联程运送旅客11.16万人次,同比增长212.6%。

(资料来源:陈嘉佳、孟萌、卢元奎.中国民航网.)

石家庄机场的服务举措具有鲜明的特色和个性,表现出了他们的真诚和友善,体现了他们最诚挚的服务精神。这些举措将会给旅客留下深刻的印象,增加旅客对机场的好感。

(四)旅客对飞机班次、时间的知觉

各种飞机所具有的基本功能从本质上讲是相同的,它们之间的差别难以区分。旅客对某航空公司的偏爱与航空公司所使用的飞机型号几乎没有多大关系。研究表明,旅客对客运班机的选择,主要与以下四个因素密切相关:

(1)起飞时间。

(2)是否按时抵达目的地。

(3)中途着陆次数。

(4)民航服务人员的态度。

从上述四个因素可以看出,时间的价值对于旅客来说是非常重要的,这比飞机的类型和娱乐条件更为重要。首先,现代人重视时间的价值,希望飞机起飞和到达的时间符合自己的需要,以便充分利用时间,顺利完成自己的计划。其次,旅客希望在最合适的时刻起飞,并按时到达目的地。一般来讲,旅客对直达班机的印象最好,而对着陆次数多的航班印象就差一些。因为中途着陆可能延误飞机飞行的时间,耽误行程,而且飞机事故发生频率的时段就是起飞和降落,从而增加了旅途的危险性。另外,飞机起降时旅客也有较强的不舒适感。再次,机上服务的态度也相当重要。相互竞争的航空公司之间除航班时间上的不同外,很难再找出它们的区别。两者飞往同一个目的地,价格又接近,服务质量就显得非

常重要了。在同样安全而便利的航班中,只有那些有良好机上服务的航班,才最受欢迎。最后,飞机的类型、驾驶员的技术水平、飞机的新旧以及机上休息和娱乐等,旅客也是很关心的。因为这些因素与飞行过程的安全与舒适密切相关。总之,旅客对飞机的社会知觉印象主要建立在时间、安全与舒适的基础之上。

(五)旅客对服务质量的知觉

旅客知觉机场及机上服务时,主要注意的是服务质量,知觉印象取决于服务质量的高低。对服务质量的评价,国际上通行五个标准:有形性标准、可靠性标准、信任性标准、责任心标准和移情作用标准。有形性,指设施、服务人员的仪表;可靠性,指可靠、准确地提供许诺的服务能力;信任性,指给人以信任和信心的服务人员;责任心,指热情帮助旅客的意愿;移情作用,指对旅客的关心和个别照顾,体现了服务人员对旅客需要的理解。总之,友好、热诚、优雅、周到、礼貌的机场及机上服务,容易使旅客产生舒适感、安全感和公平感,因而留下良好的印象。

旅客不需要"机器人空姐"

在航班中,我常见到一些让人忍俊不禁的场景:乘务员手里拿着高端经济舱名单表,逐一对着名单找金卡旅客,然后面无表情对着金卡旅客,犹如小学生对着老师背课文似的说:"先生,你好,欢迎您乘坐我们的航班,如果有需要请按呼唤铃,我会及时为您服务,谢谢!"而那位金卡先生,很茫然地看着乘务员,不知所措。等他反应过来时,乘务员已经走到另外一位先生那儿去"背书"了。规范的服务程序,着实让人无法挑出毛病,而"机器人"般的服务,也无法让人感受到真诚。

2009年,在某个航班中,一位商务旅客习惯性地拿出电脑在专心工作。此时乘务员过来说:"先生,您好,请问需要用餐吗?"该先生很礼貌地说:"谢谢,需要时我再叫你们。"大约10分钟后,另一位乘务员又过来,重复着前面乘务员的服务程序,该旅客同样礼貌地做了回答。又大约过了15分钟,乘务长过来又重复了前面的服务程序,那位旅客有些不悦地说:"没时间,不吃!"又大约过了20分钟,第一位乘务员过来对着该旅客说:"先生,我们还有一小时就落地了,是否需要用餐?"这位旅客彻底不干了,指着乘务员就说:"你们这叫什么服务呀?"无独有偶,在另一个航班中,也是因为乘务员反复给一位旅客盖毛毯,结果招致旅客生气。类似这些情况,屡见不鲜。

在服务中,乘务员不应该过多地专注所谓的"三化",即规范化、程序化、标准化,而应该更多地关注"三学会",学会观察、学会关注、学会关心。5个手指头长短不一,旅客的心理需求也是不一样的。从旅客进入客舱起,我们就要知道第一印象的价值。许多学者总会提及,给旅客留下良好的第一印象对服务工作至关重要。其实不然,在第一印象中发现旅客的性格、情绪、兴趣、爱好、职业,以及旅途目的才是最为重要的。这要求我们的乘务员应该多加学习旅客心理学和形态审查方面的知识,对我们的服务也许能起到良好的作用。

在服务管理中,许多航空公司可谓下血本花力气,服务手册一本接一本,服务规定一条加一条,服务规范化、程序化、标准化培训淋漓尽致,服务宣传和服务对标工作开展得有声有色,航班检查工作日益频繁。可是,服务效果一直收效甚微。最主要的根源在于我们在服务管理工作中太过于专注和围绕服务的"三化"开展,严重忽略了对乘务员服务理念的培训和引导。在服务中,我们有过很多的失败案例。因此,我们忽略了这些案例的宝贵价值,而许多管理者利用这些案例来过分要求乘务员不允许这样做,不允许那样做,结果乘务员就真的这不敢做、那不敢做,一切便变成了"三化"了。其实,我们作为管理者又为何不换另一种角度去思考,利用这些失败的案例,与乘务员分享及探讨,变"主导"为"引导"。始终抓住"服务的真谛"这个主题加以引导和潜移默化,又何尝不比过多的限制和主导更有意义及价值。

在服务培训中,许多航空公司的服务培训太过于"专",就算是模拟服务培训也是过多地强调规范。笔者认为,与其培养一位服务技能好手,不如培养一位爱岗敬业的好员工。在服务培训方面,除了专业知识外,不应忽略心理学、社会学、组织行为学等方面的知识,而最为重要的是沟通能力的提高。当然,培养和引导员工有一个阳光心态也是至关重要的。

(资料来源:廖荣南.《中国民航报》)

各航空公司和机场的服务归根结底就是为了提高服务质量。因此,提高自身的服务质量和水平,是航空公司和机场最重要的工作目标。

二、影响旅客社会知觉的因素

旅客社会知觉不仅受客观因素的影响,也受主观因素的影响。影响旅客社会知觉的主观因素主要包括:兴趣和喜好、需要和动机、经验和期望、个性、社会地位等。

(一)兴趣和喜好

一般来讲,人们所选择的知觉与其所关心的事物是密切相关的。兴趣,能帮助人们在知觉事物中排除毫不相干或无足轻重的部分。兴趣是人们积极探究某种事物或从事某种活动的意识倾向,这种倾向使人们对某种事物给予优先注意。人们通常把自己感兴趣的事物作为知觉对象,而把那些和自己兴趣无关的事物作为背景,或干脆排除在知觉之外。如,一个常乘坐飞机的旅游者,比不常乘坐飞机的旅游者更容易注意航班及其票价的变化。一个讲求办事效率和思想较为敏锐、开放的人,购买飞机票时可能更乐于接受网上的订票服务。

周总理为何喜欢坐飞机

由于工作性质和本人快节奏、高效率的工作作风,飞机是周恩来总理使用频率最高的交通工具。长期为周恩来飞专机的原中国民航局副局长张瑞霭,在回忆录中写道:有一次,周总理指示用专机送他到天津时,他就开玩笑似的问他:"总理,你好像很崇拜飞机嘛。"

听到他的问话,周总理看上去有些吃惊,一双炯炯有神的眼睛直视着他说:"飞机好呀,它快嘛,能够节省时间,办事效率高啊。我又很适应坐飞机,何乐而不为呢?"停顿了一下,他又充满幽默意味地补充道:"这也不等于我不支持铁道部的工作、不关心铁道部的建设啊!"

但20多年来,周总理只坐过两个机型:1956年苏联赠送给他的伊尔-14飞机,1959年我国购进的苏制伊尔-18型飞机。周总理改用伊尔-18型飞机之后,国内陆续购进了更先进的三叉戟、波音等机型,但他始终没有改用别的飞机。其实,周恩来的专机并不"专",中央其他首长外出也可以用,有时民航飞机周转不过来,就当普通班机用。

20世纪50年代,飞机的性能和舒适度跟现在的飞机难以比拟,为绝对安全起见,毛泽东等人乘飞机必须经中央批准。

尽管周总理是中央领导人中乘飞机最多的人,但他本人不很赞成毛主席乘飞机。周总理曾回忆过自己20世纪30年代初期在国外乘坐飞机的经历,说那时的飞机很简陋,简直就是"打着雨伞坐飞机"。现在随着活塞式、涡轮式飞机的使用,安全保障系数大大提高了。

为了提高效率,为了抵消人们对飞机的安全顾虑,他喜欢坐飞机。有一次,

周总理向沈图了解情况,沈图在回忆录中写道:

"目前坐民航飞机的人多么?"总理又提出一个新问题。"有一些,不多。"我解释说:"有些同志由于不了解情况,坐飞机总怕不安全。""你们宣传宣传嘛!"总理笑着说:"我带头坐民航的飞机,我支持你们!"

(资料来源:经典旧闻,2017-07-17)

(二)需要和动机

人们的需要和动机对知觉有着重要的影响。动机,是直接推动人们从事某种活动的内在驱动力。一般情况下,只有那些能够满足人们需要、符合人们动机的事物,才能引起人们的注意,从而被清晰地感知。随着我国市场经济的发展以及全球经济竞争的加剧,时间往往成了决定人们成功的重要因素。一些商务旅行的旅客在选择交通工具时首选飞机,因为飞机的方便、快捷能够满足他们对时间的需要。还有一些人对社会地位的心理需要影响了他们的知觉。在我国,受经济发展及生活水平的影响,在人们看来乘坐飞机仍然属于较高消费,普通老百姓乘坐飞机还是少数。有些人为了满足身份、地位的需要,出行时往往选择飞机作为交通工具。另外,在具体环境中也有许多代表地位的象征物。如,飞机上的一等舱有别于二等舱,选择一等舱的人往往具有社会地位的心理需要。还有一些人比较追求优质的服务。汽车、火车、飞机三者的服务质量水平有着较大的区别。相对来讲,飞机上的空中服务质量较高,往往成为很多人的选择。总之,人们的需要和动机对知觉有着非常显著的影响。以下的案例就很好地说明了这一点。

揭秘"顶级飞客"的空中之旅

在电影《在云端》中,男主人公在搭乘美国航空公司航班飞行累计达到1000万英里后,被告知他已经拥有了一条独享的客户热线。不用羡慕,也不用飞行那不可思议的1000万英里,您同样也可以得到尊贵而专享的乘机出行体验,因为如果您一年搭乘国航航班飞行超过16万公里,您就是国航知音白金卡会员——"顶级飞客"。

农历春节前,本报记者前往首都机场3号航站楼,实地体验了国航为顶级飞客提供的全程无缝隙尊贵服务。

值机手续办理：快

时下正值春运，首都机场内各家航空公司的值机柜台前都是人头攒动，但在3号航站楼H岛的白金卡柜台前却是红色地毯铺地，旅客从容出行，不但不用担心排队的等待，更可享受到贴心、迅捷的值机服务。

白金卡旅客的出行服务体验，在您预订完国航机票的那一刻就已经开始了：准备出行的前一天，国航高端客户经理会通过电话联系您，确认您的出行行程，同时按照您的出行习惯，帮您选好座位，提示您出行当日到首都机场3号航站楼H岛的国航知音白金卡服务区领取登机牌、交付托运行李。记者在首都机场3号航站楼看到，除了楼内竖立了醒目的白金卡服务区标志牌，指引提示明确外，还有多名工作人员忙碌在H岛的国航知音白金卡服务区，与国航其他地面服务人员的装束不同，这些被称为高端客户经理的地面服务人员全部着红色上装，既显得高雅大气，又明显有别于其他国航工作人员，从而方便白金卡旅客识别。

考虑到春节期间白金卡旅客可能会带着家人一起外出旅游，国航在值机柜台一旁设置了特殊旅客服务柜台，方便行动不便的白金卡会员或其家人办理值机手续。如果没有特别要求，白金卡旅客通常都会被安排在客舱前排的座位，方便白金卡旅客到达目的地后优先下机。

休息室服务：佳

记者在首都机场3号航站楼隔离区的国航T3C国内两舱休息区看到，随着民航运输业的不断发展，旅客人数日益增加，进出头等舱和公务舱休息室的旅客也多了起来，为了给白金卡旅客提供更加舒适的候机休息环境，国航在两舱休息区内单独设置了白金卡旅客休息室。国航工作人员告诉记者，白金卡休息室不仅有自己专属的影视区、报纸杂志阅读区，而且白金卡旅客还可以向工作人员进行点餐。同时高端客户经理还会适时提醒旅客登机时间。如果白金卡旅客候机时间充足，国航两舱休息室还提供了睡眠区和按摩区，或者去冲个澡消除旅途的疲惫。国航在3号航站楼C55、C56登机口二层设立了中转休息室，国航工作人员告诉记者，白金卡旅客从北京中转，只要有一段航程为两舱，即可享用该休息室。记者进入这间休息室发现，其设施设备十分健全，配备了专门的整理间，睡眠区的躺椅间有隔帘，确保了其私密性。

北京中转衔接：畅

如果国航白金卡会员在北京中转时的时间很紧，完全不用担心，对于这些"顶级飞客"，国航提供的服务可以说是无微不至的。记者了解到，对于没有在始发站进行通程登机的白金卡旅客，国航高端客户经理会提前办理好其下一段航程的登机牌，并在其前一段航程的出舱口等候，考虑到3号航站楼面积较大，特别是国内国际航段互转时还不在同一楼内,客户经理会为白金卡旅客提供引导服务。

对于中转时间极为紧张的白金卡旅客,为其服务的国航高端客户经理会主动协调各个部门,在不造成航班延误的情况下,尽最大可能保证旅客顺利登上中转航班。考虑到部分登机口离安检口和边防通道较远,国航还为前往这些登机口的时间较紧的白金卡会员提供电瓶车服务。如果白金卡旅客在北京中转的后续航班因故延误,国航方面则会努力为白金卡旅客改签最早的前往其目的地的航班,并在座位紧张的情况下,保证白金卡旅客享有优先权。

突发状况服务:顺

选择航空出行,因各种原因造成的航班延误,可以说是最令旅客头痛的问题之一。尽管这种情况对于白金卡旅客来说也是不可避免的,但国航通过提前服务,力争让这些"顶级飞客"出行一路畅通。

记者在首都机场3号航站楼内的一间办公室里,看到了专门对国航白金卡会员乘坐航班的各项信息进行监控的高端客户经理。他们告诉记者,每天除了利用国航的系统查询次日白金卡旅客出行的航班信息外,还要对次日600多个出港航班进行逐一核对,确保国航白金卡旅客能享受顶级无缝隙的高端服务。国航地面服务部专门负责白金卡旅客的值机服务经理时增新告诉记者,一旦他们获悉白金卡旅客乘坐的航班延误的信息,即会告知旅客,建议其暂缓前往机场,同时将与延误航班时间相近的可签转航班信息提供给旅客。而如果白金卡旅客此时已经到达机场,他们则会在征询旅客意见后,协助其办理距离其原定出行时间最接近的航班的签转。对于北京进港的白金卡旅客,国航高端客户经理也会在行李提取厅随时恭候,为旅客提供贴心的服务。

记者了解到,国航目前已经拥有将近5000名白金卡旅客,每天平均有200多名白金卡旅客从北京出港,有了高端客户经理的服务,旅客的出行一定会更加顺畅。

(资料来源:许晓泓.《中国民航报》)

航空公司提供贵宾服务,在一定程度上满足了一部分人的特殊需要,使他们获得了身份、地位等方面的满足,他们自然会对这样的航空公司抱有好感和赞誉。

(三)经验和期望

经验,是人们从实践活动中得来的知识和技能。凭借以往的经验,人们可以很快就能对知觉对象的意义做出理解和判断,从而节约感知时间,扩大知觉范围。比如,有的旅客对某家航空公司的服务很满意,那么今后再乘坐飞机时,他很可能会再次选择该家航空公司。原因就在于他对这家航空公司形成了良好的印象,以往的经验促使他成为这家航空公司忠实的旅客。另外,如果有人曾向他介绍、推荐某家航空公司并极力称赞该航空公司的服务,那么,这些知识和间接经验就可能影响他的决定,他出行时就会选择这家航空公司的航班。

深航推出无陪老人服务

十一小长假即将到来,探亲访友,外出旅游的旅客逐渐增多,无人陪伴老人旅客数量也随之增加。为方便无陪老人出行,深航地面服务部—"旅"阳光团队推出免费无陪老人服务。凡是年满65周岁单独乘机且需要协助的老年旅客,可通过深航官方平台提前申请,深航将免费提供无陪老人服务。

深航无陪老人服务办理须在航班前一日的15:00前,通过深航24小时人工客服95361或深航直属售票柜台申请购票,至少在航班计划起飞前120分钟到机场柜台填写《深圳航空公司特殊服务旅客乘机通知单》。

深航温馨提醒:除北京、成都、郑州、贵阳、呼和浩特、武汉、上海、天津、重庆、大连、临沂、厦门12个城市以外,所有选乘深航国内航班的老人均可享受无陪服务。每个航班可以为2位老人提供无陪服务。

(资料来源:郑毅.中国民航网.)

(四)阶层和职业

人生活在社会之中,必然因各种因素从属于某一社会阶层,从而产生各种阶层意识。不同阶层的人的价值观、生活方式、态度、情绪、情感等方面是不同的。社会一般以财富、技能和权力来划分阶层。从一个人的收入、受教育程度及职业,可以判断他所属的社会阶层。一般来说,上等阶层的人出行常以飞机作为交通工具,对服务有较高的要求;中等阶层的人视野比较开阔,他们中有相当一部分人出行时倾向于乘坐飞机,对服务也有较高的要求;下等阶层的人受经济、社会地位等条件的影响,出行往往青睐物美价廉的交通工具,如火车、汽车等。

(五)其他因素

影响旅客社会知觉的主观因素,除以上几个方面外,还包括人口统计方面的因素。如,收入、年龄、性别、职业、家庭结构、国籍、民族和种族、态度、信仰、心境等。其中,年龄、职业、收入、性别等因素对旅客社会知觉的影响较大。

第四节　服务人员的社会知觉

一方面，旅客认识、感受、评判着民航服务；另一方面，服务人员对旅客也要进行细致的观察、认识和判断，争取在短时间内对旅客的脾气秉性、整体素质和要求进行快速的了解，争取工作的主动性。

一、服务人员对旅客的知觉

对旅客的社会知觉，就是通过对旅客外部特征的知觉，进而取得对他们的动机、情感、意图等方面信息的认知。俗话说："听其言，观其行，而知其人。"这就是说，我们认识旅客必须根据他们的言语和行动。这里所说的行动，从心理学上来看，不仅是行为举止，也包括人的面部表情、身体的姿势以及眼神等。民航服务人员要注意从以下几个方面来对旅客进行知觉与了解。

（一）表情认知

表情，是一个人的情绪状态的外显行为，也是向他人传递信息的工具。对表情的认知，可以通过"察言观色"来进行。"察言"，即注意一个人的声音。"言为心声"，从一个人的言语节奏、语调高低、语速缓急，可以了解其内心世界和性格特征。笑声朗朗，说明旅客性格开朗、心情愉快；唉声叹气、语调沉缓，说明旅客心情忧郁、闷闷不乐，可能有愁心之事；语调高、语速快，说明旅客性子较急，脾气暴躁，情绪较难控制；反之，语调低、语速慢，则说明旅客性情温和、性子较慢，情绪变化不明显。"观色"，即观察一个人的面部表情。面部表情是一个人喜怒哀乐的晴雨表。人们通常用"愁眉苦脸""眉开眼笑"来分别描述人的哀与乐。如果发现旅客是目光炯炯、神采奕奕，说明他情绪高涨、心情愉快；如果旅客目光呆滞、脸色阴沉，说明他情绪低落、心中不快。这时服务人员应注意观察他们的行为，及时给予周到细致的服务，以免发生不测。

观察一个人的动作表情。一个人的动作表情主要包括手势、走路的姿势、坐姿、站姿等。如果旅客在座位上东瞧瞧、西望望，好奇心较强，说明他可能是第一次乘飞机；如果旅客入座后，两臂相抱、低头沉睡，说明他可能比较劳累，属于商务旅行；如果旅客入座后动作比较多，精力旺盛，说明旅客心情比较好，精力充沛。

东航空姐万里护送骨折旅客回家

日前,一对上海老夫妇带着写有"心系旅客,真情服务"的锦旗来到东航上海客舱部。为了这面锦旗,老两口已经打听寻找了两个多月,只为感谢在11月14日东航"罗马-上海"航班上、帮助有伤在身的妻子刘阿姨回国的乘务员们。

那天的航班,东航乘务员在地面迎客时就发现,刘阿姨流露出不适的表情,航班乘务长随即主动上前询问情况,得知刘阿姨昨晚不慎摔伤,伤及肋骨,所以感觉非常疼痛。乘务员们一边安慰刘阿姨,一边查找梳理座位信息,帮助刘阿姨调整到可以平躺的三个连排座位,叮嘱她待航班起飞、转入平飞以后,可以试着躺下缓解疼痛。

等到送餐服务结束,乘务员们又把刘阿姨搀扶到公务舱区域,然后根据老人的身体感受一点一点调节座椅角度,找到她最舒适的位置,并为她送上更合胃口的中式热粥。一路上,全体乘务员都关注着刘阿姨的身体状况,安抚慰问,乘务组也与机长保持沟通,并联络地服人员、安排航班到达后的保障服务,最终照顾刘阿姨安妥回国。

送来锦旗当天,刘阿姨告诉乘务员们,她回到上海、到医院就诊时,检查发现共5根肋骨摔伤断裂,诊疗医生肯定了航班上的急救程序,称赞航班乘务组为她安排了正确的休息体位,避免了折断的骨头伤及内脏。

刘阿姨说,在就诊的两个多月时间里,自己一直想着要找到当初执飞航班的乘务员。待伤势痊愈,她立即多方打听,终于在过年前完成了心愿。

(资料来源:钱擘、刘园、程萃萃.中国民航网.)

正是这位服务员的细心、敏锐,发现了这名老人的难处,并真诚地付出了爱心。对于老人来讲,真是莫大的安慰与帮助。

(二)个性认知

个性,是个体多种心理特征的组合。它集中地反映了一个人的精神面貌及不同于他人的独特的心理类型。个性是个人在相当长时间内形成的较为稳定的心理品质,而且它本身看不见、摸不着,须通过人们的言谈举止去推断。例如,性格倔强的旅客,一般对服务比较挑剔;而性格温和的旅客,一般对服务人员的态度和服务质量比较随和。

旅客的性格通常会从使用的言辞、语调、仪表仪容、身体语言上有所反映。在服务中通过观察,将有助于采取相应的服务方法。

1. 言辞所反映出的性格

"服务员,请您……":自然、随和、令人愉快的。
"您能否……":令人愉快、高兴的。
"我想要……":清楚明确的期望,可能是愉快的或要求很高。
"我需要……":清楚明确的期望,可能是愉快的或要求很高。
"我说的是……":困难的、要求很高。
"我听到的不是如此!":不耐烦、沮丧、争议、生气。

2. 语调所反映出的性格

慢、低:自然、随和、高兴或疲倦,不是兴奋的情绪。
欢欣的:高兴、愉快。
讽刺的:不耐烦、不高兴、找麻烦。
强烈的:要求很高。
大声的、爽快的:高兴、兴奋或豪爽。

3. 仪表仪容反映出的性格

仪表整洁:体面、令人愉快,有较高的期望。
运动衫、牛仔裤:可能在度假,比较随便、轻松愉快的。
领带纠结,西装多皱:疲倦,不舒服,不在意的。
衣着怪异,发型潮流:若非艺术人物便多为怪异的、自以为是的人物。

4. 身体语言所反映出的性格

挺直胸膛:坦率、直爽,不说废话。
弯腰驼背:疲倦、被冒犯、压抑、不高兴、思考。
膝盖晃动:不耐烦。
手指关节作响,玩弄筷子等:不耐烦、焦急。
走路迅速:热情,但要求很高。
歪头倾听:集中注意力,感兴趣的。
手放在口袋里玩弄零钱:焦虑、不自在。
双臂交叉:"防御",表示不喜欢这个场面或谈话的内容。

手指指着对方:气愤、心烦意乱。

眯着眼睛:疲倦、冷漠的,不在乎,不能集中注意力。

一件让劳模终生"受教"的事

小吴是位说话时总挂着微笑的空嫂,也因这甜美微笑及背后的真诚,她成为服务明星乃至全国劳模。

小吴说起她上飞机后不久,发生的一件很让她"受教"的事。

那是1995年的一天,由南方一个小城市到上海的飞机上,全程飞行时间只有40分钟。她迎客的时候,便看见一位穿着醒目的先生,拿了一个当时很稀有的"大哥大",一直边走边打,声音特别响。飞机快要起飞了,小吴的师傅(当时的乘务长)让她提醒这位先生把移动电话关掉。谁知,小吴一次次走过去,笑着提醒他,此人始终毫无反应。

眼看飞机就快滑行到跑道口,师傅问小吴:"怎么还没有关?赶紧让他关。"小吴又过去欠了欠身子:"先生,对不起,请您关掉移动电话,先生,对不起……"那先生根本不理她,还转过头,看着窗外,继续打。

小吴就拍了拍他的肩膀,说:"对不起,对不起,先生请您关掉移动电话。"没想到,他站起来,一把推着小吴:"你敢打我?"小吴愣住了,她停了一下,喏嚅着:"对不起,我没有打你,是你在推我。"回到厨房间,小吴的眼泪在眼眶里转。她的师傅听说后也很生气,又告诉了机长。机长在那天飞机着陆后,叫了公安。

这是小吴做"空嫂"后,第一次遇到刁难的乘客。然而,也正是这件事"教育"了她,她总结了自己与旅客在沟通上的缺陷,认为完全可以用另一种方式去劝阻这位旅客。

"当年,移动电话和他的着装体现了他的身份,他是需要我们来欣赏、关注的,恰巧我没有用欣赏和关注的语言来安抚好他。"小吴反思,"如果当时我说,'这位先生,这衣服穿在你身上特别漂亮,特别帅,帮个忙,那个电话长话短说,谢谢你,我知道你的时间很宝贵,我们飞行只有40分钟。到了以后你可以继续沟通。'可能就不会出现后面的问题。"

(资料来源:解放日报)

(三) 角色认知

角色认知有以下两方面的内容：

根据一个人的社会地位和职业特点，推断旅客的行为和心理特征。例如，我们可以根据教师这一角色特征，推断他们一般谈吐文雅、仪表端庄；我们可以根据医生这一角色特征，推断他们一般对服务的质量及卫生条件要求较高；相反，根据旅客的行为和心理特征，我们可以判断其所从事的职业和相应的角色。例如，旅客谈吐文雅、学识渊博，据此可以推断他的角色属于教师和科研人员一类；如果旅客神志较为严肃、不苟言笑、言谈谨慎，我们可以推断他的角色可能属于政府公务员一类。

一个头等舱座位取消后的"蝴蝶效应"

日前，旅客王先生反映，其在头等舱柜台办理值机手续时，遇到了一起典型的服务失误的"蝴蝶效应"，导致出行体验感很差。他认为，民航一线服务岗位工作人员应该提升紧急服务事件处置水平，避免服务失误后的影响扩大化。

根据王先生自述，当天其在等待办理值机手续时，前面一位旅客的头等舱座位因为航企临时更换机型，头等舱座位数量变少降为经济舱。这名旅客不接受降舱补偿方案，导致该柜台30分钟无法办理其他旅客的值机手续。于是，王先生求助现场值班经理，希望其能安排其他值机人员开放新柜台为等候旅客办理值机手续。结果，该值班经理首先询问了他的航班时间，然后表示登机时间足够，不需要另外开设新柜台，能确保他在值机关闭前办理完手续。王先生一听，更加生气，认为自己早早来到机场，是希望能从容办完手续在休息室等候，而不是在这尴尬地站着。而且值班经理不仅没有尝试安抚他长时间等待的焦虑，反而用冷漠的态度来回应他。王先生表示，如果当时值班经理能迅速处置，他不仅不会生气，反而会为工作人员点赞，毕竟，他明白座位降舱一事的处置确实需要时间。

分析整个事件过程可知，这是一起非常典型的服务人员紧急事件处置水平不高导致旅客不满升级的服务案例，也是一线服务岗位非常容易遇到的"蝴蝶效应"考题。从本质上分析，此次服务过程引发不满的源头事件是由于航企更换机型，与值班经理和值机工作人员无关，但直接原因却与这名值班经理处理方式不够恰当、服务技巧生疏有关。

提高紧急服务事件的处置能力需要反应更快。一线值机人员在遇到处理权限范围外的服务事件时,应立即上报值班领导,安排专门人员跟进服务,而不是一直"等、拖、看"。毕竟,一线工作人员在已经按照相关规定告知服务方案可能性的情况下,如依然无法达成一致,那么长时间僵持则可能引发该旅客和其他旅客更加不满。此时,安排级别更高的服务人员专程跟进,有利于安抚旅客情绪,也能避免后面排队旅客长时间等待。

同样,值班经理的现场处置反应也应更快。作为主管现场运行的负责人,一定要随时保持对现场情况的掌握,当看到柜台长时间无法完成一名旅客的值机手续时,应在后面旅客失去耐心之前就主动询问,快速处理。

提高紧急服务事件的处置能力需要更加有爱。王先生对值班经理的不满主要是认为其没有考虑自己的实际需求,而只是以不误机来冷漠应付自己。其实,换位思考一下,王先生的抱怨也有道理。毕竟作为高端旅客,对服务的温度和品质要求更高。作为专门服务高端旅客的柜台值班管理者,应该了解旅客的现实需求和情感需求,以真诚的心提供真情服务。比如,该名值班经理如果能在服务时加一句"很抱歉让您久等了,我马上了解情况,并立即为您办理"。事情发展结果就会如王先生所言,大有不同。

总而言之,紧急服务事件处置对一线工作人员来说极具挑战性,考验的不仅是常规服务能力,更有快速反应和灵活处置能力,需要一线工作人员秉持真心,掌握技巧,快速应对,努力化解因为个别环节失误带来的旅客不满升级。

(资料来源:中国民航网)

(四)心理素质认知

心理素质,是一个人在社会生活中所表现出来的心理稳定的程度。特别是对待困难、挫折或遇到突发事件时的态度、情绪、意志力等心理行为的表现,反映了一个人心理素质水平的高低。人们通常的看法是认为乘坐飞机比火车危险。有的旅客乘坐飞机时表现得很紧张、担忧、情绪反应较为激烈,这样的旅客其心理素质水平普遍较低;有的旅客显得很从容、镇定、情绪稳定,这样的旅客其心理素质水平一般较高。

二、服务人员的自我知觉

自我知觉,指一个人通过对自己行为的观察而对自己心理状态的认识。人不仅在知觉别人时要通过其外部特征来认识其内部的心理状态,同样也要这样来认识自己的行为动机、意图等。一个人观察别人与观察自己是有区别的。这种区别在于：第一，人们观察自己时所掌握的信息要比观察别人时更多。第二，观察自己与观察别人有熟悉和陌生的区别，对自己行为的知觉比对别人更熟悉。这是因为自己对自己的知识、经验和过去的经历，要比别人知道得更多些。第三，是观察者与被观察者的区别。在知觉别人时自己是观察者，别人是被观察者；而在自我知觉时，自己既是观察者又是被观察者。

作为民航服务人员，对自己必须有正确的知觉。要了解自己的性格、气质特点，了解自己的情绪、情感特点，分析自己的优点和缺点，在为旅客服务过程中要注意避免自己的缺点和不足，发挥自己的长处。

总之，自我知觉相当重要。民航服务人员，只有正确地进行自我知觉，才能对自己的心理及行为进行有效的控制和调节。

社会知觉对民航服务有非常重要的影响。"知觉的选择性""知觉的理解性"是社会知觉的重要特征，旅客的社会知觉的内容，对民航公司的服务以及服务策略有很大的启发与指导。就社会知觉偏差而言，"第一印象""晕轮效应""刻板效应"的存在有时会影响民航服务的效果。

（1）知觉的选择性与理解性特点是什么？它们对民航服务有哪些影响？

（2）影响旅客社会知觉的因素都包括哪些内容？

（3）在民航服务中如何避免社会知觉的偏差？

打造人文空港　我们始终在路上

2017年6月，一群身穿"除了爱情都要排队"字样马甲的成都机场安检引导员一度走红网络。最近，成都机场虚拟安检宣传员又一次吸引了过往旅客的目光。这些是成都机场安全检查站积极响应"人文机场"建设要求所做的创新之举。

近年来,成都机场安检站始终坚持"以人为本"工作理念,从安全、服务、环境等方面入手,让"人文机场"与"空防安全"产生"化学反应",为旅客带来了更加安心、舒心、顺心的出行体验。

"人文+安全"根植安全文化理念

"人文机场,安全先行"。作为空防安全的第一道防线,成都机场安检站清醒地认识到"人"才是机场安全的根本,只有让每位员工发自内心地理解和认同安全文化理念,才能聚合起对"安全隐患零容忍"的最大共识,才能营造良好的安全文化氛围。

结合民航局"三基"建设要求,成都机场安检站提出"团结一班人、打造一个家、圆好一个梦、建好一个库、下好一盘棋"的工作思路,同时紧抓"班组"这一最小的安全生产单位,以"严"和"实"的态度,不断提高人性化管理水平,不断加强和谐团队建设,不断完善员工职业规划。木兰、悦航、凌翼等标兵班组如雨后春笋般不断涌现,各类独具特色的线上、线下活动层出不穷。借由这种润物细无声的方式,成都机场安检站真正实现了安全文化理念落地生根,成功地让广大员工的安全责任意识产生了从"要我安全"到"我要安全"的根本性转变。

"人文+服务"提升真情服务品质

"一切从旅客的出行体验出发。"正是建设"人文机场"的核心和关键。为了不断提高安检工作水平,提升旅客过检体验,成都机场安检站积极顺应时代发展所带来的旅客需求变化,将对旅客的人文关怀落实到一系列服务举措上:在"一早一晚"两个过检高峰时段,成都机场安检站把传统的直行排队改变为双向直行与蛇形排队相结合,大大减小了待检区的排队等候压力。同时,通过规范服务用语和服务礼仪,让安检引导员穿上创意马甲,启用虚拟宣传员提前告知安检违禁品等方式,进一步缓解旅客排队等候时产生的焦急情绪。

细微之处见真情。成都机场安检的"真情"二字绝不仅仅体现在对普通旅客的服务上。专门开辟的"军人优先""小件行李""蓉港通""女性专属"等过检通道,为老弱病残孕、军人、晚到等特殊旅客提供了安全放心、方便快捷的过检服务,并让他们感受到了来自成都机场的关怀和尊重。

"人文+环境"营造温馨乘机氛围

"安逸"和"巴适"是四川方言中的两个常用词,包含了舒服、畅快等意思,代表了很多人对成都的第一印象。而憨态可掬的大熊猫,更是四川乃至中国的一张闪亮名片。借助深厚的地方文化底蕴和独特的服务窗口优势,成都机场安检站将"四川特色"与"机场安检"巧妙融合,利用民俗、风景、熊猫等文化元素对安检通道进行升级改造,让以往生硬单调的安检通道,变得更能满足旅客和员工求知、求美、求乐的心理需求。其中,以熊猫为主题打造的东5机组通道和旅检通道,得到了社会各界的广泛好评。

不仅如此,近几年的春运首日、"六一"儿童节、抗战胜利纪念日、重阳节等重要时间节点,成都机场安检站都会组织丰富的特色文化活动,以此来传播优秀的中华民族传统文化和价值观念。2018年3月2日"元宵节",成都机场安检站联合6家驻场航空公司,在 T2 航站楼出发大厅开展了题为"欢喜闹元宵、真情满旅途"的"快闪"活动。71 名青年员工载歌载舞,将舞狮、吐火、变脸、打鼓、猜灯谜等传统节目送到旅客身边,为广大旅客营造出喜庆祥和、温馨欢乐的节日出行氛围。

打造国家级国际航空枢纽,建设现代化"人文机场",不仅要在设施设备上下足"硬功夫",更应在服务质量上提升"软实力"。成都机场安检站将紧跟新时代民航高质量发展步伐,坚守"飞行安全、廉政安全、真情服务"三条底线,在四川省机场集团有限公司带领下,不断推动成都机场人文建设往深里走,往实里抓,为实现民航强国发展战略目标,为国家和地方经济社会发展做出新的更大贡献。

(资料来源:邓伟、陈鸿吉.成都双流国际机场股份有限公司.《中国民航报》)

第四章 交往心理与服务

课前导读

民航服务人员与旅客的交往具有行业性、特殊性,是一种特殊的人际交往,称为客我交往。本课通过了解客我交往过程中彼此的心理特点和心理状态,进一步把握客我交往的内涵和本质,从而更好地理顺双方的关系。

教学目标

- 了解客我交往的内涵和本质;
- 了解客我交往的心理状态和心理效应;
- 学习客我交往的双胜原则和交往技巧。

民航服务中的人际交往是一种特殊的交往,它不同于一般的人际交往。为便于与普通的人际交往区别开来,在此我们特别将之称为客我交往。

第一节 客我交往概述

一、客我交往的含义与特征

(一)客我交往的含义

客我交往,是指民航服务人员同旅客之间为了沟通思想、交流感情、表达意愿、解决旅途中共同关心的某些问题,而相互施加各种影响的过程。它包含交际和沟通思想的相互关系,也有交际和活动的相互关系等。它是民航服务存在的条件和方式,没有客我之间的交往也就不可能有民航服务。

(二) 客我交往的特征

在民航服务行业中,由于民航服务人员所处的特定角色及旅客所处的特定地位,在双方的交往中具有一系列的特点,这些特点表现为:

1. 交往时间短暂

由于民航服务本身的特点,旅客从购票、候机、登机、途中飞行直至到达目的地,一般时间不会太长,形成了民航服务交往频率高、时间短的活跃局面。尽管在机场候机的时间稍长些,但客我交往接触的时间还是较少,相互沟通、熟悉了解的机会也极少。

2. 交往地位不对等

民航服务中的人际关系和人际交往不同于日常生活中的人际关系和人际交往。日常生活中的人际关系和人际交往,凭的是自愿、靠的是兴趣,而且交往双方的主体地位往往完全对等和平等。而在民航服务交往中,对旅客来说,人际交往和人际关系可以凭自愿、靠兴趣,但对于民航服务人员来说,人际交往和人际关系就不可以凭自愿、靠兴趣。因为,旅客与民航服务人员之间的接触,通常是不对等和不平衡的,这种不对等和不平衡表现在服务人员必须尽力满足旅客的意愿。这样,民航服务人员不可能在服务过程中与旅客处于平起平坐的平等地位。应该引起注意的是,有些服务人员常常由于不能正确理解和处理这种不对等的关系而陷入自卑或逆反的心理状态,从而给民航服务管理和服务质量造成消极影响,不利于民航企业的声誉。

3. 交往深度受限

无论是民航服务,还是餐饮或其他服务,在一般情况下,服务人员与旅客的接触只限于旅客需要服务的地点和时间内,否则,就是一种打扰旅客的违反规定的行为。也就是说,民航服务中的客我交往,主要是处于公务上的需要,而不是一种个人感情、兴趣和爱好方面的需要。

4. 个体与群体兼顾

在交往中,一般情况下民航服务人员接待的是一些个性心理相异,具有不同消费动机和消费行为的个体,因此,在交往中依据个体的个性消费特征向他们提供服务,就成了交往的主要方面。但有时,民航服务人员也会接待由同一阶层、同一文化、同一经济条件、同一职业的人组成的团体,如旅游团等,群体内部出现的从众、模仿、暗示、对比、感染等特征,要求民航服务人员必须注意对个体与群体性的兼顾。

5. 交往过程易主观

由于民航服务人员和乘客心理上的差异,往往会在一些问题上出现不一致的情况,如何处理这些问题,交往主体常常根据自己的经验和已掌握的资料进行主观假设,这就容易违背客观实践性原则。另一方面,在研读分析一些问题时又可能掺入一些非真实性的东西,也会影响交往的效果。

6. 交往结果不稳定

民航服务是人对人的活动,它与一般"商品"人走茶凉截然不同,具有不稳定的特性。比如,人们购买获得好评的食品,结果发现名不副实;去住广受称赞的宾馆,结果发现服务并不佳,这两种情况的性质是不同的。前者食品(商品)相同,评价各异;而后者服务是否相同则成了判断的重要依据。即使做法相同,如果接受这种做法的旅客有差异,如旅客的社会地位、经济利益、文化背景、喜怒哀乐情绪变化等不同,那么同样的服务也可能会出现评价不同的情况。因此在民航服务中很难形成"人投我以桃,我定报之以李"的互利关系,但却容易出现"1+1=0"这种特殊现象,即一般的旅客接受服务人员的一般服务,其结果是没有冲突,也没有美好的回忆。

二、客我交往的心理状态和交往形式

(一) 客我交往的心理状态

在民航服务人际交往和人际关系中,旅客和民航服务人员的心理状态主要呈现为三种形态,即:家长型、幼儿型和成人型。

1. 家长型

家长型心理状态一般以权威为特点,通常表现为两种行为模式:
(1)命令式。具体表现为统治、责骂和其他专制作用的行为。例如,"叫他来""叫他等着""一定要做完",等等。
(2)慈爱式。具体表现为关怀和怜悯的行为。例如,"请别着急,我们会想办法的",等等。

2. 幼儿型

幼儿型心理状态以情感为特征,具体表现为两种行为模式:

(1)服从式。具体表现为顺从某种意愿的行为。例如,客人要求送一杯茶,服务人员马上应声回答:"请稍等,茶马上就送来。"

(2)自然式。具体表现为冲动、任性和自然。

3. 成人型

成人型心理状态以思考为特征,也就是说,成人型心理状态的行为大都经过深思熟虑。其行为模式主要有:

(1)询问式。如:"小姐,还有没有朝南的房间?"

(2)回答式。如:"先生,对不起,朝南的房间已经订满。"

(3)建议式。如:"小姐,能不能给我安排一个透风的房间?"

(4)赞同式。如:"好的,我马上给您安排一个透风的房间。"

(5)反对式。如:"不行,我不能给你安排一个透风的房间。"

(6)道歉式。如:"对不起","很抱歉"。

(7)总结式。如:服务人员在客人点菜后,总结说:"四盘小菜、两瓶啤酒……"

(二)客我交往的形式

旅客与民航服务人员之间的客我交往,主要有平行性交往和交叉性交往两种形式。

1. 平行性交往

通俗的说法,平行性交往是一种融洽性交往和顺从性交往。也就是说,当旅客发出交往的信息后,民航服务人员的反应要符合旅客的期待,顺从旅客的意愿。这样的交往,客我双方情绪愉快,关系融洽。

平行性交往又可以有以下三种形式:

(1)成人型对成人型交往。这是平行性交往中常见的一种交往形式。例如,旅客对服务人员说:"小姐,请帮个忙,发个传真。"服务人员马上回答:"好的,我马上给您发。"这种交往即属于成人型对成人型的平行性交往。

(2)家长型对幼儿型的交往。例如,旅客对服务人员嚷道:"马上给我换临窗的座位。"服务人员答道:"我马上就给您换。"这种交往即属于家长型对幼儿型的顺从性交往。

(3)幼儿型对家长型的交往。这种形式的平行性交往,一般以女性旅客为多。例如，一位女性旅客因为未能购到机票，焦急万分，于是求助于服务人员。服务人员安慰她道："别着急，我们帮您想想办法。"这种交往即属于幼儿型对家长型的融洽性交往。

2. 交叉性交往

交叉性交往，是说民航服务人员的行为并不符合旅客需要的一种交往。这种形式的交往必然导致双方关系紧张，甚至中断。交叉性交往有以下四种类型：

（1）成人型与家长型的交叉。例如，旅客请求说："请给我倒杯开水。"服务人员怒气冲冲地说："你自己去倒吧。"这即是成人型与家长型的交叉性交往。

（2）家长型与家长型的交叉。例如，旅客大声道："马上给我送开水。"而服务人员则大声应道："你自己去拿吧。"这即是家长型与家长型的交叉性交往。

（3）成人型与幼儿型的交叉。例如，旅客对服务人员说："小姐，请帮个忙，给留个言。"服务人员则爱理不理地答道："留言可以，但送得到送不到我可不管。"这即是成人型与幼儿型的交叉性交往。

（4）幼儿型与幼儿型的交叉。例如，旅客因购不到机票而焦急万分，服务人员则幸灾乐祸地说："谁叫你没本事，活该。"这即是幼儿型与幼儿型的交叉性交往。

（三）客我交往形式的运用

在服务人员与旅客出现分歧时，服务人员用来解决问题的方式是多种多样的，有"家长对儿童"的方式和"儿童对家长"的方式，有"家长对家长"的方式和"儿童对儿童"的方式，也有"成人对成人"的方式。

所谓"家长对儿童"的方式，是指一方像"严父"，采用"严厉的家长行为"；而另一方却像听话、守规矩的"小孩"，采用"顺从的儿童行为"。用"家长对儿童"的方式解决问题，实际上就是要以"我压，你屈从"的方式来解决问题。

所谓"儿童对家长"的方式，是指一方像不听话、不守规矩的"小孩"，采用"反叛的儿童行为"；而另一方则像"慈母"，采用宽容的"家长"行为。用"儿童对家长"的方式解决问题，实际上就是要用"我闹，你迁就"的方式来解决问题。

所谓"家长对家长"的方式，是指双方都想当对方的"家长"，都想用"我压，你屈从"的方式来解决问题。

所谓"儿童对儿童"的方式，是指"你闹，我也闹"，而这显然是解决不了问题的。

可以说，以上这几种解决问题的方式都属于"不讲理"的方式。采用"严厉的家长行为"，企图用"我压，你屈从"的方式来解决问题，我们可称之为"家长式不讲理"；采用"反叛的儿童行为"，企图用"我闹，你迁就"的方式来解决问题，我们可以称之为"儿童式不讲理"。

所谓"成人对成人"的方式，是指双方都是"名副其实的成人"，都采用"平等待人、通情达理的成人行为"，通过沟通和商讨来解决问题。只有用这种"成人对成人"的方式来解决问题，才真的是"讲理"的。

服务人员在与旅客的交往中，应该采用哪一种方式来处理意见分歧呢？当然应该采用"成人对成人"的方式。因为这种方式是最能体现出人与人之间的互相尊重。在"关系很重要，问题也很重要"的情况下，也只有采用"成人对成人"的方式，才能达到"既解决问题，又搞好关系"的目的。

第二节 客我交往的影响因素与心理效应

获得客我交往的良好效果，必须要提高服务人员的交往能力和吸引力。作为服务人员，必须要了解影响交往能力和吸引力的相关因素，并时时加以注意。

一、客我交往的影响因素

客我交往中最重要的因素就是人际吸引力。它是人类的基本心理因素之一，是形成良好人际关系的重要基础。美国心理学家奥尔波特通过研究发现，人际吸引是受很多因素影响而形成的一种动力。如个体内在的涵养、礼貌，身体的高矮、外表、服饰，行为动作的和谐，地位角色等因素。归纳起来，影响人际吸引的因素主要有以下几个方面：

(一) 接近且接纳

由于人与人之间在活动空间内彼此接近，因而有助于人际关系的建立。这是一种最自然的现象。由空间上的接近而影响人际吸引的现象称为接近性。美国心理学家费斯汀格（Festinger）等，曾以麻州理工学院已婚学生眷属宿舍的居民为对象，研究他们之间邻居友谊与空间远近的关系。该眷舍共17栋两层楼房，每栋上下两层，每层5户，共计170户。在新学年开始搬入眷舍时，彼此各不相识。过一段时间之后，研究者要求每户举出在眷舍中新交的三位朋友。结果发现，他们所交的新朋友，几乎离不开4个接近性的特征：其一，是他们的近邻；

其二,是他们同层楼的人;其三,是他们信箱靠近的人;其四,是走同一个楼梯的人。由此看来,接近是友谊形成的一个重要因素。

当然,人与人空间上彼此接近,未必一定彼此吸引,在接近的条件下要想进一步与旅客建立良好的人际关系,彼此互相接纳,无疑是另一个重要因素。所谓接纳,是指接纳旅客的态度与意见,接纳旅客的观念与思想。只有在接近的条件上彼此接纳,才会有助于彼此之间的交往。

(二) 相似因素

交往双方相似之处越多,越容易建立起关系。共同的态度、信仰,共同的兴趣爱好,共同的语言、种族、国籍,共同的文化、宗教背景,共同的教育水平、年龄,共同的职业、社会阶层,都会不同程度地增加人们的相互吸引。越相似越吸引,越感亲密,尤其是认知态度相似、价值观一致者之间最具有吸引力。因此,在交往过程中,民航服务人员要善于发现与旅客的相似之处,从而增进交往关系。

(三) 互惠互利

根据人际交互论的说法,人与人之间的交往是向着增加酬赏和减弱代价的方向发展的。这种互惠行为既有功利的、经济的和现实的作用,也有精神的、心理的和超现实的意义。所以,在人际交往中,每个人都难免有酬赏和代价的比较水准。一般说来,功利的互惠较为现实,但不能长久;而心理的互惠较能满足人的基本需求,能持续长久。因此,如能把感激的心情准确传达给对方,对方也将会为你做更多的事、提供更多的服务。

(四) 人格吸引

服务人员的性格、气质、能力等人格品质,对客我交往关系的建立与维持产生持久的影响。所以增强自己的人格魅力是进行良好客我交往的重要因素。

个性品质与客我交往关系重大。具有热情、开朗、真诚、自信等性格特征的服务人员容易被旅客接受,而冷漠、封闭、虚伪、自卑的人则容易被旅客疏远。真诚受人欢迎,虚伪令人讨厌。服务人员要想与旅客保持良好的交往,真诚是必须具有的品质。因此,建立良好的客我交往关系,真诚是必不可少的。开朗、热情是打开良好客我关系大门的钥匙,在客我交往中,要与各种各样的旅客打交道,一个性格内向、沉默寡言的服务人员,不容易与旅客建立起密切的关系。同样,客我交往也需要宽容的品格,能够虚怀若谷,容纳旅客的不同意见,对旅客谦恭有礼才能受到旅客的欢迎。

(五)外貌吸引

在客我交往中,第一印象十分重要,而外貌又是引发第一印象的窗口。人的外貌可以引起"晕轮效应",尤其初次交往更是如此。我们知道,外貌会对客我交往产生影响,人人都希望拥有良好的外貌,可是长相如何是天生的,个子高与矮、肤色黑与白、面貌清秀与否,几乎是很难改变的。那么在客我交往中如何增强外貌吸引呢?相貌虽然难以改变,但是,人的整个精神风貌、仪表、风度是可以由自己塑造的。民航服务人员要想增进人际吸引,就应该做合适的"印象修饰"。从自己的服饰、举止、面部表情、精神状态等做出适合于自身的角色和当时情境需要的行为,产生令人愿意"接近""接受"的吸引力。

二、客我交往的心理效应

每一名民航服务人员都希望能在与旅客交往的过程中展示出自己最好的一面,给旅客留下良好的印象,希望在与旅客的交往中正确地认识、了解他们。为此,民航服务人员非常有必要了解客我交往过程中的各种心理效应,把握好自己的言行、态度、情绪,与旅客和谐相处。

(一)第一印象

在本书第三章中,我们已经知道了什么是第一印象。民航服务人员在与旅客的初次交往中所留下的第一印象,往往会对服务人员的整体评价与看法起着决定性的作用。第一印象一旦形成,就不容易再改变。这种印象会一直影响着以后的交往过程,即使后来的印象与第一印象之间有差距,旅客仍然倾向于服从最初的印象。

第一印象的存在提示我们,如果要让旅客形成对服务人员及航空公司的好印象,那就一定要注意与旅客初次交往过程中的表现,服务人员的仪表、姿态、表情、年龄、服装、谈吐、态度,航空公司的设施、机场的环境等,都会对旅客最初印象与评价的形成产生影响。

(二)晕轮效应

晕轮效应是一把"双刃剑"。如果服务人员好的品质先被旅客认知,所形成的"晕轮"会遮掩服务人员的某些失误,也使服务人员有机会对自己的失误加以弥补。如果不良品质先被旅客认知,其所形成的"晕轮"则会遮掩服务人员的优点,而"放大"服务人员的微小失误。下面是一个导游员的例子,有助于我们理解晕轮效应的内涵。

导游员的良性修为形成了正向晕轮

小钟团里的客人在到西安之前就对小钟说,到了西安,一定要吃"羊肉泡馍"这道风味美食。可是到了西安,小钟却把这事给忘了。等到了桂林,客人又提起这件事,把小钟吓了一跳,赶紧向客人道歉,并表示要在桂林加歌舞,以此来作为补偿。小钟心想:即使用加歌舞来作为补偿,客人也肯定是会有意见的……

没想到,客人不仅没有提什么意见,反而把小钟安慰一番。有的说:"你有那么多的事要做,也不可能什么都记得住啊!"有的说:"你一路上够辛苦的了,俗话说,老虎也有打盹的时候嘛!"还有的说:"你看其他地方还有什么特别的节目,给我们补上就行了。"

这是为什么呢?原来,在团队入境以后不久,小钟做了两件让客人非常感动、非常佩服的事。

第一件事,是在上海外滩游览的时候,一个小偷偷了客人的提包,小钟发现后赶紧去追。那小偷不是一个人,而是一伙人,其中一个故意撞了小钟一下,还要跟小钟开打。小钟一把甩开那家伙,纵身从高台上往下一跳,截住了小偷的去路。结果,不仅追回了提包,还和便衣警察一起把那一伙小偷4个人全都抓住了。那提包是一对夫妇的,里面除了钱和证件之外,还有去欧洲参加一个会议的机票,散团之后他们就要从香港去欧洲,一天也不能耽搁。这对夫妇自然是对小钟感激不尽,全团的客人也都赞叹不已。

第二件事,是在苏州寒山寺。那天,有几个"老外"在运河边上拍照,突然,其中的一位老先生不小心掉进了河里。在场的人全都愣住了。这时,小钟他们的车正好在那边下客。见此情景,小钟把公文包朝地陪一扔,就跳进运河去救人。等船工把救生圈扔过来的时候,小钟已经把那位老先生从水里扶起来了。

案例中的导游员小钟通过抓小偷和救人,突出地表现了他见义勇为的高尚品质。他的高尚人格在游客心目中形成了一个"晕轮",于是,他在西安漏订羊肉泡馍的失误就被这个"晕轮"的光芒所遮掩了。

这是一个正面的案例。在民航服务中,反面的例子也是有的。不难想象,如果航空公司以及服务人员让自己的不良服务在旅客心目中形成一个"晕轮",恐怕他们以后无论怎样努力都很难让旅客对他们有好的评价了。

（三）否定后肯定效应

客我交往中有一种"否定后肯定效应"，即如果人们先对某人做出否定的评价，而后来的事实证明这种评价是错误的，那么，人们会对此人做出更高的评价。这就是说，如果没有原先的否定，还不至于对此人做出如此高的评价。

产生"否定后肯定效应"的条件是：先有一件事，使人们对某人做出了否定的评价，后来又发生了一件事，使人们认为应该改变对此人的评价。

细心空姐发现了被"遗漏"的 VIP 客人

一天，从三亚飞往上海的南方航空公司某次航班上，有一位在普通舱前排就座的旅客。该旅客刚走进公务舱，欲上前舱洗手间时，受到了前舱安全员和乘务员的劝阻。客人有些不悦，轻轻地说了一句："地面没有报给你们吗？"便很有涵养和风度地去了中舱。"报什么？"一句话弄得安全员和前舱乘务员小高一头雾水。小高带着疑虑把这件事及时地报告给乘务长。富有多年乘务工作经验的乘务长没有忽视旅客的这句话，而是等到该旅客坐好后，耐心细致地询问了该旅客的情况。

原来该旅客是海南省某部门的一位领导，在乘机的各项服务中应该享受 VIP 待遇，而且在候机楼时已经是这样做的，可是不知是什么原因，上飞机时地面人员没有报告给机组，所以飞机上就没有把该旅客按照 VIP 的规格进行接待，使得该旅客有些茫然。该怎么办？如果现在贸然地把该旅客安排到公务舱，显然不符合有关规定，如果把他当成一般的旅客对待，对他来说显然有些委屈。如何对待这位没有报名单的 VIP 旅客呢？

本次航班，公务舱没有人。乘务长就让公务舱的乘务员小高重点关照这位旅客。一会儿送来咖啡、茶水，一会儿送来热乎乎的毛巾，该旅客要看报纸，小高又从飞机上给他找来各种报纸。乘务长在征求该旅客的服务意见时，也向他表示，在飞机上如有什么要求请提出来，只要不违反规定，在机组的权限范围内会尽量帮助解决。该旅客被乘务长的真诚所感动，提出：因为自己下飞机后要赶时间，能不能把托运的行李尽快取出。男乘务员小王自告奋勇地负责完成这项工作，使该旅客流露出满意的笑容。

在两个多小时的旅途中，该旅客虽然被漏报了 VIP，但是他同样享受到了南航的优质服务。飞机刚停靠廊桥不久，小王便把该旅客的托运行李提到了他的面前,为他的下一步计划行动赢得了时间。该 VIP 客人下飞机时,一再对机组的热情服务表示感谢。

(资料来源:吴春魁.新华网)

知道了交往中有一种"否定后肯定效应",我们是不是可以故意先犯一点错误,让别人先对自己作出很低的评价,以便在以后获得更高的评价呢?当然,不可以这样做。但是,知道了交往中有一种"否定后肯定效应"后,当我们由于某种原因而出现失误,使别人对我们做出较低的评价时,我们就绝不会心灰意冷、一蹶不振了,而要想方设法弥补过失,挽回影响,重新赢得旅客的满意。

(四)角色扮演

角色在心理学上的解释是一种职能,一种对每个处在这个地位上的人所期待的符合规范的行为模式。角色有四个要点:其一,充当某种角色,也就意味着在社会生活中处于某种地位。例如,张三担任空中服务人员的角色,那就意味着他在民航服务交往中处于服务人员的地位,而当张三以旅客的角色乘坐飞机时,那就意味着他在民航服务交往中处于客人的地位。其二,角色是一种职能、一种权力。例如,航空公司经理,有经理的职能和权力;服务人员,则有服务人员的职能和权力。其三,每一种角色都有其符合规范的行为模式,即人们通常所说的,经理要有经理的样子,空乘人员要有空乘人员的样子。这"样子"就是角色所要求其符合规范的行为模式。其四,一个人一旦充当了某种角色,人们就会按照该角色的标准和要求对其寄予相应的期望值。

人与人应该是平等的,但这并不意味着当人们扮演着不同的社会角色来进行交往时,总是可以"平起平坐"的。从心理学的角度来看,人与人之间的"平等"是由人与人之间的"互相尊重"来体现的,而不是由不分场合的"平起平坐"来体现的。

在一些酒店服务人员中流传着这样一个顺口溜:"客人坐着你站着,客人吃着你看着,客人玩着你干着!"不管他们在说这个顺口溜的时候带着什么样的情绪色彩,都必须承认这个顺口溜反映了一个事实:"服务人员"和"客人"这两种不同的社会角色是不可能"平起平坐"的。

我们是说服务人员和客人这两种角色不可能平起平坐,而不是说扮演这两种角色的人是有高低贵贱之分的。

对于服务人员来说,"客人坐着你站着,客人吃着你看着,客人玩着你干着",这并没有什么不合理。因为,你这是在扮演你所承担的角色。假如有人认为这是人与人之间的不平等,偏要把它改成"客人坐着你坐着,客人吃着你吃着,客人玩着你玩着",请想一想,那会导致什么样的后果?因此,民航服务人员对自己的角色应有正确的认识。

三、客我交往的不良心理表现

民航服务工作的压力较大,各种突发事件频繁发生。在客我交往中,服务人员难免会产生一定的心理压力与负面反应,出现一些不良的心理表现。

(一)自我中心

有些服务人员在工作中完全从自己的角度考虑,只关心自己的利益和兴趣,忽视旅客的利益和处境。在客我交往中表现为目中无人,喜欢装腔作势、盛气凌人、自私自利。不高兴时会不分场合地乱发脾气,高兴时则海阔天空、手舞足蹈地讲个痛快,全然不考虑旅客的情绪和态度。这样的客我交往必然会出现问题。

(二)羞怯

羞怯心理是绝大多数人都会有的一种心理。具有这种心理的人,往往在工作中羞于启齿或害怕见人。由于过分的焦虑和不必要的担心,在言语上支支吾吾,行动上手足失措。长此下来,会不利于同旅客的正常交往。

(三)孤僻

不喜欢与人交往,孤芳自赏,自命清高。克服孤僻的关键在于打破自己设置的心理障碍,敞开心扉,用坦荡、真挚的情感去赢得旅客的理解和友谊。

(四)干涉

有的服务人员在与旅客交往中,偏偏喜欢询问、打听、传播旅客的私事。这种人热衷探听旅客的情况,并不一定有什么实际目的,不过是以刺探旅客隐私而得到低层次的心理满足而已。

(五)讨好

个别服务人员往往出于功利性目的,讨好旅客,阿谀奉承,曲意逢迎。这种行为会引起旅客的反感,使正常的交往难以进行。

第三节 客我交往的原则与技巧

客我交往的本质特征决定了服务人员必须把握好客我交往的原则,熟练服务技巧。在交往过程中旅客和服务人员都感到身心愉快、旅途顺利,达到了彼此满意的效果,这叫作双胜。双胜原则是保证彼此双方的心理和利益得到最优化的有效原则。

一、客我交往的双胜原则

(一)服务的必要因素和魅力因素

优质服务应当是既有必要因素,又有魅力因素的服务。所谓必要因素是指那些"没有它就不行"的因素;所谓魅力因素是指那些"有了它才更好"的因素。必要因素只能起"避免客人不满意"的作用,魅力因素才能起"让客人感到很满意"的作用。

谁能为乘客提供更好的服务,谁才能在竞争中取胜。在竞争中,必要因素是"没有它就一定要失败"的因素,魅力因素是"有了它才可能获胜"的因素。必要因素既然是必要的,那就一定是"你也有,我也有"的共性因素;而魅力因素要真正有魅力,就必须是"唯我独有"的个性因素。

每一家航空公司,每一名服务人员,都应当认真考虑在自己为乘客提供的服务中,哪些属于必要因素,哪些属于魅力因素。要在必要因素应有尽有的基础上发挥自己的独创性,尽可能地增加魅力因素,使自己与众不同,出类拔萃。

就乘客对服务的心理反应来说,"一视同仁"是服务的必要因素,"特别关照"是服务的魅力因素。坚持一视同仁,才能避免某些乘客产生"被亏待"的感觉;给予特别关照,才能使乘客产生"被优待"的感觉。前一种感觉会降低乘客的自我评价,触动他的自卑感,使他感到不满意;后一种感觉能提高乘客的自我评价,使他产生自豪感,使他感到满意。每一位乘客,作为"客人"他和所有的乘客都一样,但是作为一个"人"他和谁都不一样。可以说,服务工作中的"一视同仁"是针对"角色"而言的——"来的都是客",而"特别关照"则是针对"人"而言的——虽然角色是"非个性"的,扮演角色的人却总是有个性的。

南航大连创新服务:打造有特色的"飞行管家"

8月份正值民航业的暑运旺季,但各地天气多变,引发数次航班延误,给一线服务带来不小的压力,南航大连分公司适时启动"管家贴身服务",为高端旅客打造有特色、有个性的"飞行管家",提供全方位个性化的优质服务,有效缓解了旅客情绪,保障旅客出行顺心、顺畅。

南航大连分公司地服部高端经理从接到旅客订票信息开始,就根据信息中提供的旅客出行习惯、座位喜好、餐饮需求等,定制一系列的私人化个性服务,并发送航班动态短信到旅客手机。所有高端经理都是24小时全天候开机,积极保障旅客出行。在航班发生延误时,高端经理会实时监控南航运行网上的航班动态信息,将航班延误情况电话通知旅客。若航班取消,高端经理也会向旅客发送即时航班取消短信,必要时电话致歉并提供行程变更建议。截至8月底,南航大连高端经理在暑运期间共发送7755条航延短信,为674名高端旅客做了改签航班服务,日均答复70余位旅客的咨询电话,成为高端旅客出行值得信赖的管家,为南航维护了一批忠实的优质客户。

为向高端旅客呈现统一的服务标识形象,南航大连分公司还依据相应的标准,规范了高端服务岗位的VI标识,正确摆放明珠贵宾室的中英文对照餐食、服务功能标牌,做到中英文指示清晰准确,方便高端旅客快捷有效地享受到各种服务。

南航大连分公司的"飞行管家"服务还根据不同的时令节日,积极采取融入节日特点的服务举措。节日期间,高端经理给旅客发送出行信息时会增加相应的祝福,提前采购灯笼、福字、中国结、对联等节日用品,对休息室进行精心布置,营造传统节日的喜庆气氛,并准备好惊喜礼物以便在节日当天赠送给第一位来到休息室的旅客;购置节日食品、饮品,包括干果、瓜子、果汁、月饼、粽子等,丰富和翻新餐食的种类,不断提升餐食品质。

为保障节日期间航班安全顺畅运行,南航大连分公司还在节假日特殊时段,每日安排备份加班人员,为航班大面积延误和备降航班高端服务保障做好充足准备,确保"飞行管家"服务质量。南航大连分公司一系列举措均得到高端旅客的好评及赞扬。

(资料来源:凌兴东、包蕾.中国民航网)

(二)按双胜原则处理与乘客的关系

在民航服务人员与乘客的交往中,乘客是"消费者""受服务者"的角色,而服务人员是"工作者""供服务者"的角色。当乘客得到了优质服务而成为胜利者的时候,服务人员也因为成功地扮演了自己的角色而成了胜利者。反过来说,如果乘客因为没有得到良好的服务而成为失败者,那么服务人员因为没有扮演好自己的角色也同样是失败者。由此可见,"乘客至上"绝不意味着"服务人员至下"。在为乘客服务的时候,服务人员所要达到的直接目标就是扮演好自己的角色。只要成功地扮演了自己所承担的角色,为这种扮演所付出的代价是会理所当然地得到补偿的。

按照双胜原则去处理客我关系,意味着一定要把"分清是非"和"争输赢"加以区别。如果在客我之间真的出现了大是大非问题,那当然不能含糊而必须弄清楚,但是分清是非绝不意味着要去同乘客争输赢,绝不意味着要迫使乘客向自己认错。所谓"乘客总是对的"并不是一个判断,而是一个口号,只要能够通过妥善解决存在的问题在事实上分清是非,服务人员完全没有必要去指出乘客有什么不对,更不能迫使乘客承认"不是你的不对,而是我的不对"。为了保住乘客的面子,服务人员宁可把自己的"对"让给乘客。"乘客总是对的"绝不意味着"服务人员总是错的",因为在保住乘客的面子这个意义上,把"对"让给乘客是对的。

(三)把乘客当成朋友,而不应是上帝

以乘客为朋友,这是新型的民航服务人际交往的观点。如果乘客与民航服务人员之间的交往能成为朋友与朋友之间的交往的话,他们之间的产品买卖关系,也会变成最富人情味、最具信任感的买卖关系。乘客会感到放心、舒心、称心,而且也不会疑虑重重,更不会对民航服务人员吆三喝四。因为朋友之间需要互谅互让,相互尊重,一切都可以商量。同样,因为乘客是民航服务人员的朋友,所以,民航服务人员也就不应该对乘客态度生硬、二心二意。因为朋友需要的是真诚,是热情。由此看来,以乘客为朋友,符合民航服务人际交往客我双方的心理需要,并能营造宽容与被宽容的服务环境。

南航新疆:您的双手 温暖我的旅程

2018年6月12日,南航新疆分公司客舱部乘务长张汉云收到了一份有特

殊意义的礼物——来自一位旅客表达感谢之情的锦旗,红旗上赫赫金字写道:"全程呵护,贴心照顾,细致服务,暖心关怀"。

5月22日,张汉云执行CZ6911航班乌鲁木齐至北京。旅客登机完毕,刚准备关闭客舱门。一个年轻女孩突然说要下飞机,说心脏很难受,快跳出来了,张汉云一边给机长报备一边了解具体情况。

经过沟通了解到这名叫展娜的女孩只是特别紧张,没有任何病史。张汉云竭力安慰她,告知她下机的程序和利弊,征求她的意见、尊重她的决定。展娜决定要继续乘坐飞机,却依然压抑不了内心的胆怯,说:"乘务长,您可以坐在我旁边握住我的手吗?"因为起飞落地时乘务长张汉云必须守护舱门关注安全,这时安全员王大庆过来说:"让旅客坐在我身边,我来看护她"。这句坚定的话让张汉云和展娜的心都安定下来。

飞机平飞后,张汉云第一时间来到展娜的身边。发现女孩脉搏还是跳得很快,眼神中依旧充满着不安。张汉云这时候紧紧握住她的手,不断安慰展娜的情绪,同时展娜也诉说出内心恐惧的由来:由于工作原因,有次去外地演出,乘坐的飞机颠簸得特别厉害,她很害怕又不能说出来。从此以后便烙下了病根,每次一上飞机就觉得心脏很难受。除此之外,内心的恐惧也严重影响了她的工作,让她在外地的演出活动只能暂时搁浅。

有着33年飞行经验的乘务长张汉云用自己的亲身经历告诉展娜很多飞行工作中的故事,慢慢地舒缓展娜的情绪。她说道:"生命中的一半时间都要和飞机相伴,飞行已经是很平常的一件事了,我给你讲讲我飞机上遇到的和你相同的故事。"张汉云依旧握着展娜的手,慢慢展娜的手温热起来,眼神脸色也渐渐舒缓。这时候张汉云给她倒了杯温水,让她盖上毛毯休息,让旁边的安全员王大庆看护她,降落前还拿来为她准备的午餐。话语间,展娜慢慢地露出笑容,说自己已经不那么紧张了,旅途当中也没有特殊情况发生。

6月12日,展娜从北京落地乌鲁木齐后,她第一时间做好了锦旗来找张汉云乘务长,激动地说道:"正是您温暖的双手,才抹去了我那么多年的恐惧,从北京回来,我感觉好多了,我以后也能正常坐飞机出行了,谢谢您温暖了我的旅程。"

"要动真情、用真心,真正把旅客当成亲人和家人,为他们提供人性化、周到细致的服务,以情动人,让旅客满意,真正体现真情服务的内涵,展现阳光南航的好形象。"张汉云说道。

(资料来源:杜媛轶.中国民航网.)

二、客我交往的技巧

(一)塑造良好的自身形象

良好的自身形象和大方的仪表是客我交往的基础。在民航服务的客我交往中,人们会比以往更注重服务人员的外表和风度。可以说,服务人员的形象如何,将直接影响与旅客关系的质量。与旅客交往的时候要注意:

(1)以诚为本,坦诚相待。
(2)衣着整洁大方,符合自己的身份和气质,可适当修饰或化妆。
(3)举止得体,谈吐文雅,不言过其实、不言不由衷。
(4)态度谦和,热情大方。切忌傲慢自大、蛮横无理、目中无人。
(5)在适当的时候,可以展示自己的才华和特长,但不可自我吹嘘、故意卖弄。
(6)乐于助人,当旅客需要帮助时,给予全力帮助。
(7)文明礼貌,谦虚谨慎,实事求是。

(二)学会赞美

与旅客交流要学会使用赞美性的语言。赞美的实质是对他人的赏识、激励。一个笑容可掬、善于发掘别人优点并给予赞美的人,肯定会受到别人的尊敬和喜爱。现实生活中每个人都希望得到尊重和承认,他人的赞美正是对这种需要的满足。所以恰到好处的赞美能和谐人际关系,给旅客带来美好的心境。赞美需要艺术,充分地、善意地看到旅客的长处,因人、因时、因场合适当地赞美,不管是直率、朴实,还是含蓄、高雅,都会收到很好的效果。但赞美也不能滥用,赞美是一种诚恳的、自然的情感流露,要真诚,不可虚情假意。人们喜欢得到赞扬,但只喜欢合乎事实的赞扬,对不真实的赞扬则会心生反感。

(三)学会倾听

倾听是对旅客尊重的表现,是交谈成功的要诀。服务人员要养成良好的倾听习惯,倾听的要领是,首先要耐心听旅客讲话,态度谦虚,目光应注视旅客;其次要善于通过体态语言及语言的其他方式给予必要的反馈,做一个积极的"倾听者";再次就是不要随便打断旅客的讲话,更不要中间自己插进来大讲特讲,在旅客讲话的时候,我们可以适当地提出一些问题,通过提问向旅客传递一个信息,表达你是在仔细地听他说话;最后倾听的时候要能听出旅客的言外之意,一个聪明的倾听者,不能仅仅满足于表层的倾听,而要从说话者的言语中听出话中之话,从而把握说话者的真实意图。只有这样,才能更好地交流、沟通。

(四)学会尊重

尊重,包括自尊和尊重他人。自尊,是指自重自爱,维护自己的人格;尊重他人,则指重视他人的人格、习惯与价值,承认客我交往双方的平等地位。在客我交往中,只有首先尊重旅客,才能得到旅客对你的尊重。尊重他人可以体现在许多方面,下面以谈话为例来说明如何做到尊重:

与旅客谈话时,应注意倾听,不要看书看报,不要东张西望,应避免哈欠连天,也不要做一些不必要的小动作,如剪指甲、弄衣角、手指敲打桌面等。这些动作显得不礼貌。在交流时,应该与旅客有目光交流,适当地点头或做一些手势,或发出"哦""嗯"声等,表示自己在注意倾听,以引起旅客继续谈话的兴趣。

要尽量让对方把话说完,不要轻易打断旅客或抢接旅客的话题,扰乱旅客的思路。必要插话时,可委婉地说:"请允许我打断一下。""请等等,让我插一句。"这样可避免旅客产生你对他轻视等不必要的误解。

在交谈时,不要自己一味滔滔不绝地说个没完,要给旅客讲话的机会。否则,会显得自高自大,蔑视他人。

在倾听旅客谈话时不要过于严肃,应给予旅客情绪的变化以积极的回应。否则,旅客会感到你冷漠,没有情绪说下去。

(五)真诚待客

在民航服务工作中,服务人员对待旅客要以诚相待,不要过于世故。"诚"是客我交往的根本,交往能做到一个"诚"字,必能赢得真诚的回报。反之,世故圆滑,尔虞我诈,永远也不可能得到对方的真诚相待。

首都机场地服公司推出"共享雨伞"服务

近日,首都机场地区雷雨天气频繁。突发的雷雨天气,给未携带雨具的进港旅客带来诸多不便。

为解决雨季进港旅客困扰,首都机场地服公司(BGS)行查党支部的全体党员自发为旅客准备了雨具,在T2、T3航站楼分别建立了旅客"共享雨伞角",为行李不正常的进港旅客提供雷雨天的"额外服务"。

8月8日,北京再次迎来特大暴雨,旅客董先生乘坐荷兰航空公司航班抵达北京。由于雨势较大且没有携带雨具,董先生正在为如何离开机场而一筹莫展。行李员工王慧在处理完董先生的不正常行李操作后,立即将一把"共享雨伞"交到了董先生手里。在得知这是岗位上的党员们自发提供的雨伞时,董先生非常意外和惊喜,并表示:自己经常出差,走过全世界这么多机场,有如此"高规格待遇"还是头一次遇到,为首都机场的行李查询服务点赞!

一把及时的"共享雨伞",温暖了旅客的归乡路;一把及时的"共享雨伞",体现了支部党员的先进性。首都机场地服公司本着真情服务理念,从小事做起,为旅客着想,方便旅客,从细节之处彰显国门地服的真情服务!

(资料来源:王秀娟.中国民航网)

(六)热情有度

所谓热情有度,主要是指服务人员在为旅客热情服务时,务必要重点把握好热情的具体分寸。热情总比冷漠好,主动服务总比被动服务好,这自不待言。然而,什么事情都有一个度,凡事物极必反,如若热情过度,同样达不到预期效果。服务不够热情,通常会怠慢旅客;服务热情得过了头,亦会有碍于旅客。此处所说热情的具体分寸,即为热情有度中的"度"。在服务过程中主要是指服务人员在向旅客提供服务时,不只是要积极、主动,更要切忌因此而干扰了对方,从而使旅客在享受服务的过程中心安理得,不受过度礼遇的烦扰。

三、客我交往的注意事项

(一)不卑不亢,心态平和

不卑,就是不显得低贱,不亢,就是不显得高傲。就是说在旅客面前,服务人员永远要保持平和的心态。

现代的社会生活是丰富多彩的,在不同的时间和空间里,人们所扮演的角色在不断转变,服务与被服务的角色也会因时间与空间的不同而变化。因此,作为服务人员必须有正确、平和的心态,既不要在为旅客服务时感觉低人一等,也不要在别人为你服务时傲慢无礼。

(二)不与旅客过分亲密

服务人员在进行服务时要注意公私有别。在服务工作中,出于礼貌或创造和谐气氛的需要,服务人员可以和旅客进行一些简单的交谈。但是,服务人员与旅客交谈要注意两点:第一是不能影响工作,第二是不能离题太远。

比如,服务人员与旅客交谈,本来是为了更好地干好服务工作,但结果却与旅客聊得眉飞色舞,别的旅客要求服务时,却没人应答,结果招致其他旅客的不满。这便与本来的目的大相径庭了。

有的服务人员与旅客交谈时天马行空,无所不谈,甚至讨论一些敏感的政治问题及耸人听闻的小道消息。还有的服务人员与旅客"一回生、二回熟",自从聊过一回之后,再见到该旅客时便称兄道弟,这都是要不得的。

(三)不过分烦琐,不过分殷勤

对于旅客提出的要求、托办的事项,服务人员只要轻轻地说一声"好的"或"明白了"即可,不要喋喋不休地重复,以免使旅客感到厌烦。否则这也是一种失礼的表现。

比如,某大宾馆的客房部有一个规定,只要是客人从外边回来,一下电梯服务台就要给客人递送汗巾。在夏季,特别是白天,这个办法是非常好的。但如果是在冬季,又是晚上,那就实在不必,因为没有汗可擦。而且晚上,客人回到房间,房间内有完善的卫生设施,很快就可以洗澡,还有什么必要用小汗巾呢?这就得灵活处理。

(四)一视同仁,区别对待

乘飞机的旅客,虽然他们的身份、地位、年龄、健康状况不一样,但都应当一视同仁地对待他们。有时服务人员以衣帽取人,这是非常不好的。不能对待有身份、衣着华丽的人很恭敬;而对身份低、衣着普通或寒酸的人就傲慢或看不起。这是不尊重旅客、没有礼貌的做法,应该摒弃。

还有的服务人员看见熟人来乘坐飞机,就很客气,甚至勾肩搭背,长时间地大声交谈;而对普通不熟悉的旅客则有些不尊重、不热情。这会给别的旅客带来不好的印象,认为你唯亲是尊。因此,服务人员若是遇见熟人来乘坐飞机,打个招呼也就可以了,完全没有必要坐下来与熟人聊个没完。这是你的工作时间,不是私人聚会,要分清场合。但是,对于某些旅客又必须给予适当的特殊照顾。比如老、弱、病、残、孕等旅客,乘机时最好上前搀扶。这样做,才能切实体现服务人员的礼貌修养。对于一般旅客,则可不必如此。

(五)表情适度,举止得体

1. 注意表情

在人际交往中,表情,通常亦被人们视为一种信息传播与交流的载体。服务人员在向旅客进行服务时,有必要对自己的表情自觉地进行适当的调控,以便更为准确、适度地向旅客表现自己的热情友好之意。

(1)在服务过程之中,服务人员要注意运用好自己的眼神。当旅客在自己面前出现时,下述五种眼神在禁止之列:一是盯着旅客,似乎提防旅客进行偷窃;二是打量旅客,似乎对旅客满怀好奇之心;三是斜视旅客,似乎对旅客不屑一顾,或是瞧不起旅客;四是窥探旅客,似乎是在疑神疑鬼,或者少见多怪;五是扫视旅客,即对旅客的某些部位反复注视,此举极易引起旅客的反感,尤其是在旅客身为异性时。

(2)在服务过程之中,服务人员还要注意把握好自己的笑容。虽说笑比哭好,但是笑也必须笑得得体,笑得是时候。只有在服务人员迎送旅客或为旅客直接服务时,适当的微笑才是可以被接受的。服务人员一人躲在旅客身后暗自发笑,几名服务人员在一起扎堆儿说说笑笑,服务人员在旅客出丑露怯时不住地偷笑,服务人员在一起议论笑话旅客,服务人员当众莫名其妙地狂笑不止等,均为不合时宜之举。

2. 注意举止

服务人员在为旅客提供服务时,一定要切记对自己的举止有所克制。下列三种情形有可能干扰旅客的举止,应当严禁。

(1)不卫生的举止。当着旅客的面,对自身进行诸如擤鼻涕、挖鼻孔、掏耳朵之类的卫生清理,或者随意用自己的手及其他不洁之物接触旅客所用之物,都属于不卫生的举止。

(2)不文明的举止。服务人员的某些不文明的举止,如当众脱鞋、更衣、提裤子、穿袜子,或是有可能使自己"春光外泄"的动作,对旅客难免会有所影响。

(3)不敬人的举止。对旅客指指点点,甚至拍打、触摸、拉扯、追逐、堵截对方,不仅有可能失敬于旅客,而且对于旅客也会形成一定程度的干扰,甚至会令旅客心怀不满,毛骨悚然。

本章小结

民航服务中的客我交往不同于一般的人际交往。客我交往的含义与性质,明确了客我交往的本质属性,有利于民航服务人员把握好与旅客交往的尺度;客我交往的心理效应有助于理解交往中的失误与偏差,帮助民航服务人员理性地处理好人际关系;客我交往的双胜原则和客我交往的技巧则直接影响着民航服务的质量。

(1) 客我交往的含义与特征是什么?
(2) 客我交往的心理效应包括哪些内容?
(3) 如何理解和有效运用客我交往的双胜原则?

记国航客舱服务部主任乘务长杨凤琴

无悔的青春

杨凤琴出生于 1961 年。19 岁那年,民航北京管理局面向社会公开招募乘务员,在面试、文化考试中她一路过关斩将,如愿当上了国航的空姐。从那一刻起,她立志把自己美好的青春和无限的热情,全部奉献给蓝天,奉献给国航的乘务事业!

由于勤奋努力、踏实好学,刚参加工作不到四年的杨凤琴就被委以重任,执行国家领导人的专机任务。她不负众望,以出色的工作表现,赢得了众多领导人以及专机机长、乘务长的一致认可。对工作无限的热情和超强的执行力成了她的金字招牌,在职业道路上,杨凤琴一路上走得顺风顺水,众望所归成为同批次中最先当上主任乘务长的人。

36 年弹指一挥间,杨主任对工作兢兢业业、热情不减。她在航班中爱组员、爱旅客,她说爱无须保留。她是二部"快乐同行"理念的践行者,"快乐工作,开心生活",唯有爱上飞行,才能"乐享飞行"。

上善若水,以柔克刚

杨主任的管理风格是教练式的——以理服人,以情动人。她严格而不严厉,纠正工作一定尊重本人。年轻的同志都爱跟她飞行,因为她总是平易近人、循循善诱,完全没有主任的架子,亲切得像家中的长辈。仁爱、包容、平静如水,虽不争,但谁与争锋。严格而充满温情的杨主任,对乘务工作的热爱可谓执着,她的认真劲儿在客舱部远近闻名——准备会踏踏实实开满 30 分钟,内容全部是实用干货;执行服务规范,六遍毛巾,一遍都不能少;36 年,坚持迎客穿着高跟鞋……杨主任是个不折不扣的"手册乘务员",她严格规范组员,更严格要求自己。也正因如此,在她的乘务职业生涯,安全没出过一丝纰漏,服务没得过一封有效投诉——36 年的坚守,36 年的平安平凡,成就了杨主任整个职业生涯"无瑕飞行"的不平凡!

忘不了那双明眸

眼睛是心灵之窗,杨凤琴主任生得一双明澈的眼眸,炯炯有神而灵气十足。经过多年乘务工作的历练,那双慧眼更是会识人、能读心,还能说话。

航班上,杨主任值班的时间,客舱里总是静悄悄的,从没听过呼叫铃响起的高低谐音。杨主任慢慢地巡舱,温柔的目光略过每位旅客——看书者,递杯热茶;看电影的,来点茶点,快用完了,再静静送上热毛巾;眼皮打架的,就把眼罩耳塞轻轻放在座椅扶手上……服务零打扰,一切悄无声息,却最是和谐自然。

三十余年的工作经验练就了杨主任敏锐的慧眼,察言观色、恰如其分的点拨,服务管理尽在微妙的不言中。

静静地来,悄悄地离开

不给组织添麻烦、干一行爱一行,这就是杨凤琴主任这代国航乘务人职业生涯的写照吧。居善地、心善渊、与善仁、言善信,这是杨主任的如水的人生哲学;爱国航、爱飞行、爱同事、爱旅客,杨主任用一生中最美的时光来诠释对职业的信仰。

静静地来,悄悄地走,时光无情无声无息,唯独抹不去杨主任那由心生的美丽。

(资料来源:中国民航网)

第五章 应急心理与服务

课前导读

旅客的应急心理往往是由旅行中所发生的突发事件所引发的。突发事件对旅客的身心都会造成不同程度的影响。了解民航突发事件的特点,把握旅客的心理表现,有助于做好民航服务工作。

教学目标

- 掌握突发事件的特点;
- 认识突发事件的种类;
- 学习有效处理突发事件的举措。

应急心理是指面对突发事件时的心理状态和心理变化以及心理表现。那么,何为突发事件呢?突发事件,是指突然发生的,可能造成或造成的严重的社会危害,必须采取应急措施来加以应对的自然灾害、社会治安事件、灾害事故以及公共事件等。本章所讲的突发事件,则是指在旅客的旅程中突然发生的、对旅程造成严重影响的事件。

突发事件不仅对旅客的旅程造成了一定甚至严重的影响,而且对民航服务也是一个严峻的考验。突发事件的处理情况,是考量民航服务水平的一个很重要的指标,也是影响民航客我关系、客我交往的一个重要因素。

第一节 突发事件的特点

民航中的突发事件主要包括飞机延误起飞或降落、售票行李运送出现问题、旅客机上发病、旅客间冲突、飞机上犯罪乃至劫机等。这些事件,反映了民航突发事件的特点。

一、突发性

突发事件是事物内在矛盾由量变到质变的飞跃过程,通常通过一定的契机诱发,而这个契机是偶然的,因此,突发事件发生的具体时间、实际规模、具体态势和影响深度,难以完全预测。

二、欲望性

除自然灾害导致的突发事件外,其他突发事件都有明显的目的性和欲望性,因为人们选择行为的目的通常是为了满足某种需要。自然灾害本身并无欲望性,但是在处理这类事件的过程中,人们的欲望性也是很明显的。

三、群体性

社会性突发事件多是由少数人操纵,通过宣传鼓动而把一些群众卷到事件中来;自然性突发事件,也往往危及多数群众的生命财产。

四、破坏性

不论什么性质和规模的突发事件,都会不同程度地给民航企业造成经济和形象上的破坏与损失。

印尼巴厘岛阿贡火山喷发致机场临时关闭

受印尼巴厘岛阿贡火山持续喷发影响,巴厘岛伍拉莱国际机场于6月29日凌晨3点至晚上7点临时关闭。中国驻印尼登巴萨总领馆提醒在巴厘岛中国公民保持高度警惕,注意自身安全,切勿前往火山周围区域活动。

巴厘岛阿贡火山自6月27日晚10点21分开始持续喷发,其火山灰高达2000多米,目前该火山处于第三级警戒级别(第四级为最高级别)。

巴厘岛伍拉莱国际机场发言人Yanus Suprayogi称,火山灰于29日早上影响机场。因此,伍拉莱国际机场于凌晨3点至晚上7点临时关闭,其后视火山灰影响程度再决定是否延长关闭时间。目前机场航空预警为橙色级别(红色为最高级别)。

据《雅加达邮报》29日报道,受火山爆发影响,28日至少有48个航班被取消,其中包括由马来西亚亚洲航空和澳大利亚JetStar航空运营的航班,影响约8000名乘客出行。

中国驻登巴萨总领馆提醒在巴厘岛中国公民保持高度警惕,注意自身安全,切勿前往火山周围区域活动,及时与所订机票的航空公司或旅行社保持联系,调整行程。遇紧急情况及时报警并第一时间与总领馆联系。

阿贡火山去年11月开始猛烈喷发,当时致巴厘岛伍拉莱国际机场持续关闭,多国发出旅游警示,严重影响和冲击了印尼的旅游业。

(资料来源:中国新闻网)

第二节 突发事件的种类

一、航班延误与取消

按照国际惯例,飞机关舱门后正负15分钟的时间差都属正点起飞。航班延误是指按照航班时刻表规定的时间推迟起飞;航班取消,是指由于种种原因,预定航班停飞。

航班延误和取消往往是由天气、航空管制、机械故障、航空公司、旅客等方面的因素引起的。

(一)天气原因

天气原因是造成航班延误的主要原因,"天气原因"简单的四个字,实际包含了很多种情况。如出发地机场天气状况不宜起飞;目的地机场天气状况不宜降落;飞行航路上气象状况不宜飞越等。

因天气原因造成航班延误的现象最为常见。飞机起降的机场一旦遇到雾、雪、雨、云和风等天气,跑道能见度低于一定标准时,航班便无法起降,严重时甚至还会关闭机场。有时飞机起飞时出发地机场天气晴朗,但由于经停地或目的地机场天气恶劣,也会造成航班延误。

（二）航空管制

民航飞机在空中就如同汽车在地面一样，是要受诸多因素的限制和影响的。民航飞机是在有限的空间、有限的时间和有限的条件下起飞、降落和飞行的。目前，部分繁忙机场空中交通处于超负荷运转，飞机离港往往在地面滑行甚至等待较长时间。

航空管制对一次航班飞行的影响主要是两方面的原因。

1. 流量控制

近年来，中国民航发展迅速，航班量急剧增加，而相应的地面设施、导航设备、服务保障方面却发展缓慢。航路结构不合理，无法适应高速发展的民航业。尤其是目前，我国为确保国防安全，对空域实行严格限制，空中禁区多。军方负责组织实施全国飞行管制工作，民航方面可调节的余地很小。近年来情况有所改善，部分航路也实现了雷达管制，有效缓解了空中塞机现象，但整体上进步不大。因空中交通管制造成的航班延误也十分常见。

2. 空军活动

军方活动涉及国防机密，往往来得突然，管制期间，相关民航的飞行都要受影响，未起飞的，在地面等待；在空中的，或返航或就近降落其他机场等待。遇到这种情况，只能等待，没有理由，没有预计时间，一切都是最高机密。管制时间少则半小时，多则3~4小时，一解除管制，空域往往又大量塞机，继续出现延误。

（三）机械故障

1. 机务原因

这里所说的"机务"，不是指航空公司的机务部门，而是专指机场机务保障部门。机场机务保障部门对于各航空公司的经停和往返航班负有过站检查、签字放行、排除故障、清除冰雪等各项保障工作。如果哪一个环节出现疏漏或者保障不及时，均可造成航班延误。

2. 安检原因

自从2001年美国发生"9·11"事件以来，世界各国民航的安检措施空前严格，安检任务越来越繁重，我国也不例外。与此相对应的，是安全检查细致入微，有的甚至要求脱鞋脱袜，民航局下发了《关于对旅客随身携带液态物品乘坐民航飞机加强管理的公告》，各地机场安检部门也都在认真执行，所以不可避免地造成安检速度缓慢，旅客在安检过程中排队等候时间延长。如果不能及时增加安检通道，增配安检人员，则可能在航班密度大、团体旅客众多时，旅客办完登机牌后，由于安检原因而迟迟难以登机，造成航班延误。

3. 商务原因

商务原因造成航班延误的现象较为少见，主要是指广播登机不及时、货物舱单和平衡图送达不及时等。

4. 场区环境

机场上空环境出现干扰因素也是造成航班延误的重要原因之一。如由于无线电通信干扰飞机正常运行、广告气球非法升空、机场周边居民放风筝、鸽子乱飞等。目前，因场区环境造成航班延误的情况呈上升趋势。

（四）旅客原因

造成航班延误的原因多种多样，有的属于不可抗拒的自然因素，但值得重视的是，一些人为因素已成为造成航班延误的"新的增长点"。据统计，因旅客原因导致的航班延误占不正常航班的3%，和因飞机故障造成的延误数量相差无几。

旅客晚到，在航班办理登机手续截止时间之后才赶到。为了方便旅客，机场、航空公司会尽量帮助这些晚到旅客顺利赶上预订航班，但这也势必造成该航班的延误。这些优质服务在某方面也助长了部分旅客习惯性晚到。提醒旅客注意的是，为了不影响整个航班运行计划，尤其是目前狠抓正点率，这些晚到旅客更多接受的是误机后被迫改乘后续航班的结果。

常见的因旅客原因导致航班延误的现象有以下几种：
(1) 不熟悉民航的登机程序；
(2) 证件不符或者携带违禁物品；
(3) 终止旅行后不通知民航有关部门；
(4) 法律意识淡薄，在飞机上谎报险情等。

通知上飞机时旅客不辞而别，严重影响航班运作，尤其是直达旅客在飞机经停机场走了。因为一旦发生旅客不辞而别或其他原因没有登机，为了保证登机旅客的安全，必须确认该旅客没有遗留任何物品在飞机上，对客舱、所有托运行李进行全面检查，这个工作的执行将很费时间。

一些常坐飞机的旅客，在通知登机后往往拖到飞机起飞的时间才登机。旅客认为办好手续后飞机一定会等他,在繁忙机场,一个航班早一分钟登机结束,机组就早一分钟向航空管制部门提出离港申请。这带来的将不仅仅是提前一分钟起飞,而有可能是十分钟甚至更多时间。

旅客办完乘机手续后到候机楼内购物、看书、打电话、用餐,不注意听登机广播导致机场方面不断广播找人,飞机不得不等待,最终也可能导致旅客误机无法成行。

国际中转航班在办理出入境手续时,由于旅客证件等问题耽误时间。海关边检等相关部门依规定进行严格的出入境检查是出于安全考虑。这些检查有时需要较长时间,影响到航班的正点。一旦发现旅客证件不合格,该旅客将无法继续登机,所托运行李等将被找出并卸下。若是过站旅客,无交运行李的具体清单,这个工作会更耗费时间。

其他,如旅客上了飞机突然要下飞机;旅客携带上飞机的行李过多;旅客突发疾病等,都会造成飞机延误。

二、旅客突然发病

由于种种原因,在候机厅或航班上有时会出现旅客突然发病的情况,往往会使服务人员措手不及,给服务工作带来很大的难度。

旅客突发癫痫　乘务员冷静急救

又是一年春运时,高峰时期出行常会遇到航班不正常的情况,客运环境又比平时拥挤嘈杂,加之旅客个人舟车劳顿的辛苦等因素,很多疾病会乘虚而入,此时出行的旅客更容易发生紧急情况,乘务员冷静负责的态度、训练有素的急救更加必不可少了。

春运伊始,东航由长春飞往上海浦东的MU5698航班平稳地飞行,在航班落地停稳后,旅客纷纷准备下机。突然,后舱乘务员程祥发现一名男性旅客浑身抽搐、口吐白沫,脸色青紫。乘务组首先疏导过道,乘务长迅速检查并判断该旅客有癫痫病症状。为防止其咬伤口唇和舌部,程祥迅速拿来小毛巾,折成筒形塞到他的牙齿之间,并备好氧气瓶以防病情恶化。乘务长一边广播找医生一边迅速将该旅客情况报告机长。

乘务员王洋向同行旅客询问患者病史,并寻找有无随身药物。乘务组不停地为他擦拭嘴边的污物和额头上的汗水。通过广播找来的医务人员也为其按摩虎口,掐手指。时间一分一秒地过去,旅客的脸色终于不再青紫……乘务组又端来了开水,让他充分放松下来,安静地休息。此时,机场的医疗队上飞机对旅客进行了详细的检查。30分钟过去了,旅客逐渐恢复了正常,在确认旅客病情无碍后,乘务组申请轮椅将该旅客送下了飞机。

同样惊险的一幕发生在1月23日国航由成都飞往南京的CA4505航班上。飞机在南京落地后,旅客们正有序地走下飞机,这时,坐在客舱后部的一位青年男子突然大声地呼叫起来:"乘务员!快过来看看我的爱人,救救她!"

听到呼叫声的后舱乘务长张虹火速赶到这位旅客的座位旁,只见一位年轻女子呼吸急促、满头大汗、全身抽搐地倒在男子的怀中。张虹马上吩咐乘务员薛鑫拿来氧气瓶给病人吸氧,并立即报告给乘务长。接到报告后,乘务长向机长说明情况并请求呼叫地面医生上机进行急救。由于客舱通道里旅客们正在排队下机,乘务长一时无法前往后舱,但凭着丰富的经验,她判断该女子可能是癫痫发作,情急之下拿起话筒,指挥后舱乘务员对旅客进行紧急施救。

乘务员曹海燕、宋婉琳立即按压患病旅客的人中穴和合谷穴。病人刚才还抽搐蜷缩在一起的双手慢慢地伸直了,双眼也慢慢地睁开了。这时叶薇又送来了白糖水和热毛巾,一口一口给病人喂着。她们一边轻声安慰着病人,一边帮她擦去满头的大汗……

20分钟过去了,病人的脸色渐渐红润起来,还可以开口说话了。她的丈夫见乘务员忙得个个满头大汗时,激动地对乘务组说:"感谢你们为我爱人做的一切,我们会永远铭记在心!"

(资料来源:夏雪、王洋.《中国民航报》)

三、旅客的过激行为

旅客的过激行为,是指某些旅客由于情绪失控或修养较差,在言行上表现出的冲动行为。

旅客因飞机延误行为过激被拘留

2008年7月20日,雷雨天气让成都双流国际机场的航班发生了大面积的延误和备降。滞留机场的数千名旅客大多对此表示理解和配合,不过也有少数旅客情绪激动,做出了堵塞安检口、冲击登机口等过激行为。其中,两名旅客为此付出了代价,分别被处以200元罚款和拘留8天。

因雷雨滞留　堵塞9个安检口

机场的监控录像显示,21日清晨5点40分,一群旅客来到双流机场安检通道,堵在通道口。人越站越多,不一会儿,9个安检口就被堵得严严实实。不少手持机票准备登机的旅客被围在外面无法进入。在工作人员专用安检通道,一名白衣长发女乘客激动地指着工作人员大声叫嚷。

冲击登机口　女子被拘8天

在早晨8点多的另一段监控录像中,这批旅客出现在B6号登机口。开始,旅客们围在一起,和登机口的工作人员争论,试图直接冲过安检口登上停在该登机口的一架东航飞机。受到阻止后,旅客情绪开始激动,一名红衣男子举起隔离桩砸向玻璃门。

来到派出所后,这两名旅客立马安静了许多,并对自己的行为认错。因为扰乱公共秩序,公安机关对这名白衣女子处以拘留8天,并对红衣男子罚款200元。

（资料来源:《华西都市报》）

一乘客编造虚假恐怖信息延误航班被起诉

近日,记者从广东省深圳市宝安区人民检察院获悉,该院对一起谎报航班炸弹案提起公诉,对被告人赵某某以编造虚假恐怖信息罪起诉至深圳市宝安区人民法院。

据了解,订好深圳飞往郑州PN6312航班的乘客赵某某在和朋友喝酒娱乐后,匆忙赶往深圳宝安国际机场,此时赵某某已经错过登机截止时间,登机心切的赵某某情绪激动,强烈要求值机人员为其办理登机手续,在其无理要求遭到拒绝后,赵某某便在机场大闹,并阻止值机人员为其他乘客办理其他航班的登机手续,与机场工作人员僵持20余分钟后,赵某某愤愤离开。

怒火难消的赵某某瞬间产生对机场采取更为强劲的报复计划。当天,赵某某拨打110报警电话,谎称"从深圳飞往郑州的航班上有炸弹,航班号是PN6312"。公安机关接到航班有炸弹的警情,丝毫不敢懈怠,立即启动紧急预案,向航空部门通报警情,已经起飞一段时间的PN6312航班接到地面警情通报后,折返备降广州白云国际机场并紧急疏散乘客,广州机场公安立即启动排爆检查。

消防、医疗、地勤等众多部门赶往广州白云国际机场紧急待命,经过两个小时的严密排爆检查,确定 PN6312 航班无任何异常后,广州机场组织乘客乘坐航班再次启航飞往郑州。经航空公司测算,赵某某的谎报航班炸弹行为造成航空公司直接经济损失高达人民币 27 万余元。

经查,公安机关确定赵某某的谎报航班炸弹行为后立即对赵某某实施抓捕。归案后的赵某某虽然如实供述自己的犯罪行为,认识到自己的行为对公共秩序产生的严重影响,请求司法机关从轻处罚,但其仍将面临触犯法律带来的严厉惩罚。

(资料来源:法制日报-法制网)

四、行李晚到、丢失、损坏等

根据 2012 年民航局对旅客投诉案件的统计,旅客对行李运输和赔偿的不满意投诉已上升为航班延误等七大投诉原因的前三位。其中,对民航行李运输服务工作不满意的占有很大比例,对行李赔偿额不满意的占少部分,反映出旅客的投诉主要是针对承运人的服务,而行李运输的服务热点问题,主要有以下几点:

(1)对易碎易腐物品交运时的处置不能接受,不理解承运人的规定。

(2)对行李交运时重量的要求和贵重物品行李运输规定执行不严格。

(3)在登机口对大件行李的处理难以接受,直接影响到出现事故后的赔偿问题。

(4)对行李受损后的赔偿额不满意等。

其实,承运人对行李运输的各项规定应该是比较齐全的,但是因为执行程度打了折扣而令旅客难以接受。因此,给旅客带来的疑惑和不满,导致了旅客的大量投诉。

行李耽误谁负责

王姓旅客乘坐飞机去国外学习,需托运行李两件,飞机到达目的地后只提取到一件行李,于是与机场工作人员联系,机场工作人员让旅客填写遗失行李表和行李号码。事后,该旅客在乘坐的航空公司的网站旅客投诉一栏中发过两次信件寻找行李均无音信,旅客又多次与航空公司数个部门联系,在时隔25天后航空公司回话"行李在公司设在目的地机场的仓库内。行李上的托运牌没有了,所以无法运送出去。行李牌没有了,可能是当天下雨的原因"。旅客提出把行李送达家中,两天过去了,旅客再次和航空公司办事处联系被航空公司拒绝。航空公司的理由是"行李运到目的地机场就是机场代理的事了"。旅客不理解的是,一件漏运的行李在旅客与航空公司联系过程中,国内国外工作人员没有一人主动和其联系,旅客和航空公司联系时工作人员态度不好,旅客在这二十多天内行李到不了损失谁赔、长途电话费由谁来承担!

(资料来源:《中国民航报》)

2004年王小姐乘某航班在美国洛杉矶转CA某航班到北京,交运的两件行李一件延误运输,另一件到北京提取时发现行李内的摄像机等物品丢失。

与延误和丢失不一样,行李内装部分物品丢失,容易引起旅客更大的不满和愤怒。如果行李上明显有人为的痕迹,工作人员应在给旅客填写事故记录单时,提醒旅客到当地机场派出所报案。同时向旅客说明由于航空运输的特点,财物丢失在民航运输的起点站、经停站和目的站都有可能发生,以期得到旅客的谅解。当旅客问到如何赔偿时,可以婉转地告诉旅客,原则上也是按照机票上的规定办理。如果旅客丢失的是贵重物品、有价证券、重要文件等,虽然民航局制定的客规中是"承运人不承担责任",但是按照《民航法》第129条规定仍须按照一般行李承担责任。

五、售票差错、退票、超售等

由于服务意识、态度等因素,在售票环节也会出现很多问题,引起旅客的不满与投诉。2015年12月售票差错、退票、超售问题引起的投诉共79件,占对航空公司总投诉的41.76%。主要是因为售票时没有清楚告知旅客购票的注意事项、折扣票相应的运输限制条件及退票规定,造成旅客退票时对收取的费用不理解而引起的投诉。消费者对销售代理人的投诉47件,占总投诉率的12.11%。主要问题,一是销售代理人不按规定要求售票,造成旅客重新购票、不能按时成行;二是当航班变更时,不能将有关信息及时通知到旅客,引起消费者投诉。另外,还有部分投诉是由于消费者在没有民航管理部门正式批准的黑代理点购票,服务不规范、不标准引起的旅客投诉。

据某航空旅行网总经理介绍,其实有些问题的发生归根到底是由于机票销售市场的"信息不对称"及信息传递延迟造成的。一般来讲,传统的"电话问询"

及"柜台式"机票销售服务中,代理人使用专业销售终端,顾客根本没有机会了解航班舱位及各舱位的退改签规定等具体情况,给消费者带来极大的不便,同时也影响了机票代理公司乃至航空公司的信誉。

美联航超售机票 暴力强拖亚裔乘客下机

当地时间2017年4月9号(周日)晚,从芝加哥飞往路易斯维尔的美国联合航空公司(United Airlines)航班因自身失误超载售票,要求机上4名乘客下机,把座位让给急需搭乘这班飞机的美联航雇员,并且承诺给自愿换成次日下午航班的旅客补偿800美元,机上并无志愿者响应。

美联航单方面决定采取抽签的方式选取4位乘客,强制性要求该4位乘客改签。在这4位乘客之中,一位亚裔男子表明自己是一位医生,明天一早预约了为病人看病,因此无法改签,拒绝下机。

美联航调动三名保安,以暴力手段,强制将该男子拖行离机,从网络上流传的各角度视频中可见该男子眼镜歪斜、嘴角带有大量血迹,在被保安拖行时已无力反抗,似已失去意识。

同机乘客纷纷表示愤怒,有些人拿出手机拍摄视频,并上传到社交网络上,引发了网友的强烈谴责。令人心寒的是,美联航官方对这段视频做出的声明只简短地表达了对超售一事的歉意,却只字不提被暴力以待的亚裔乘客。许多网友表示今后不会再乘坐美联航的航班,并谴责美联航不负责任的态度。

当地时间4月10号下午,美联航CEO公开发表致歉声明,表示"美联航正在配合当局调查该事情,并与该亚裔医生取得联系,会进一步解决该问题。"

(资料来源:人民网-美国频道)

六、旅客人身损害

我国《民航法》第一百二十四条规定:"因发生在民用航空器上或者在旅客上、下民用航空器过程中的事件,造成旅客人身伤亡的,承运人应当承担责任;但是,旅客的人身伤亡完全是由于旅客本人的健康状况造成的,承运人不承担责任。"在本条中,承运人的责任期间是"在民用航空器上或者在旅客上、下民用航空器过程中"。承运人仅对因发生在该期间的事件所造成的旅客人身伤亡承担责任;发生在该期间以外的事件所造成的旅客人身伤亡,承运人不承担责任。

印度一航班忘增压　30名乘客耳鼻流血

当地时间2018年9月20号,私营"印度捷特航空公司"、也被译为"印度捷达航空公司"的一架航班从孟买起飞后不久便途中返航——原因居然是因为机组人员"忘记给客舱增压",导致客舱内气压异常,大约30名乘客的耳朵、鼻子流血。

据印度媒体援引印度民航总局的消息报道说,这架波音737型客机从孟买起飞,目的地是北部城市斋浦尔。飞机爬升阶段,机组人员忘记打开客舱增压系统,氧气面罩落下。166名乘客中有大约30人耳朵、鼻子流血,还有乘客反映头疼。

飞机随后停止爬升,返航孟买。

(资料来源:央视网)

七、飞机上的违法或犯罪行为

《中华人民共和国民用航空法》第一百零一条规定:"禁止旅客携带危险品乘坐民用航空器。除因执行公务并按照国家规定经过批准外,禁止旅客携带枪支、管制刀具乘坐民用航空器。禁止违反国务院民用航空主管部门的规定将危险品作为行李托运。"

《中华人民共和国民用航空安全保卫条例》对乘坐航空器禁止随身携带或托运的物品做了进一步说明。这些禁携、禁运品是:枪支、弹药、军械、警械;管制刀具;易燃、易爆、有毒、腐蚀性、放射性物品;国家规定的其他禁运物品。

飞机是一种特殊的载体,在远离地面的高空,稍有不慎,就会造成机毁人亡的后果。民航各项法规中对于禁止随身携带或交运物品的规定,就是为了防患于未然。

在现代社会,随着经济交往的日益频繁和活跃,搭乘民航飞机越来越成为人们外出旅行的重要途径。但在飞机上存在着以下几种违法或犯罪行为:

(1)在飞机上盗窃。中国民航飞机以其优质、高效、安全的服务,在过去几十年中一直有着良好的口碑和形象。正是因为这样,大部分乘客上机后往往放松警惕,认为是进了"保险箱"而疏于对自己随身行李物品的管理,少数不法分子利用乘客的这种心理而在飞机上对乘客的财物实施犯罪行为。近年来,在民航飞机上多次发生盗窃案,严重危害了乘客的财产安全,危及了空防安全。

山航空保:"调包计"在飞机上不好使

2017年2月春运期间,山东航空空保刘晋铭执行天津-珠海航班,在执勤中偶然的细节让他发现了疑似"调包计"的盗窃者。

当天,飞机在珠海落地停稳后,刘晋铭像往常一样站在过道拦截旅客。在帮3F白金卡旅客拿箱子时,他发现三排ABC行李架有两个几乎一模一样的箱子,却不属于同一旅客,这引起了他的警觉。此时,3D金卡旅客正在忙于打电话,似乎是联系晚上到澳门的住宿。正逢春运高峰,支队近期反复强调机上防盗窃,他回忆起起飞前曾听到金卡旅客打电话联系朋友,说晚上要去澳门参加活动,当时判断可能携带大量现金或贵重物品,所以便格外留意。

这时从客舱后部走来一名男士,眼神似乎有些飘忽,眼睛始终没有看行李箱,可伸手便往下拿箱子,而且正是那两个特别相似的行李箱。这一切的不寻常引起了刘晋铭的警觉,他感觉到事情可能有点不对劲,便急中生智,趁帮其他旅客拿箱子之便,挡住了身后的可疑男士,顺便喊了身前金卡旅客一声:"先生,您还有随身行李吗?"金卡旅客转过身,看了一眼行李架,突然表情有些紧张,立即跟之前拿箱子的可疑男子说:"哎,小伙子,你拉的箱子是我的,你是不是拿错了?"可疑男子也未加分辨,对金卡旅客回道"不好意思",看也不看就直接把箱子还回去了。因为物品没有丢失,金卡旅客也没有其他要求,便正常下客。刘晋铭并没有因为旅客的不追究而失去警觉,反而在机门外认真地监控旅客下机。在发现那名可疑男子出舱门时仔细地进行了观察,并查看了其登机牌,记录下了其信息,以防有其他旅客丢失物品,方便后续的调查。

下客完毕后,刘晋铭及时将信息上报中队,并针对此类情况对其他队员做出提醒。他上报的情况也引起了空保支队的重视,分析认为这很可能是一次"调包计"。各中队也针对他遇到的情况进行案例研讨,供队员学习。

(资料来源:中国民航网)

(2)在机舱内强占座位、强占行李、吸烟,在飞行关键阶段使用电子产品,都属于民用航空安全保卫条例明令禁止的行为。

(3)劫机。随着飞机日益普遍地成为人们跨国旅行的主要交通工具,它也逐渐被恐怖分子和激进分子盯上,成为其企图实施大规模袭击的非常规手段。

马航一客机旅客持充电宝当爆炸物欲劫机

据澳媒报道,2017年6月1日,马来西亚航空MH128航班起飞后,一名乘客声称携带爆炸物,试图闯进驾驶舱,被机组和其他乘客制服,飞机安全返回,过程中无人受伤。

MH128航班是一架空客330客机。据报道,飞机原计划从墨尔本飞往吉隆坡。目前墨尔本国际机场暂时关闭,出港航班暂停起飞,进港航班全部转至距墨尔本不远的另一个机场阿瓦隆机场。

但后续消息显示,这名斯里兰卡籍旅客手持的所谓"爆炸物"实际上只是一个充电宝。

(资料来源:中央电视台)

(4)随身携带危险物品。有些乘客不顾他人安全,知法犯法,随身携带枪支、弹药、军械、警械;管制刀具;易燃、易爆、有毒、腐蚀性、放射性等物品。

三亚凤凰机场查获棉签式火柴

5月27日21时,三亚凤凰国际机场(以下简称"三亚机场")安检员在一名旅客的托运行李中查获一瓶棉签式火柴。

据悉,该旅客在办理行李托运手续时,安检员透过X光机成像发现其托运行李中玻璃瓶的内装物成像可疑,经仔细辨别,初步判定瓶内物品为隐蔽性极强的火柴,遂要求旅客配合进行开包检查。经开包检查,安检员确认此物品为火柴,外观与普通棉签基本一致,却可作为火种使用。按照民航局相关规定,该物品不得随身携带或托运,旅客在获悉此情况后选择将物品自弃后顺利登机。

在乘坐民航班机时,旅客严禁随身携带或托运任何火种,如火柴、电子点烟器、金属打火机等。三亚机场提醒广大乘机旅客,严禁随身携带或托运违禁物品,以免耽误行程。

(资料来源:谢漪.中国民航网)

第三节　突发事件的积极应对

民航服务人员应对民航服务过程中的突发事件造成的投诉案例进行分析、总结,如航班延误、取消后旅客投诉,售票差错引起旅客投诉,飞机上的事件引起旅客投诉,货运业务引起旅客投诉等,了解不同类型的突发事件应当如何处理,以及适用什么样的法律法规,以妥善化解与旅客之间的矛盾,取得旅客的理解和谅解。此外,有关业务部门也应该汲取相关的经验和教训,要了解在现场应当如何妥善与旅客沟通,让矛盾化解在萌芽状态,避免将旅客与服务人员之间的矛盾激化到投诉的程度。

在处理类似的突发事件时,要做到一方面根据民航及公司的相关规定,尽量及时满足旅客的合理合法要求,让旅客满意,另一方面,对于违反国家法律法规的行为,如罢机、拒绝登机等,应及时按规定处理,以避免影响其他旅客的利益。总之,一切工作要以为旅客提供更优质的服务为出发点。

一、突发事件后旅客心理行为反应

民航服务的对象是旅客,他们是检验民航服务质量好坏、高低的裁判员。在实际工作中,民航服务人员应该充分认识民航服务中突发事件的出现,造成民航旅客的不满意,既有航空公司本身的客观原因,也有服务人员的主观原因。不管是客观原因还是主观原因,归根到底在于一点,即我们没能很好地满足旅客的需要。旅客的个人利益客观上受到损害或得不到满足,就会对民航的服务质量不满意。

对民航服务中出现的突发事件,如果服务人员不能妥善化解,取得旅客的理解和谅解,就必然会引起旅客的投诉,从而影响到民航的形象。

我们讲"顾客是上帝",就是要用我们的优质服务来让旅客满意。民航服务过程中突发事件的出现,客观地讲,更多的是由于我们的服务质量存在问题造成的。例如,机上某位旅客要喝可乐,可是这时恰恰可乐没有了。有的乘务人员就简单地说没有可乐了,你改喝别的吧,但这位旅客却非可乐不喝,乘务人员也不客气:"你爱喝就喝,可乐就是没有了。"于是双方发生争吵。这是乘务人员不注意语言修养冲撞旅客的最典型的情况,冲突就这样产生了。旅客认为,这不是有没有可乐喝的问题,而认为这名服务人员的服务态度怎么这样差,进而促使他认为航空公司的服务质量不好。据国外一个调查统计数据反映,每个投诉者代表着现实中的326名不满意者。

对于绝大多数旅客来说,选择乘飞机出行,图的是安全、快捷和舒适。但若碰上航班延误及其他意外事件,这种愿望无疑会大打折扣,甚至让人感到沮丧和愤怒。此时,延误的信息再无从得知或者时间一推再推,不清楚延误到何时,各种不愉快事件不能有效地解决,旅客当然会无法接受,情绪会大受影响,容易出现过激行为。在突发事件影响下,旅客一般会处于以下几种状态:

(一)抱怨

突发事件发生后,如果不能及时解决,达到旅客的满意度,旅客就会对航空公司的服务产生抱怨,并把这种抱怨传播开去,造成对航空公司不利的影响。

乘客飞机上病倒无人抬　乘客忍痛自己爬下飞机

2015年11月,一篇题为《生死间,一个记者有话想对你们说》的文章在网上热传。文章的作者张先生是文中的主人公,在11月初乘坐×航航班时,突发肠梗阻。在航班着陆后,航空公司工作人员和机场医院的急救人员的处理,让人寒心。

飞机降落后,舱门却迟迟未开。50分钟后,机舱门打开,航空公司与救护车上的医护人员却为谁来抬张先生下飞机发生争执,无奈下张先生自己半蹲半爬走下旋梯,爬到了救护车的担架上。最终,张先生被确诊为腹内疝,因"未及时确诊"被切除了0.8米的小肠。

张先生告诉记者,在他住院期间,×航方面约见了他,向他表达歉意,并表示已经启动调查程序;机场医院的工作人员也联系到他,表示要看望一下他,但被他婉拒。张先生告记者,他不需要各方的慰问和道歉,他只想了解,一个正常的转运衔接流程是怎样的,以后再有人遇到这样的情况,会如何解决?

(资料来源:知音网)

上述文章在报纸、网络上广为流传,大家在对患病旅客表示深切同情的同时,也会对涉及的相关航空公司以及机场、人员等给予强烈指责,对他们的服务能力、服务质量提出质疑。这无疑极大地损害了他们的社会形象和服务的信誉。

(二)焦虑

焦虑,是指个体在担忧自己不能达到目标或不能克服障碍而感到自尊心受到持续威胁时形成的一种紧张不安、带有惧怕色彩的情绪状态。由于出现突发事件,旅客的行程、计划受到影响,他们往往比较紧张、担忧,言行方面容易出现比较过激的现象。

(三)愤怒

在突发事件情况下,如果航空公司处理问题不当,很容易使旅客产生愤怒的情绪。当然,有些时候,航空公司方面没有过错,也有个别旅客会感到很愤怒而难以控制自己。这时就需要对旅客加以安抚与劝慰,不要将事态扩大。

仨女乘客因航班延误大闹桃仙机场

"我们要回家……我们要回杭州……我们要机场给说法……"2017年8月8日,沈阳桃仙国际机场29号登机口附近聚集了大量滞留旅客。

因受流量管控、雷雨天气等因素影响,沈阳桃仙国际机场出现了大面积航班延误现象。原计划于8月7日晚10时由沈阳飞往杭州的航班,因流量管制延误5小时后取消,首都航空公司将预乘该航班的100多名旅客安置到宾馆休息。

第二天6时许,上述旅客被载回沈阳桃仙国际机场,但因流量管控一直滞留在29号登机口附近休息处。11时许,滞留旅客情绪失控,一面高喊"我们要回家",一面向安检通道处聚集。

辽宁省公安厅机场公安局沈阳机场分局航站楼派出所立即调动大批警力到现场维持秩序。在公安民警的劝导下,多数旅客保持了理性与克制,停止了过激行为,但仍有部分旅客情绪激动,继续冲击安检工作人员组成的人墙,扰乱安检现场秩序,造成6号、7号、8号安检通道堵塞,近百名排队等候安检的旅客受到影响。现场民警通过喊话告知现场旅客应通过合法方式进行维权,对不听劝阻继续扰乱机场秩序的带头人员进行口头警告,责令其立即停止违法行为,离开安检通道口,对拒不听从警告执意封堵安检通道扰乱机场秩序的三名旅客,采取了强制带离措施。对其中两名女乘客予以行政拘留10日的处罚,对违法情节较轻的另一名女乘客,予以行政警告。

(资料来源:辽沈晚报)

二、突发事件的处理原则

突发事件发生时或已经发生之后,作为具体的服务人员或服务部门,应在坚持"顾客是上帝""顾客总是有理"的前提下,坚持以下原则,正确处理。

(一)热情接待

旅客来投诉,特别是有些旅客本身是带着满腹牢骚来的,说话也就很不客气,有的甚至还气势汹汹。碰到这些情况时,服务人员千万不能不理不睬,甚至恶言相加,更不可火上浇油,使事态向严重的方向发展。总之,不要让旅客感觉到无人理睬,得不到尊重。

像航班延误或取消时,旅客也知道不是航空公司故意造成的,他去投诉,很多情况是受不了那种不在乎他的态度。对待投诉者,我们不能有任何怠慢,应该热情接待。

(二)耐心倾听

耐心倾听旅客叙述事件发生的过程,别打断他的话。也许他的陈述很奇怪,也许十分荒唐,甚至就是无理取闹,但是必须让他把怨气全部发泄出来。这一点是服务人员必须掌握的一个原则,航班的延误或取消,有时确实是客观原因造成的,现实中不少服务人员觉得旅客找自己发牢骚,将怨气发泄到自己身上,实在是冤枉了自己。但我们要知道,一旦旅客讲完所有积蓄在心头的话,他的焦虑情绪就得到了舒展,事件就平息了一半。

(三)冷静处理,不急于自我辩解

面对旅客的牢骚、抱怨甚至过激行为,服务人员首先应命令自己冷静,不要急于自我辩解,任何辩解都会进一步激发旅客的不稳定情绪,与旅客争吵更是要不得的。

(四)要表示歉意

即使是旅客错了,仍要表示歉意;如果是服务人员有过错,更要表示歉意。歉意不能仅仅停留在语言上,更应体现在行动上。如有可能,应由具体的服务人员亲自负责赔偿、致歉。

(五)让旅客投诉有门

在必要时,应向投诉者介绍有关投诉接待人员的姓名、职务,投诉方法等,避免事态的扩大化。

(六)讲诚信,守诺言

确实保证兑现对旅客的承诺。沉默或回避旅客提出的要求只会导致旅客更加不满意。

(七)站在旅客的角度看问题

在处理冲突的全过程中,应设身处地替旅客着想,切不可站在自己的立场,用自己的价值观念看待问题。

首个加班航班:去程只有4名旅客也要飞

"飞燕"是日本57年来遭遇的最强台风,也是本世纪日本遇到的首个超强台风。2018年9月4日,台风吹动船只撞坏了连接关西机场与大阪市区的桥梁,导致机场被迫长时间关闭。9月6日,北海道大地震造成札幌机场关闭。此时,为了接回受影响的旅客,东航加开了上海浦东至名古屋的航班。由于此时不少赴日旅客已纷纷取消或延后行程,加开航班对于东航来说意味着很大的经济损失。但作为民航央企,东航决定承受损失,承担社会责任,尽快接回受困同胞。

作为首个加班航班的乘务长,飞了多年的周莹对9月7日去程空荡荡的客舱印象深刻:"整个飞机上只有4名旅客,这在我的飞行生涯中实属少见。"在第一个加班航班的去程,乘务组已经开始为回程做好准备。有着多次执行救援任务经验的××叮嘱团队成员,在迎客时,一定要记得安抚旅客,帮助他们平复焦灼的心情;飞行途中估计会出现颠簸,务必提醒旅客系好安全带,对老人、孩子、孕妇等特殊旅客更要特别照顾。

在名古屋的回程段快要截载时,机组接到来自地面工作人员的电话:由于回国人数较多,还要等待一些旅客,希望可以延时关闭舱门。乘务组在与机长沟通后,决定给予支持,延后关闭舱门,让更多的同胞赶上航班。当天15时16分,该航班带着178名旅客,顺利回到上海浦东机场。

(资料来源:《中国民航报》)

三、突发事件的应对措施

突发事件的发生,对于旅客、航空公司都是非常痛苦的事。没有一家航空公司愿意航班延误,没有一家航空公司在延误后不努力想办法补救,没有一家航空公司不希望延误的时间越短越好。可是,没有一家航空公司敢说他的航班保证不延误。我们绝不奢求航班正点率100%,旅客乘飞机是为了快速到达目的地,出现延误,赔钱绝对不是解决问题的好办法,将晚点和赔钱挂钩只会带来很多副作用,建立科学合理的应对机制才是根本之路。

(一)信息及时透明,保证旅客的知情权

据调查,85%的旅客不清楚航班延误的原因,58%的旅客没有得到任何有关何时起飞的信息。也就是说,大部分旅客认为航空公司不尊重他们。虽然说航班延误是突发事件,但旅客有知情权。各航空公司应一改过去"天气原因""机械原因"等说法,更应一改那种"不知道。""你问我,我问谁?"的推诿做法,而是使信息透明化,及时披露有关信息,做到合情、合理、合法。

航班延误后,航空公司应力争在第一时间内通知旅客,并尽量告知预计延误多少时间,及时帮助延误旅客候补改签其他航班。目前,民航相关部门的信息发布与解释确实不到位,或者说相关服务很不到位,往往仅限于提供饮料、餐食。

应该说大部分旅客相对来说比较谅解航空公司的运营,在航班延误之后,要求也不高,只想知道为什么延误,延误到何时,要求赔偿也不是旅客的初衷,航空公司采取了哪些措施来补救,一旦这些基本要求没有达到,往往会让简单事情变得复杂化。

航空公司因故障航班延误　修好后起飞未通知旅客

2012年5月12日上午,湖南长沙黄花国际机场,160多名旅客乘坐某航空公司航班准备从长沙飞往天津,但乘客刚刚登机,飞机就因故障延误飞行。在客舱里等了一个多小时后,部分旅客下机休息。当日上午11时许,飞机修好,中午12时40分许,该次航班起飞,但20多名乘客却因没有接到起飞通知,被滞留在机场,而这些滞留乘客的行李却被飞机带上了天。

部分滞留旅客表示,因航空公司通知不到位,造成了他们误机。航空公司方面则认为,部分旅客因索赔拒绝登机,错过了航班。

(资料来源:中国经济网)

通过案例我们不难发现,航班延误或取消是困扰民航业界的一大难题,这种突发事件的出现无论是可控因素还是不可抗因素导致的,都会给旅客出行带来诸多不便。一旦航班延误发生,无论是航空公司还是机场,应及时、准确地告知旅客航班延误的原因和相关信息,以免引起更深的误会。

(二)加强各部门的协调与配合

突发事件的发生有各种各样的原因,有时可能是几种原因同时交织在一起造成的。通常情况下,旅客都会把除天气原因以外造成航班延误的责任统统归咎于民航方面。其实,航班延误不仅旅客不愿碰到,机场和航空公司更是想极力避免。因为不论从企业形象,还是从经济效益上讲,对机场或航空公司而言都是百害而无一利的。可以说,航班正点是众望所归。

但是确保航班正点,并不是哪一方努力就能够解决的,它需要航空公司、机场、空中管制部门和旅客自身多方面的支持和配合。机务部门及时疏导起降飞机;值机人员严格遵守飞机起飞前30分钟截止办理乘机手续的规定,对于晚到的旅客坚决不予办理;安检部门应当根据旅客流量的变化及时增加安检通道,增配安检人员,特别是在航班密度大、团体旅客众多的情况下,疏导旅客快速通过安检,对于个别办完登机牌而飞机起飞时间马上就要到的旅客可予以优先安检;民航各部门应当以确保航班正点为己任,具体责任细化到个人,对于造成航班延误的相关人员要有严厉的惩罚措施;民航公安机关对于谎报险情、制造混乱的肇事旅客坚决予以依法严惩。

雷雨天气多发　北京首都航空全力保障旅客出行

2018年进入暑运以来雷雨天气多发,7月16~17日,华北多地迎来强降水天气,18日台风"山神"于早间4点45分登陆海南万宁,受台风和华北强降水的共同影响,16~18日期间北京首都航空取消航班10余架次,延误航班60余架次,启动应急预案妥善安置旅客近千人次。

为确保雷雨天气下运行生产安全有序、旅客顺利出行,在获悉天气预警信息后,北京首都航空运行控制团队第一时间响应:根据气象预报和航班运行实际情况,启动雷雨天气下保障预案;合理调配运力,协调海口、三亚当地场站,沟通飞机系留(以固定飞机)和驻场加油(增加飞机重量)事宜,积极应对雷雨天气对运行生产的影响。

在接到 AOC 运行控制中心传递出的指令后,北京首都航空三亚、杭州、南京、青岛、沈阳等基地工作人员坚守机场候机厅,积极与相关部门协调,将航班信息及时准确传递给旅客。同时协助旅客处理退改签业务,帮助旅客安排食宿、提供其他出行方式选择,避免因长时间航班延误和部分航班取消给旅客带来损失。

(资料来源:中国民航网)

(三)严格按照规定处理延误与赔偿

出现航班延误,应严格按照规定予以处理和补偿。目前,航空公司有时会采取息事宁人的态度,以至于闹事的旅客往往得到更好的待遇。在这种情况下,毫无疑问地助长了旅客下次航班延误时闹事的信心,因为有先例,他们上次是怎样做的,这一次不会比上次差,并且认为这种做法是应该的。

因天气原因航班延误或取消的赔偿标准

法律对此并没有规定,但旅客与航空公司之间成立的是航空客运合同法律关系。航班延误视为航空公司违约。但因天气原因延误,则可以作为航空公司的免责事由。

根据《合同法》的规定,不正常运输时,承运人有以下义务:

1. 及时告知。第298条:"承运人应当向旅客及时告知有关不能正常运输的重要事由和安全运输应当注意的事项。"

2. 安排改乘或退票。第299条:"承运人应当按照客票载明的时间和班次运输旅客。承运人迟延运输的,应当根据旅客的要求安排改乘其他班次或者退票。"

如果还有其他损失,可以依据合同约定请求赔偿。

机坪延误超2小时须提供饮食

"机坪长时间延误"是指航班飞机关舱门后至起飞前或降落后至开舱门前,旅客在航空器内等待超过或包括3小时的情况。

关舱门后旅客常常会遇到被告知因流量控制或者其他原因,飞机正在等待塔台通知,起飞时间待定。被"憋"在机舱中的感觉十分难受,而漫长的等待更让旅客不满

机坪延误时,旅客在此等待过程中,机组应该做些什么呢?机组应每30分

钟向旅客告知一次航班动态信息,包括延误原因、预计延误时间等。机坪延误超过2小时(含),机组应为客舱内旅客提供饮用水和食品。

如果航空公司未按要求进行机坪长时间延误处置的、未能按要求提供航班延误旅客服务的,未按要求进行大面积航班延误处置的,有以上行为之一,由民航地区管理局责令改正,并处2万元以上10万元以下罚款。

天气、突发事件等因素延误费用旅客自理

由于机务维护、航班调配、机组等航空公司自身原因,造成航班在始发地延误或取消,航空公司应当向旅客提供餐食或住宿等服务。

由于天气、突发事件、空中交通管制、安检以及旅客等非航空公司原因,造成航班在始发地延误或取消,航空公司应协助旅客安排餐食和住宿,费用由旅客自理。

航班在经停地延误或取消,无论何种原因,航空公司均应负责向经停旅客提供餐食或住宿服务。

延误后航空公司经济补偿须公布

发生延误后经济补偿金额是多少?怎么补?这个问题十分困扰旅客。现在的情况是,延误发生后旅客和航空公司在金额上相互扯皮,更有旅客狮子大开口,不达到要求的金额拒绝登机或者下机,旅客的"霸机"行为时有发生。航空公司应制定并对社会公布航班延误经济补偿方案,方案中应明确是否对航班延误进行补偿,补偿的范围、条件、标准等内容。

航空公司未按要求制定、公布航班延误经济补偿方案或方案内容不符合要求的,由民航管理部门给予警告,责令改正。逾期不改正的,处以3万元以下罚款。

(资料来源:华律网整理)

(四)提高营运设备的质量与性能

在努力提高航空公司服务质量这一软件的同时,加强航空公司的硬件保障也是刻不容缓的。例如,在天气造成航班延误的各种因素中,影响最大也最常见的是能见度问题。虽然国内机场都装备了仪表着陆系统(俗称盲降系统),但由于经济发展和旅客吞吐量的限制,绝大多数只是Ⅰ类仪表着陆系统,标准是水平能见度为800米,垂直能见度为60米,而且有些机场因地形原因还达不到这个标准。国内仅有北京首都机场和上海浦东机场装备了Ⅱ类仪表着陆系统,标准为水平能见度400米,垂直能见度30米。如果能够像英国伦敦希思罗等机场配

备Ⅲ类B型仪表着陆系统,则标准可降低为水平能见度50米,垂直能见度无限制。由此可见,装备高级别的仪表着陆系统能够大大降低能见度对航班延误的影响。当然,这有赖于国家国民经济的发展和民航投入的加大。另外,加强飞行员的培养和训练,特别是提高他们在各种复杂气候条件下驾驶操纵飞机的能力,也会有效减少天气原因对航班造成的影响。

吐鲁番机场CDM协同放行系统正式投入试运行

根据民航"十三五"发展规划,国内各机场必须要顺应行业发展趋势,按计划分步骤地将已有信息平台建设成为满足机场自身发展需要的国际先进技术平台,以此应对日益繁忙的航空业发展需求。针对航班延误给机场营运带来的一系列考验,提供一套用以提高航班保障效率,并获取支撑数据以应对特殊事件等一系列问题的信息决策系统迫在眉睫。

2018年7月18日,新疆地区CDM(协同放行系统)投入试运行。试运行前期,机场、空管、航空公司多方配合,进行前期大量的准备工作(包括培训和现场调研)、中期设备的安装调试以及后期设备运行的测试。吐鲁番机场作为为整个新疆地区中小机场的首个试点机场,突出重围,率先改变了传统的航班放行模式,试运行阶段整个运行过程平稳顺畅。

CDM是将机场、空管、航空公司等相关方集成至统一平台,以实现机场营运管理的协同决策目的。CDM实现以机场为中心的机场、空管及航空公司之间的协调运作。系统通过集成各方数据,并将数据进行共享,来实现以机场为中心、各个运营方资源的合理调配,提高整体的运行效率以保障航班运行。

此次试运行,依托CDM平台,吐鲁番机场采取航班预发布预排序的措施,在前段航班还未落地时就已经计算出可靠准确的预计起飞时间。地面保障单位围绕预计起飞时间合理分配资源,提高工作效率,确保了航班的准时起飞。

可以想象,当旅客登机时就能获知较为准确的起飞时间是一件多么愉快的事。

(资料来源:高喆.中国民航网)

(五)航空公司应准备充足的运力

在目前条件下,要避免发生因航空公司原因造成的航班延误,解决问题的关键在于增加备份运力,也就是说,备足备份运力,一旦发生机械故障时,旅客可以立刻换乘留用的空机。对此,各航空公司要有长远发展的眼光和树立品牌意识,哪怕因此少飞一趟航班,损失一些经济利益,也要为每天正常的航班留足备份飞机。当然,除此以外,各航空公司还必须提高航班调配管理水平,科学地利用好人力、物力资源。

(六)加强与新闻媒体的沟通

航班延误后,民航方面要主动和媒体进行沟通,就航班延误原因、采取了哪些补救措施、对旅客做了哪些安排等及时反馈给媒体,以此来保证媒体听到两面之词,至少保证记者不是完全跟着旅客的情绪走。信息对媒体的及时传达,在很多时候,可以让一则坏新闻变成好事情,这些信息的传达也会影响到普通民众对航班延误的认识,消除对民航方面产生的许多误解。

但有些时候,比如航班延误后,总是旅客向媒体介绍情况;媒体为了制造轰动效应,就添油加醋炮制一篇骇人的新闻。可以说在与媒体的沟通上,航空公司尚有很大的改进空间。

华东地区启动大面积航班延误新闻发布机制

为了及时向旅客传递航班延误、取消的相关动态信息,上海民航各单位于2012年启动了大面积航班延误对外新闻发布机制,第一时间通过各类媒体向公众滚动发布相关信息。上海机场集团在台风影响到来之前,就主动与上视新闻频道联系,在整点新闻播报时段滚动播出上海两机场的运行动态,以及各航空公司、机场的热线电话与网站地址,并于8月6日下午,主动邀请央视、上视、东方卫视、凤凰卫视、新民网等媒体采访,使民航抵御防范"梅花"台风所做的大量工作为社会公众所知。

8月6日,上海两机场共取消航班260架次,7日则取消了275架次。东航、上航、国航上海分公司、吉祥航空、春秋航空等公司和上海机场全力确保旅客和航空器安全,保证设备设施正常,并通过官网、广播电视媒体、手机短信、微博、服务热线以及航站楼内的广播、电视、电子显示屏等渠道,及时向旅客传递机场运行动态和航班调整信息,同时妥善做好取消航班后的旅客安置工作。

(资料来源:中国民航新闻信息网)

本章小结

本章着重介绍与分析了民航服务过程中经常遇到的一些突发事件,阐述了这些突发事件的特点以及对旅客造成的影响,重点分析了突发事件下旅客的心理和行为反应。解决突发事件的关键在于制定合理的处理原则与手段,建立科学有效的应对机制。

复习与思考

(1) 突发事件有哪些特点?
(2) 突发事件后旅客的心理反应有哪些?
(3) 突发事件的处理原则是什么?

课后阅读

雷雨季节的航班正常

夏季是民航业传统的生产旺季,一方面,客流量大幅增加;另一方面,雷雨天气频现,安全生产压力陡增。因此,每当遇到雷雨天气,与航班正常有关的话题便时常占据各大媒体新闻头条。

日前,北京、上海、成都、长春等地先后出现雷雨天气,相关机场的航班正常运行受到较大影响,这一话题也逐渐升温。2018年7月2日,成都双流机场遭受暴雨袭击,几百个航班受到不同程度的影响,再次将雷雨季节的航班正常话题推向了舆论热议的"风暴眼"。

事件发展:打好雷雨季节"攻坚战"

7月2日10时30分~21时30分,成都双流机场遭受暴雨袭击。这次极端天气降雨量之大、持续时间之长、航班影响面之广、滞留旅客之多,为成都双流机场历史罕见,严重打乱并影响了航班飞行计划,造成1万多名旅客滞留机场,无法及时地飞往目的地。

自今年入夏以来,这已是成都双流机场第四次出现雷雨天气。因此,这次机场的应急处置工作迅速引起了媒体关注。中央电视台新闻频道、东方卫视、新华网、人民网、光明网、中国新闻网、澎湃新闻、大洋网、中国民航网等主流媒体纷纷加入报道行列,聚焦事件发展实况。网友也对此发表了评论,并对相关微博进行了转发。其中,央视新闻在其微博上进行了现场直播,共有57万余人次观看,网友对此次雷雨天气的民航应急处置工作有了全面了解。

值得一提的是,在针对此次雷雨天气的应急处置工作中,成都双流机场和各航空公司及时发布航班信息,处置得当,得到了广泛赞誉。对于取消航班的旅客,各航空公司均做了妥善安置,提出将这部分旅客用大巴车等交通工具送至机场附近宾馆住宿休息;对在候机楼内滞留的旅客,也及时地送去餐食、饮料等;对改签、退票的旅客,工作人员则引导其有序地到各售票窗口办理手续。

实际上,打好雷雨季节"攻坚战"已成为民航业的共识。早在5月24日,民航局就召开了雷雨季节运行保障视频会议,总结分析了近期雷雨天气情况,部署了今年雷雨季节的重点工作。6月初,民航局下发《关于进一步做好雷雨保障工作的通知》,从强化联动、加强研判、优化机制、科学安排、及时协调等方面制定了10项具体措施。6月14日,民航局对雷雨季节航班保障工作进行再动员、再部署,要求全行业密切联动、加强预判、主动作为、补齐短板,确保雷雨季节民航运行安全平稳。

多年来,民航各单位主动落实主体责任,不断完善大面积航班延误处置机制,并多次组织相关演练。因此,近期的雷雨天气虽然对航班正常造成了较大影响,但航班延误后的各项工作都得以有序开展。

事件观点:为中国民航点赞

与往年不同,今年媒体和网友对雷雨季节航班保障工作有了更加深入的了解。虽然今年雷雨天数较往年有所增加,但媒体和网友对民航工作的认可度却有了提高。

大多数媒体除了对事件进行了基本报道外,还对雷雨对航空安全的影响做了科学普及,发布了相关提醒信息。光明网建议旅客在面对航班延误时保持平和的情绪,第一时间听取机场广播的安排,听取地勤人员的解释,以耐心、理解的心态询问。千万不要因为天气再生事端,火上浇油,扰乱机场秩序。《现代金报》则提醒旅客及时关注航班信息,在出行前及早了解出发地和目的地的天气情况,合理安排出行时间,尽可能避开雷雨天气。在行程确定后,旅客应通过航空公司、机场等权威信息渠道及时了解所乘航班的动态信息,如果遇到航班延误或取消要早做打算。对于选择中转航班的旅客来说,也要充分考虑天气因素,在购买联程机票时预留充足的转机时间,以免前段航班延误导致误机。《九江日报》则建议,旅客在雷雨季节应购买航班延误险,并且在购买时一定要看清楚条款,尤其是"责任免除"部分。

网友对雷雨天气的航班保障工作也有了更多的理解和包容。网友"同层用义"对民航工作表示了极大认可。他表示,航班计划要随天气变更,民航人制订了无数计划应对天气变化,值得点赞。网友"ting_amy"也对工作在一线的民航人表示感谢,认为那些坚守在工作岗位上的民航人真的非常不容易,感谢他们的付出。网友"Hello陌小姐"认为航空安全是最重要的。她说,天气原因导致的航空延误谁都不想遇到,没什么比安全更重要。

事件点评：信息透明是关键

众所周知，信息透明化已成为航班延误处置工作中的一个关键环节。此次成都双流机场的航班延误处置工作得到好评，与信息发布渠道的通畅、透明也是密不可分的。在航班延误时，信息的及时发布可以很好地安抚旅客，得到旅客最大程度的理解。

近日，得到网友好评的机长的做法或许更值得借鉴。"6月27日，MU5331航班由于航路天气延误，机长通过客舱广播及时告知航班延误情况，一路上感觉特别踏实。在飞机推出时，机长通过广播告知，飞机需要排队，并通报了所排的位次。在天津上空盘旋时，机长再次通过广播告知，由于河北固安地区有雷雨，飞机正在盘旋。落地后，机长通过广播总结了今天的航班延误情况。在下客时，机组人员亲自到舱门口送客并一一致歉。"

让航班信息透明化，民航各单位应采用"横纵联合"的方式，构建信息发布网，将航班信息广而告之。航班延误所在地机场和航空公司一方面应与气象、空管等单位及时沟通，通过自有渠道实时发布航班信息，并将信息纵向传达给每个一线岗位；另一方面，应与受连带影响的机场、航空公司建立横向联系，多方联动，同时发布受影响航班的信息，让更多旅客及时了解航班动态，做到心中有数。

（资料来源：王妮妮.中国民航网）

第六章 沟通心理与服务

课前导读

没有沟通就没有服务。沟通每时每刻发生在民航服务人员与旅客之间。身体语言及其沟通是极其重要的内容,而又往往被人们所忽视。了解沟通的障碍,是做好民航服务的前提。

教学目标

- 了解沟通心理的特点及沟通的作用;
- 了解身体语言沟通的类别;
- 了解服务中的沟通障碍;
- 学习服务工作中的沟通技巧。

有服务,就有交往;有交往,就有沟通。沟通,是人与人之间建立良好情感的有效途径和方式。服务人员与旅客之间要保证良好的顺利的沟通,除了具有良好的服务意识,掌握熟练的技能技巧之外,了解和把握沟通的相关知识和方法,也是极为必要的。

良好的沟通能力,不仅包括有良好的语言运用能力,也包括良好的倾听能力,倾听旅客的需求和意见,经过充分、完整的了解、分析,再以诚恳、有礼的态度回答旅客的问题。如果没有办法立即答复旅客,也要诚恳地告诉旅客:将会争取在最短的时间内给予答复。

良好的沟通能力,还包括恰当的肢体动作语言。这是一种无声的沟通语言,可以冲破地域、文化、政治、教育背景等方面的差异和局限,成为无国界的沟通语言。

第一节 沟通心理概述

沟通指人与人之间的信息交流过程,它包括人际沟通与大众传播两方面的内容。前者指人与人之间进行的交流,后者是人类凭借大众媒介(如报纸、广播、电视)进行的交流。沟通心理则指的是人们在沟通过程中所产生和表现出来的心理反应。本章内容中我们所阐述的沟通,研究的主要是人际沟通,即民航服务人员与旅客之间进行的沟通以及彼此的心理反应。

一、沟通心理的特点

沟通是人类的整个社会互动过程,是人们之间交流的最初、也是最重要的形式。在这一过程中,人与人之间进行思想、感情的心理交流与互动。沟通心理具有这样几个基本特点:

(一)沟通心理的过程性

沟通,更多的是人与人之间直接的沟通,因此,沟通具有较强的过程性。如果人为阻断或由其他条件干扰过程的正常进行,沟通就无法实现。并且,不仅要保持过程的完整性,还要注意过程各阶段的次序性,有时,仅仅打乱了次序就会歪曲信息的内容。

(二)沟通心理的相制性

沟通的双方,都是具有主观能力性的人,因而,沟通的"受体"是具有"主观能动性的"受体,这就意味着不仅在沟通之前,人们要分析对方的动机、目的和心理定势等,为发出信息"定格",而且在沟通过程中,双方的语言、语音、语调以及表情、动作等都会制约着对方,对彼此产生一定的影响。

(三)沟通心理的情境性

沟通不是在"真空"中进行的,因而必然要受到时间、地点和情境条件的制约。这里所说的情境主要包括时间、地点是否恰当,双方各自的心理状态如何,当时氛围如何,及彼此是否尊重,物质环境如何等。这也体现了沟通的复杂性。

(四) 沟通心理的后果性

在沟通过程中,信息一旦发出并被对方破译,就会引发对方的反应,即出现后果。虽然我们在发出不当信息之后,可以努力去弥补,对前词加以解释或修正,但话一出口,覆水难收,想让对方没有印象是不可能的。有鉴于此,民航服务人员对乘客说话一定要慎重,对自己说出的话要负责任,否则就会影响沟通。

(五) 沟通心理的一致性

要实现沟通,必须借助双方共同掌握的同一编码、译码体系才能完成,即双方使用同一种语言或双方相互了解的暗示符号。特别是在沟通过程中彼此双方的思维、注意力、沟通内容、沟通方式等经常发生变化,更显出了这一点的重要性。

(六) 沟通心理的无意识性

人们在沟通过程中,常常会发生口误,或者下意识地做出某种动作,显现某种神情,这些都体现了沟通中的无意识性。这种无意识的流露在沟通中很重要,"说者无心,听者有意",这些无意识的表现常常是一个过程是否转向的关键,同时也为我们更准确地观察了解对方的真实用意提供了可能和机会。如经一段时间的研究我们就可能发现,下意识地摸摸鼻子常体现尴尬,咬指甲显现出无聊,乱抖动腿反映出心绪不宁等。

二、沟通的作用

沟通,是服务人员与旅客增进相互了解和理解的基本方法与途径,它具有以下作用:

(一) 沟通有助于服务人员帮助旅客

沟通的信息,可以让服务人员了解旅客的需要和困难,使服务人员有机会、有针对性地满足他们的需求,帮助他们解决所遇到的困难。

一封真挚的感谢信

从懵懂的乘务学员成长为一名优秀的乘务长,靠的不仅仅是时间的积累还有真情用心的服务。对待旅客热情细致,一条热毛巾、一杯柠檬水,看似微不足道的服务细节,都在向旅客传递着浓浓暖意,展现着青航人特有的专业品质与魅力服务。

有次执行兰州回青岛航班,登机时,作为乘务长的赵子怡发现有几位旅客明显面容倦怠,甚至有些憔悴,尽管旅途奔波劳累疲惫在所难免,但是细心的赵子怡却在他们憔悴的面容中看到了一丝难色。由于正值登机,首先需要安排旅客入座,于是赵子怡记下了这几位旅客的座位号,在引导完毕后,随即上前悉心问候。询问交谈后,她得知这几位旅客来自某设计事务所,一行人由于连日出差、加班赶设计及喝酒应酬身体十分劳累,其中一位杨先生表示胃部不适,赵子怡便立刻送上暖暖的柠檬水。在例行巡舱时,赵子怡又发现另一位翟先生面露难色,便蹲下来询问情况,翟先生说:"我感觉身体很冷,受到风寒,可能有些低烧。"听完此话,赵子怡当即协助其整理座椅靠背,抬高脚垫,送来热毛巾,并拿出温度计帮忙测体温,飞行过程中一直细心照顾,持续关注其身体状况。飞机降落后,赵子怡仍旧不放心,考虑到翟先生的身体状况,不顾严寒,一路引导其至摆渡车才挥手再见。下机后,翟先生回想这段旅程,感触颇深,写下了一封真挚的感谢信以表达自己的感激之情。

(资料来源:中国民航网)

(二)沟通有助于改善服务人员与旅客的关系

改善客我关系是沟通最基本的功能。首先,沟通能防止误会。在沟通过程中,由于性格、文化程度等主观原因和时间、地点、环境等客观原因的作用,服务人员与旅客之间很容易发生误会。有时是一个误会引发一连串的误会,有时是几种误会同时发生。这些误会处理不当,会给工作带来不利影响,甚至会造成无法弥补的损失。防止误会的最佳途径,就是顺畅地沟通,只要沟通正常,传言、流言、个别失误等,都不会兴风作浪,误会也就无从产生。其次,沟通能化解矛盾。矛盾是普遍的,存在于一切过程之中,当然包括服务过程。一般而言,要使矛盾得到解决,常常要以双方的让步为前提,因为如果一方能无条件让步,矛盾就不会产生了。而要使双方都认可让步,沟通便具有举足轻重的作用。只有在沟通过程中,双方才能了解、理解对方的立场和处境,才会缓和剑拔弩张的心情,去寻求双方都可接受的东西,使矛盾得以化解。

青岛航空:真情服务,始终如一

用微笑拉近与旅客的距离,用微笑化解旅客的不满。在客舱部乘务教员王亚男眼中,服务的标准应该是满足旅客需求,解决旅客问题,让旅客心情愉悦。而服务带给王亚男的是做人做事的道理,是尊重与感恩的心态。有次执行航班任务,因流量控制导致航班延误严重从而无法确定起飞时间,航班上有一行是回青岛探望病重母亲的旅客,由于飞机迟迟无法起飞,随着时间一点点流逝,见母亲最后一面的希望越来越渺茫,旅客情绪很激动,其他乘客也跟着抱怨起来。作为乘务长,王亚男一面耐心安抚旅客,一面积极联系询问飞机预计起飞的时间,并尽全力帮助旅客将后续行程安排好。在飞机顺利起飞后,王亚男及全体乘务组持续关注着旅客情绪的波动情况,并提供着细致入微的服务,最终旅客的情绪慢慢平复下来。在总结此事的处置经验时,王亚男说:"换位思考很重要,我们要能理解旅客急切回家的心情。"

(资料来源:中国民航网)

(三)沟通有助于增进服务人员与旅客之间的友谊

民航服务人员与旅客通过沟通,彼此传达意见、看法,表达喜怒哀乐等情绪情感,互相满足交往与友谊的需要,由此产生亲密感,改善和调节双方的关系,增进彼此之间的友谊。

爱心小教师

东航乘务员房姣伶执行 8 月 10 日 MU5863 重庆至烟台的航班时,遇到了两位可爱的无陪小朋友。服务工作结束后,房姣伶在巡舱过程中发现两位小朋友起了冲突,拿着一本暑假作业争执不休。于是她立刻上前询问小朋友们是不是遇到了什么难题。小朋友们这才说到他们在做语文作业,在解答汉语拼音题目时,双方在核对拼音答案时不一致,都说自己的答案是正确的。于是房姣伶随即拿起作业仔细看了起来,发现小朋友们对于"n"和"l"分得不是很清楚,于是房姣伶现场帮小朋友们改正了错题,并纠正起发音。为了能够帮助小朋友们强化记忆,房姣伶亲自示范发音的方法,让小朋友们看她的嘴型,发"n"的时候要把手指放到鼻翼上,可以明显地感觉到鼻腔震动;发"l"时,舌头要从上面的牙齿自然的扫下来。于是两个小朋友一边听一边模仿起来。经过房姣伶生动又细致化的讲解,两个小朋友终于分清了二者的区别。飞机下降前在做安全检查时,房姣伶还收到了两个朋友画的一张儿童画对她表示感谢,上面画着的笑眯眯的空姐与房姣伶还真有几分相似呢。

(资料来源:中国民航网)

三、沟通的方式

(一)正式沟通与非正式沟通

正式沟通,是指经由组织明文规定的讯道进行的信息传递与交流。如通过组织正式批准的各种会议、报刊、广播电视、宣传栏等渠道的信息递送。

非正式沟通与之相反,是指正式讯道之外的信息传递与交流。如非正式的群体信息传播、小道消息传播扩散等渠道的信息递送。

(二)单向沟通与双向沟通

单向沟通,是指沟通的全过程自始至终由信息发送者向接收者传递。双向沟通,是指沟通双方互递信息,双方既是信息的发送者又是信息的接收者。

单向、双向沟通各有优、缺点,应根据不同情况做出选择。信息需要迅速传递时,用单向沟通效率高,但准确性较差。而信息需准确传递时,用双向沟通效果好,但速度较慢。一般对亟须完成又比较简单的任务信息,由于只需传递无须反馈,多采用单向沟通。

(三)口头沟通、书面沟通与混合沟通

口头沟通,是指会谈、讨论、会议、演讲、口头通知及电话联系等口语化的沟通。书面沟通,是指布告、书面通知、报刊、书面报告等文字形式的沟通。混合沟通,是指口头与书面沟通相结合的沟通形式。

实验表明,口头与书面混合沟通方式沟通效果最佳,口头方式次之,书面方式效果最差。口头沟通比较灵活、迅速,双方可自由交换意见,而且还可互递情感,所以它往往被人们所看重,但口头沟通必须口齿清楚、言语简洁,抓住中心,否则会影响沟通效果。

"国门大使"的微笑 世界对中国的第一印象

96158热线的服务人员需要用声音搭建起沟通心灵的桥梁,这里每个工作人员每天在电话前,需要几个小时不停地回答重复的问题。有些时候,遇到航班延误等状况,旅客拨通电话就是一种情绪的宣泄,因此热线服务人员控制自己的情绪非常关键,时刻提醒自己代表着第一国门的形象。"

那是几年前的一件事,段薇讲起来如同发生在昨天。2015年7月,96158热线接到了来自青岛沈先生的电话,电话传出着急的声音,"你们一定要帮帮牟久。"这位"牟久"是一位来自莱索托的女孩,因语言不通,错过了中转航班、丢失了身上的全部现金……身处异国他乡的非洲女孩遇到了棘手无助的麻烦。辗转中,96158热线服务人员最终通过机场工作人员联系到牟久,而孤苦无助的非洲姑娘已经在机场滞留24小时了。见到工作人员时,牟久愤怒地喊道:"中国是一个可怕的地方!"这句话刺痛了国门大使们善良的内心,为了重塑牟久对大家的信任,几位工作人员自掏腰包先将牟久安置于酒店,并在随后的三天里通过电话、短信与牟久谈心交流,三天时间不知不觉记录了上百条电话和短信,牟久被"国门大使"彻底感动了,配合进行了改签、报失等手续,牟久平安地登上了回家的航班。

故事并没有结束,不久后,首都机场贵宾服务公司旅客服务部意外地收到一封漂洋过海的感谢信,大家惊讶地得知,牟久不是一位普通旅客,来自莱索托的国会议员在感谢信中这样阐述:"我代表女儿牟久向首都机场国门大使的帮助表示感谢,你们是一个伟大的团队!"随后得知,这位议员又在接下来的时间里竞选了总统。相信一个不经意的举动,今后定会给中国与莱索托的友谊播种下善良的火种。

(资料来源:中国民航网)

(四)有意沟通与无意沟通

在大多数情况下,沟通都具有一定的目的。这种沟通是有意沟通。但是,有时事实上是在与别人进行着信息交流,而我们并没有意识到沟通的发生。在这种情况下,沟通是无意沟通。

有意沟通很容易理解。每个沟通者对自己沟通的目的都会有所意识,通常的谈话、打电话、讲课、写信、写文章,甚至闲聊,都是有意沟通。表面上,闲聊好像没有沟通目的,实际上,闲聊本身就是沟通目的,沟通者可以通过闲聊消磨时光、排解孤独。

无意沟通不容易为人们所认识。事实上,出现在我们感觉范围中的任何一个人,都会与我们存在某种信息交流。心理学家发现,如果你一个人在路上跑步或骑车,速度往往较慢,如果有别人(不管你认识不认识)与你一起跑,或一起骑,你的速度会不自觉地加快。同样的过程也发生在别人身上。显然,这说明你们彼此已经有了信息沟通,发生了相互作用。

(五)语言沟通和非语言沟通

语言沟通,是指以语言符号实现的沟通,而借助于非语言符号,如姿势、动作、表情、接触及非语言的声音和空间距离等实现的沟通叫作非语言沟通。

语言沟通是沟通可能性最大的一种沟通。它使人的沟通过程可以超越时间和空间的限制。人不仅可以通过文字记载来研究古人的思想,也可以将当代人的成就流传给后代。借助于传播媒介,一个人的思想可以为很多人所分享。所有这些,没有语言是无法实现的。

在人类的一切经验当中,共同性最大的就是语言。因此,语言沟通是最准确、最有效的沟通方式,也是运用最广泛的一种沟通。

非语言沟通的实现有三种方式:第一种方式,是通过动态、无声的目光、表情动作、手势语言和身体运动等实现沟通。第二种方式,是通过静态无声的身体姿势、空间距离及衣着打扮等实现沟通。这两种非语言沟通统称身体语言沟通。第三种方式,是通过非语言的声音,如重音、声调的变化、哭、笑、停顿等来实现的。心理学家称非语言的声音信号为副语言。最新的心理学研究成果揭示,副语言在沟通过程中起着十分重要的作用。一句话的含义常常不是取决于其字面的意义,而是取决于它的弦外之音。比如,一句简单的口头语——"真棒",当音调较低,语气肯定时,"真棒!"表示由衷的赞赏;而当音调升高、语气抑扬,说成"真棒唉"时,则完全变成了刻薄的讥讽和幸灾乐祸。

非语言沟通是人们沟通中一个非常重要的方面,现在越来越被人们所重视。下一节我们将专门讨论非语言沟通中的身体语言沟通。

第二节　身体语言的沟通

身体语言沟通属于非语言沟通,是人们进行信息沟通的一种主要形式。它以其精妙的形式提供着隐藏的信息,对沟通过程和沟通结果产生深刻的影响。"身体语言学"的杰出研究者伯德惠斯戴尔(R. Bridwhistell)曾估计,在两个人的互动过程中,有65%的"社会含义"是通过非语言形式传递的。身体语言在民航服务人员与旅客的沟通中发挥着重要的作用。

一、身体语言沟通的类别

(一)目光接触

眼睛在非语言沟通中用途最广,也最神秘莫测。虽然眼睛的运用属于动态无声的沟通行为(包括在表情之内),但由于眼神的妙用无穷,确实在非语言行为中独成一体,其一送、一收、一顾、一盼、一笑、一颦,皆成妙谛。而人们经常所用的"眉目传情""暗送秋波""眼睛是心灵的窗口",都说明了眼睛的运用在人们情感交流中的地位和作用。

目光接触在沟通中是极为重要的手段。具体分析起来,目光接触有以下一些主要用途:

(1)目光接触可以作为一种认识手段。直接的目光接触表明你对说话者十分感兴趣,并希望知悉、理解对方的话题。

(2)目光接触可以控制、调整沟通者之间的互动。

(3)目光接触可以用来表达人的感情。从一个人的眼神中可以看出他在沟通情境中的激奋和卷入程度。在各种情绪中,最能为面部表情所表达的是惊讶、恐惧和厌恶,而这些情绪的最佳表现区域在眼睛、眉毛以及与眼睛毗邻的鼻翼。

(4)目光接触也可以用来作为提示、告诫以及监视的手段。人们相互之间交谈的时候往往通过目光接触来了解自己的话语对他人的影响如何,也同样以凝视他人来表示自己正在洗耳恭听。

目光接触的社会意义可因以下因素而改变。即凝视时间的长短、凝视的强度,以及凝视时间的选择。

目光接触往往伴随着沟通距离的不同而有所区别。一般说来,当人们相距较远时常常以目光接触表示彼此的注目,而当两人的距离为4~8米时,对视的目光就移开了。当然,在不同的国家和地区人们运用目光接触的方式也有所区别。在中国和日本等东方国家,谈话中总盯着人是十分不礼貌的事;在英国,有礼貌的人总是注意别人在说什么,感兴趣时偶尔会眨眨眼睛;在中东地区,直愣愣地盯着陌生人是稀松平常的事;在贝鲁特或大马士革,由于某人总被人盯着,虽然衣着笔挺,却总怀疑自己是否衣冠不整的故事绝不仅仅是笑话,它确确实实反映了当地的风俗特点。

在服务人员与旅客沟通过程中应注意,双方目光接触累积时间应达到全部沟通时间的50%以上。目光应注视倒三角部位(两眼以下至嘴)，自然而不失礼貌。最重要的是，态度要真诚、热情，这些在目光接触中都能表露出来。

(二)手势

手势在人类非语言沟通中起着十分重要的作用。在现代社会中手势的作用虽早已被语言所代替，但它在有些场合仍然是十分有效的沟通工具。当两个国籍不同、语言相异的人沟通时，人们往往借助手势表达自己的意思。例如，第二次世界大战中，英国首相丘吉尔发明的手势"V"，成了世界上广为运用的代表胜利的手势语("V"为英文"Victory"[胜利]的头一个字母，竖起中指与食指并展开，就成了"V"字)。类似这样的手势用语还很多，如手势语"OK"、竖大拇指、飞吻等，都代表了一定的含义。手势在人们的沟通中具有下列作用：

(1)有时可以代替说话，如聋哑人的交谈。

(2)可以用来强调某一问题，或通过这种非语言的方式描述语言。

(3)还可以给说话者提供缓解紧张的机会，也可以说手势象征着说话者的情绪状态。

(三)体态

这里所说的体态，主要是指运动性体态，又称"说明性身姿"。说明性身姿一般都与语言相伴使用。近年来的研究表明，一个人的体态动作往往反映着这个人对他人所持的态度。比如，在两人谈话时，其中一方打哈欠、伸懒腰、看手表、脸转向他方、大幅度减少点头动作等，都意味着一定程度的厌烦情绪。在双方见面时，一方伸手，另一方紧随，双方适中相握，表示友好和诚意；如果一方伸手，另一方动作缓慢，稍稍一碰便收回，则表示消极和冷淡；而干脆不响应，背过身去，甚至扬长而去，都表示了拒绝之意，只是程度不同。在双方的接触中，略微倾向于对方，表示热情与兴趣；微微欠身，表示谦恭有礼；与陌生人的交谈中过于随便，就显得轻慢了。

空乘人员鞠躬时需注意哪些方面？

旅客在进入机舱之前，美丽的空姐或空少往往会给你一个微笑，然后再给你一个浅浅的鞠躬礼，同时说：欢迎登机。但就是这简简单单的鞠躬，空姐可能都要练上上百次。

关于行"鞠躬"礼有哪些注意事项呢?

鞠躬的适用场合

鞠躬适用于庄严肃穆、喜庆欢乐的仪式场合。日常生活中学生对老师、晚辈对长辈、下级对上级、表演者对观众等都可行鞠躬礼。

领奖人上台领奖时,向授奖者及全体与会者鞠躬行礼。

演员谢幕时,对观众的掌声常以鞠躬致谢。

演讲者也用鞠躬来表示对听众的敬意。

遇到客人或表示感谢或回礼时,或是遇到尊贵客人,这时可行鞠躬礼。

鞠躬的动作要领

行鞠躬礼时面对客人,并拢双脚,视线由对方脸上落至自己的脚前1.5米处(15度礼)或脚前1米处(30度礼)。男性双手放在身体两侧,女性双手合起放在身体前面。

鞠躬时必须伸直腰、脚跟靠拢、双脚尖处微微分开,目视对方。然后将伸直的腰背,由腰开始的上身向前弯曲。

鞠躬时,弯腰速度适中,之后抬头直腰,动作可慢慢做,这样令人感觉很舒服。

不同程度鞠躬礼的区别

1. 欠身礼:头颈背成一条直线,目视对方,身体稍向前倾。

2. 15度鞠躬礼:头颈背成一条直线,双手自然放在裤缝两边(女士双手交叉放在体前)前倾15度,目光约落于体前1.5米处,再慢慢抬起,注视对方。

3. 30度鞠躬礼:头颈背成一条直线,双手自然放在裤缝两边(女士双手交叉放在体前),前倾30度,目光约落于体前1米处,再慢慢抬起,注视对方。

鞠躬礼行礼的距离

行鞠躬礼一般在距对方2~3米的地方。在与对方目光交流的时候行礼,且行鞠躬礼时必须同时真诚的微笑,没有微笑的鞠躬礼是失礼的。

(资料来源:空乘招生网)

(四)面部表情

面部表情,是最为常用也最为有效的沟通方式。人的面部有数十块肌肉,可以做出上百种不同的表情,传达出各种不同的内心情感状态。来自面部表情的信息,更容易为人们所觉察。

与目光一样,表情可以有效地表现肯定与否定、接纳与拒绝、积极与消极、强烈与轻微等各种难度的情感。由于表情可以随意控制,变化迅速,而且表情的线索容易觉察,因而它是十分有效的身体语言表达途径。人们可以通过表情来显示各种情感,也可以运用表情来表达对别人的兴趣;可以通过表情来显示对一件事情的理解状态,也可以经由表情表达自己的明确判断。在沟通过程中,表情是人们运用最多的身体语言之一。

面部的其他器官虽不如眼睛那般重要,但也可表达思想情感。眉形上耸,表示惊讶和欣喜;双皱眉形,表示困窘和不愉快;眉脚下拉形,表示愤怒与气恼等。嘴的表情也很丰富:紧紧抿嘴表示坚定;撅起嘴表示不满;咬嘴唇表示自罚或内省(多见于失败时的情景)。突出下巴往往表示孕育着攻击性行为;用下巴指使他人体现傲慢;用力收缩下巴则表示畏惧和顺从等。

面部器官的综合性反应是最有效的情绪表现方式。如社交注视方式结合平眉、平嘴角,表示正常交往或无所谓的心态;视线停留在前额部,平眉、平嘴角,则属于端然正视;平视、平眉、微笑,表示距离感和观察心态;双目圆睁眉倒竖,嘴角向两边拉开,鼻部肌肉紧张,双耳扇风,是典型的怒气冲冲表情;眼睛大、嘴张大,眉上扬,是高兴得情不自禁;眼平视,瞳孔放大,眉轻扬,嘴角微动,是心中暗喜的表情,等等。面部器官的综合性反应形式还有很多,这里不一一列举。所以,在民航服务中,服务人员要善于观察、判断旅客的面部表情,了解旅客的情绪反应,为旅客提供满意的服务。

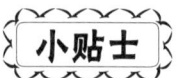

空乘人员微笑时需遵循的原则

主动微笑原则

作为一名成熟或训练有素的空乘人员,在与乘客目光接触的同时,首先向对方微笑,然后再开口说话表示欢迎和交谈,会给人以彬彬有礼、热情的印象,就会主动创造一个友好、热情并对自己服务有利的气氛和场景,也因此会赢得乘客满意的回应。在与乘客目光接触时,如对方微笑在先,空乘则必须马上还以礼仪性的微笑。

自然大方微笑原则

空乘人员微笑时要神态自然、热情适度,最好表现为目光有神、眉开眼笑,这样才显得亲切、真诚、温暖、大方,使乘客有"宾至如归"的感觉。千万不可表演色彩过浓、故作姿态和生硬应付,就像那种皮笑肉不笑的笑法,会给人感觉这种笑法很假,很没有诚意。

眼中含笑原则

一个人是不是开心地笑,是不是真诚地笑,从其眼睛中就能找到答案。举个例子,现在遍布各种媒体上的模特们、演员艺人们等的微笑频频曝光,他们能在瞬间让自己美丽的笑脸出现在镜头前。但是,这些笑脸虽然也很美,但常常不动人,也不让人感到亲切,为何?你可以试着把她们眼睛以下的部位遮盖起来,将发现他们笑脸上的眼睛原来是非常冷漠的。所以,作为空乘人员的我们,要微笑,更要眼中含笑的笑,让他人真正感受到你是在用心地微笑。

真诚微笑原则

空乘人员对乘客的微笑,应该是自内心发出的。微笑的目的是什么?是欢迎客人的到来,是对自己形象礼仪的展示。因此,微笑真诚,真诚地欢迎乘客,真实地展现自己,以这种方式让乘客和自己都得到快乐与舒适。在整个旅途中,旅客都会有很愉快的心情,并且会积极配合乘务人员的工作。

健康微笑原则

微笑应该是健康的、爽朗的,自身状况不佳时,即使露出笑脸,也会给人不自然的感觉。至于一脸病相、倦相时,或微笑时牙齿不洁、不整甚至有异味,则更难留给人好印象。作为一名空乘人员,在工作之余,要利用一切机会进行体育锻炼,好的身体和形象是1,其余的都是0,只有1存在,其余的才有意义。

(资料来源:空乘招聘百科)

(五)触摸

在情感沟通方面,触摸行为主要包括握手、亲吻、拥抱及拍肩膀等。心理学家发现,每一个人都有被触摸的需要。人从出生开始,就存在着与温暖松软物体接触感到愉快的本能。所以,儿童都喜欢拥抱、抚摸和亲贴长毛绒玩具,大多数成人也对这样的体验有愉快感。更为重要的是,科学家通过严格的实验研究发现,与动物本能性的依恋情感一样,人不仅对舒适的触摸感到愉快,而且会对触摸对象产生情感依恋。

触摸行为体现着十分明显的文化相对性。不同的国度、不同的民族有着不同的风俗习惯,表现在触摸行为上往往也大相径庭。在西方社会里,熟人相见亲吻和拥抱可谓十分平常,但在东方社会中却极少有这些行为。

(六)衣饰

在过去,人们的衣着服饰体现社会地位和等级,如皇帝的"龙袍"和大臣的"蟒袍","布衣"则是平民了。在一定条件下,衣着服饰可以反映人们的经济地位,但随着社会经济的发展,衣饰的这一作用已逐渐淡化了。现代衣着服饰主要体现人们的职业、个性和即时活动的内容等。

(1)衣饰可以体现出人们的职业。这一点不仅体现在有特殊着装的行业,即便没有特殊着装的行业,也可以有一个大概方向的体现。而职业对人们的影响是巨大的,在沟通开始时或沟通过程中,及时了解和牢记对方的职业和特点,对沟通的顺利进行非常有利。

(2)衣饰可以体现人的个性。一个个性保守的人,服饰不会很鲜艳夸张;而个性活泼的人往往会喜欢轻松的着装;至于颜色夸张、奇形怪状的服装,往往是穿在玩世不恭者身上的。这些是我们选择沟通方式的一些重要依据。

(3)衣饰表示即时活动情况。比如,素雅持重的衣饰多于严肃、庄重的场合(如探病等活动),如果再胸戴白花或臂缠黑纱则是参加葬礼或扫墓的装束;身着宽松的运动服可能是晨练或郊游;穿西服或礼服则可能是出席会议或宴席。随着生活水平的提高,人们越来越讲究衣饰的"专业化",因而,了解人们的心情可将服饰作为线索之一,这对开展人际沟通具有重要作用。

世界各国空姐特色服饰

标致的韩国空姐:一向尊重服饰质感剪裁的韩国将其特色渗透在航空小姐的制服上。别致的制服和独特的系扣丝巾搭配在一起,严谨而又不单调;收起的头发清新整洁,倍增亲切感。

性感的美国空姐:崇尚自由的美国,空中小姐的装扮也不拘一格。换掉紧张的制服,热辣奔放的小T恤搭配红色短裤,加上甜美的微笑,散播着她们特有的热情。

自然的日本空姐:小西服搭配白衬衫,一款素雅的丝巾系在颈间,整套制服自然大方。职业气质凸显。

妖娆的泰国空姐:泰国空姐的身上自然少不了泰国独有的妖娆魅力。翻花边的蕾丝白色裙装,透露着独特的泰式风情。

有板有眼的越南空姐:越南式传统服装,红色基调透露在这个国家的亲切与热情。收紧的衣口独具特色,可见其国家有板有眼的气质。

(资料来源:天涯社区)

(七)空间距离

空间距离是身体语言沟通的另一个比较重要的方面。美国学者爱德华·霍尔划分了如下四种表明人际关系的距离。

(1)亲密距离:一般在0~45厘米。在这种距离内,信息传递就不仅是语言了,而包括体温、气味等。人们彼此之间肌肤相接,耳鬓厮磨,执手挽臂,体现出亲密友好的关系。因而,这一距离一般适合于亲子、恋人和知心朋友之间。值得注意的是,即便是这种关系,也并非不分时间、地点和对象都可以做亲密状。比如,在社交场合,如此亲密不仅稍欠雅观,如果再窃窃私语,就可能被认为在进行私下交易;至于没有如上关系的人,更不应该随便闯入他人的这一距离之中,即便没有任何不良动机,也会被看成是不礼貌的行为而引起反感。

(2)私人距离:一般是45~120厘米。这是一种私人交往距离,相互间可以握手、交谈、喝酒等。虽然这种交往主要限于熟人之间,但具有较大的开放性,不太熟悉的人进入这一空间也不会引起太大的反感。当然,完全陌生的人突然闯入这一距离,还是可能引起警惕的,并由不安全感导致厌烦感,理应注意。值得一提的还有,如果不太熟悉的人向这一距离持续靠近,那么他(她)不是献殷勤就是特别有好感。

(3)社交距离:120~360厘米。这一距离体现的是社交性的正式关系,一般在工作环境和社交聚会上采用。虽说这一距离对沟通的亲密性有一定妨碍,但却可以增加正式感和庄重性。如总经理用较大的办公桌,招聘时给应聘者的座位与主考官保持相当的距离等,都是为了达此目的。应该注意的是,既然这是社交距离,那么,适合于私下交谈的问题就不能拿到这样的场合来说。

(4)公众距离:360厘米以上。这是个完全开放的空间,几乎可以容纳一切人,但在这一距离上,人们之间的直接接触就大大减少了。这一距离一般在授课、演讲、晚会演出等过程中采用,不适于私人交谈。

当然,这是霍尔先生对美国现实的研究结果,不一定完全适合我国的情况,所以,我们还应视具体环境条件的变化认识这一问题。

首先,不同文化背景的人们之间个体空间需要量不同。研究表明,地中海国家的人们之间,允许有较多的身体接触,北欧国家则相对较远。北美人较远,南美人较近。东方人较远,西方人较近。如果不同文化背景的人们之间接触,就可能因个体空间的需要不同而产生误会,一方觉得对方不断"侵入",粗俗无礼,另一方觉得对方不断拉开距离,冷淡傲慢,从而影响到双方的融洽沟通。

其次,社会地位不同所需要的个体空间也不同。地位高者,个体空间需求大,一般会有意无意地与下属保持一定的距离。如果他们有意靠近下属,则是表示亲热,同时地位低者会感到高兴,起码没有反感,因为他们需要的个体空间较小。值得注意的是,下属不能主动靠上去对上司抚肩拍背,说话的气息冲到上司的脸上,一般上司是不喜欢这样的。

再次,个性不同个体空间的需要也不同。个性开朗者喜结交,个体空间需要较小且具开放性;个性孤僻者,个体空间需要虽不是任意扩大,但不能容忍他人的"侵犯",如果个体空间受到侵犯,他们就会感到明显的焦虑。

最后,心境不同个体空间的需要也不同。心境上佳时,个体空间需要小,偶有"入侵"者也可容忍;心境较差时,常常会发生非理性扩张个体空间需要的现象,朋友、亲人都可能被拒之门外。这是一种暂时的需要,会随着心境的改变而改变。

跟旅客距离保持在 1~1.5 米

如果一名空乘在跟一名旅客交流,她和旅客之间的最佳距离应该是多少?答案是 1~1.5 米。

"因为空乘通常身材较高,如果她跟旅客距离太近的话,会给旅客带来一种压抑感,而如果她跟旅客的距离过远,又会让旅客觉得她很生疏遥远。经过测算和实践检验,我们认为空乘和旅客讲话时的距离在1~1.5米是最合适的,而且还有一个细节要求,就是如果空乘讲话时需要用手势辅助的话,她的手势活动范围不能超过她的肩宽。"负责形体培训的金红光说。

(资料来源:周玉,《南方都市报》)

常见的情绪及相对应的身体语言

常见情绪	身 体 语 言
紧张或害怕	睁大眼睛、好动、回避目光接触、手乱动
愤怒或受挫	皱眉、瞪眼、表情严肃、走路很快、来回踱步、握拳
急躁	叹气、点头、走来走去、跺脚
悲伤或严肃	哭泣、皱眉、耸肩、转过身去
不知所措	挠头、皱眉、摆手
撒谎	避免目光接触、以手掩口
怀疑	摇头、睁大眼睛
担忧	双肩收紧、出汗、惊恐的表情、摆手
心不在焉	没有目光接触、行动缓慢、四下张望
厌倦	叹气、脑袋乱动、不耐烦的样子
生病	痛苦的表情、双臂胸前交叉、肩部收紧
窘迫	回避目光接触、咬嘴唇、咬手指、身体挪来挪去、拉扯衣服
疲倦或者筋疲力尽	闭眼或眯着眼、移动缓慢、用手抚弄头发、摸脸、放松肩部和脖子
幸福或快乐	张嘴、睁大眼睛、张开双手、微笑
兴奋和惊奇	头部后仰、嘴巴微张、眉毛上扬
轻松或舒适	表情愉悦、双肩放松、跷起二郎腿
思考	以手托腮、皱眉
自信	身体挺直、目光接触、抬头、快走、肩部放松、微笑

二、身体语言的理解

在民航服务中,理解身体语言的主要目的是发现并满足旅客的需求。大部分用于沟通的基本的表情动作可以说世界通行。比如,愉快时微笑、生气时皱眉等,几乎所有人都不例外。但在具体沟通过程中,服务人员要注意把旅客的多种身体语言与周围的环境结合起来,正确理解旅客的意图。

(一)多种身体语言的综合理解

在身体语言方面,我们容易犯的错误,是在理解某个姿势的时候把它与其他伴随的姿势和周围的环境孤立起来。举例来说,挠头这个动作可以有多种解释:有头皮屑、有跳蚤、发汗、半信半疑、健忘、撒谎等,具体是哪一种解释,要看其他伴随的姿势而定。所以,对某种状态下任何结论之前,必须看清楚同时出现的其他姿势。

食指向上贴着面颊,中指横在嘴上,拇指托着下巴,是一个常见的表示"批评性评价"的姿势,如果一个听者除此之外还做出双腿紧紧交叉这样的姿势,就进一步说明了此人对发言者的不满。这意味着:"我不喜欢你这样说,而且也不同意你的说法。"把两三个或者更多的姿势放在一起进行推断,才能得出比较合理的结论。例如,双臂交叉时,如双肩保持端正,面部表情严肃,双脚分开,这表示此人不太高兴——实际上,更像是生气了。然而,双肩要是微微耸起,可能表示这个人感觉到有些寒冷。如果双肩放松,身体陷在座位里,跷起二郎腿,则双臂交叉可能只是为了坐得更舒服一点。对其他辅助动作的合理解释,可以指导我们得到正确的结论。

(二)身体语言的识别

识别身体语言的目的之一,是在减少问答次数的基础上发现旅客的要求并采取措施尽快消除他们的不适。提高观察力是问题的关键。

1. 旅客何时需要等待

(1)旅客之间正在交谈时。旅客在交谈的时候经常会用到一些身体语言。例如,指尖向上搭成尖塔形,表示正在发表一个观点;而指尖向下,则表示在倾听,有时显得有点装模作样。如果两个旅客在进行深谈,手握在一起,保持目光接触,这时,不要立即打断他们,最好和他们保持一定的距离,直到他们觉察到有你在场为止。他们会很自然地停止交谈,接受这次礼貌的打断。

(2)全神贯注时。全神贯注的表现方式有很多种。通常来说,用手支住头、以手托腮或者皱眉等都可以表示这种状态。遇到这样的旅客,你要问问自己是不是应该打扰他们。

2. 旅客何时需要帮助

在服务中,很容易看出旅客的需求,需要帮忙的旅客常常会向四处张望,而且可能会挥手示意。另外,看表可能表示焦急,摇头也许表示恼怒。

3. 何时应该走开

如果和某个旅客站在一起,别忘了注意一下他们双脚所指的方向。当人们觉得谈话已经结束,脚尖就会不自觉地指向他们要离去的方向。如果两人意见不一致,他们会不经意地转过身去,表示不悦。

4. 其他暗示

身份和权力也是值得注意的。比起其他社会阶层的人士,皇家贵族、政界要人和企业家经常以更加自信的姿势显示他们的地位。同样,一个人的年龄、文化和背景,都可以通过身体语言表现出来。一定要记住,来自某些文化领域的人不能容忍西方文化中的一些不太正规的身体语言。

和成人不同,小孩和青少年有一些非常天真的身体语言,然而,随着年龄的增长,他们的身体语言越来越趋向于成熟,开始控制那些夸张的姿势,变得更加内敛。

(三)积极的身体语言

积极的身体语言,包括高兴和兴奋的表情,微笑、睁大眼睛、搓大腿等。惊奇的人嘴巴张开或者眉毛上扬;放松的人则双肩松弛、跷起二郎腿、后背靠在座位上,而且一般表情愉快。

一个自信、阳光的民航服务人员,其身体语言会是这样的:身体挺直、头部扬起、双肩放松、保持目光接触与微笑。

(四)消极的身体语言

1. 紧张

有些旅客在旅行中不时表现出过分紧张的情绪。人们在这种情绪下的具体表现是很少的目光接触、向四周观看、不停地摆弄衣服或者手包,而且有时会坐在椅子的边缘上。让人们放松下来需要特殊的技巧,但大多数精神紧张的人能够接受善意的询问。

2. 愤怒

一般来说,愤怒的人对他人的影响力非常大。一个人要是处于愤怒的状态,我们可以轻松识别出来。眉头紧锁、表情严肃、攥着拳头、牙关紧闭、左右摇头、双肩僵硬,这些表现都是一目了然的。他们也可能会摆出双臂在胸前交叉的防御性姿势,还可能来回踱步。消除人们的愤怒情绪不是件容易的事。旅客的愤怒经常伴随着抱怨或者投诉,我们应该认真对待。

当一个愤怒或者满腹牢骚的旅客发现了一个好听众,而这个听众用自己的身体语言提供帮助——频频点头表示理解并认真地看着旅客的眼睛——问题听起来就不像一开始所说的那么严重了。倾听是非常有效的工具。

3. "以手掩口"的姿势

这类姿势常常是一种不诚实的信号。但是,也不能孤立地看待这些姿势。这样做,可能会严重误解他人的身体语言。以手掩口可能是下意识地企图抑制住带有欺诈性的言语。这个姿势是双向的,某个人在说话时以手掩口,则有正在说谎的可能;假如你在说话时,对方捂住嘴巴,那则表示对方正怀疑你讲话的可信度,或者,他们也许只是在考虑你讲话的内容。

另外,这类姿势也可能说明讲话者只是有些紧张,而不是在撒谎。我们一定要做出正确的判断。

4. 厌倦

厌倦的情绪也很容易识别。一般的表现是面无表情、揉眼睛、摸脸、耸肩、叹气、目光迷离以及轻轻跺脚等。

面对有上述举动的旅客,我们应该想办法转移他们的注意力,使他们摆脱这种不佳情绪,递给他们一本杂志或者书籍可能是个不错的办法。

5. 担心

人们在担心的时候,脸上往往会出现全神贯注的表情,也可能伴随着出汗、双肩僵硬或者摸脸等表现。在这种情况下,乘务员首先要做的,是想办法让他们安下心来,甚至不用去问他们到底怎么了。如果你看出某个人正在为某事而担心,说几句暖人心的话(例如"我能帮你做点什么?"),但要控制住自己的好奇心,别去探听他们的隐私。他们也许会主动告诉你自己遇到的麻烦,有些事情你或许真能帮助解决。

为您解忧愁　一生是朋友

"这是我第一次来T3航站楼,没想到第一次就能得到如此温馨、细致的服务,太谢谢你了。你们南航的服务真是越来越好了,以后我们就是好朋友……"准备坐飞机要去广州参加公司客户大会的李女士亲切地拉着培训教员毕某的手,由衷地发出了这样的感叹。

原来李女士在赶飞机的路上,车突然熄火,她在高速公路上走了将近半个多小时才搭上车匆忙赶到机场。到了机场后又跑错了航站楼,等她到达T3航站楼,去广州的值机柜台前旅客队伍如"长龙",她感觉身心疲惫,一屁股坐在了行李箱上。这时引导旅客排队的毕某看在眼里,急忙走到她的身边,面带微笑说:"您好,我是南航青年服务志愿者,请问有什么可以帮忙的吗?"李女士马上将早晨的事情告诉毕某,并希望能够得到帮助提前办理乘机手续。毕某把李女士搀扶到旅客休息区,就去帮李女士办理乘机手续。当毕某亲手把登机牌交到李女士手中时,压在李女士心中的石头总算卸下了。用毕某的话说:"虽然我已经不是年轻人,但是能成为南航青年服务志愿者中的一员,我感到骄傲、自豪。'志愿'不分年龄,为旅客服务让我有一种满足感和成就感。"

(资料来源:郭陆群.《中国民航报》)

第三节　服务中的沟通障碍

在任何沟通系统中都存在沟通障碍。例如,在电话、电报等通信系统中存在被称为"噪声"或"干扰"的沟通障碍等。在民航服务人员与旅客的这种人与人之间的沟通中,由于语言、文化、个性特征、情绪反应、社会地位等方面的差异,容易导致许多沟通问题,引发沟通的失败和沟通的障碍。

一、语言沟通障碍

人与人之间的沟通主要是借助于语言来进行的。语言是交流思想的工具,但语言不是思想本身,而是用以表达思想的符号系统。人们的语言修养也有很大差异,同样一种思想,有的人表达得很清楚,有的人表达得不清楚。一个心理学家曾做过一项实验,要求两名被试者描述一个色调奇特的皮球,结果,一个被试者说,这个皮球是"黄绿色"的,另一个被试者说是"水绿色"的。这一实验表明,人利用语言来表达思想、表达事物有一定的局限性。

如果一个民航服务人员不能清楚、准确地传达相关信息,让旅客听后稀里糊涂,自然影响沟通效率。同样道理,有的人语言理解能力强,能很好地把握住递送话语的意义,有的人则难以做到,甚至误解和曲解。因此,自然也会影响沟通效果。调查表明,在我国主要国际航线和国内航线中,有43%的国际旅客希望乘务员用英语沟通。另外,随着全球范围内各国之间经济、文化、贸易往来互动的频繁,对小语种语言的需求增加。

库尔勒机场安检员真情服务获旅客赞誉

2018年8月26日午饭时分,刚从安检通道忙碌结束、准备去吃午饭的安检员马晓威在走过值机柜台时,发现一对维吾尔族老夫妻神情犯难,正费力地用手对值机员比画着什么。看到这一幕,本科专修维吾尔语专业的他,前往探查究竟。

经过简单交流后,马晓威了解到这对维吾尔族夫妇正准备乘坐当日南航CZ6677航班返回且末。由于这是两位老人第一次乘机出行,所以有很多不了解的地方。此时,马晓威迅速协助两位老人办理了值机手续,在交流过程中,马晓威得知老人的行李中有大量液态药品,必须办理托运手续。原来老人是想咨询药品携带的相关问题,无奈语言不通只能比画着干着急。

两位老人均年事已高且腿脚不便,为了减少奔走,马晓威帮助他们办理完托运手续后,考虑到安检环节可能因语言交流不通无法顺畅进行,又带领两位老人前往六号安检通道,用流利的维吾尔语引导老人依次通过了验证、前传等环节。

"小伙子真是太谢谢你了,你的维吾尔语说得真好!如果没有你,我们可能都回不了家了,太感谢了!"顺利完成安检后,维吾尔族老大爷感谢地说。随后,马晓威又将两位老人引导至登机口候机区坐下并为老人送上两杯温水,一边嘱咐他们航班落地后别忘了及时去领取托运行李。此时,两位老人眼含感动的泪水,老大爷紧紧握住马晓威的手,激动地说:"小伙子,太谢谢你了,等休息了,来且末,来我们家做客……"

(资料来源:中国民航网)

二、文化沟通障碍

不同群体的人往往有自己的文化传统习惯及自己的沟通模式,无论语言沟通或非语言沟通都是如此。同一背景中的人了如指掌的事情,有时另一种背景中的人则莫名其妙,很难沟通。

由于语言、文化和礼节的不同,国际环境中的信息沟通显得更为棘手。广告用语的翻译就大有风险。例如,埃克森石油公司的广告用语"把老虎放进你的油箱里"(Put Tiger in Your Tank),风行美国,而在泰国这则是一句侮辱别人的话。在不同的文化中,颜色也有不同的含义。许多西方国家通常把黑色同死亡相联系,而在远东国家则用白色表示哀悼。在美国商业性交易中,见面时互报本人名字是十分普遍的,但在大多数国家,特别是那些制度等级森严的文化背景中,人们一般都互道姓氏。

如果沟通双方的文化程度相差很大,也会出现沟通障碍。文化程度高的人表达的信息,文化程度低的人可能"听不懂";而文化程度低者表达的方式,文化程度高者又不爱听,彼此都难以接受对方,从而形成沟通障碍。

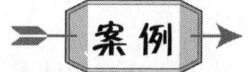

乘客主动收餐盘法国空姐误解很生气　领队解释获点赞

一场不同习惯造成的误会,在机舱内堆起一座让法国空姐急怒的"垃圾山";一份写在行程表背面的粗糙文明倡议书,却最终凭着一份为祖国为家乡"护脸面"的责任感,赢得乘客竖起大拇指。2015年6月16日,一位武汉领队在前往巴黎的法航AF139次航班上主导了这场文明的"逆袭"。

6月16日中午2点,在法航AF139次航班上,几声焦急的"NO.NO.NO"打破了机舱的平静。发声的是几位法航空姐,是什么让她们失去了耐心?

答案在她们正前方,在机舱前端垃圾桶旁,地毯上竟堆了10多个用过的餐盘,里面装着剩饭、塑料袋、擦过的纸巾、包装盒……而在此时,还有中国乘客源源不断地端着餐盘前来。

小余是武汉市旅游局主办的环法自驾宣传团领队。法国空姐的一声声"NO",让这个资深旅游人坐不住了。他找到机上的中国空姐吴女士。"是不是机上收餐盘有点晚,大家习惯了国内航班的节奏,所以才忍不住自己动手的?"小余问。吴女士介绍,法式餐饮花样很多,外国人也一直习惯慢慢吃,所以形成了晚收餐盘的习惯。就是这样一场不同习惯产生的误会,结果造成了我们中国乘客不文明的印象。既然看到了,我就该做些什么,把大家真实、文明的一面展示给外国人看。小余想到就开始行动。飞机上找不到更考究的东西,他找出一份团队行程表,就在 A4 纸的背面开始草拟一封倡议书。

"您好!我是一个武汉的领队,我们发起了一项文明旅游倡议,请您先看一下。"别的乘客吃饭的间歇,小余一个个地向他们解释"午餐风波"的经过、给大家看自己的倡议书,再请大家签名支持。经过努力,晚餐结束时机上所有乘客都安静坐在位置上,等候空乘人员来集中收餐盘,没有一人再随意把餐盘和垃圾下座丢弃。

小余的倡议书,让航班上的法航乘务长劳伦斯女士感动不已。劳伦斯介绍,她飞中国航线已经 20 年,很多中国乘客的行为在她看来已经见怪不怪。而小余的倡议书,是她这 20 多年从来没有见过的,这样的行为让劳伦斯女士连声说:"Thank you very much!"

(资料来源:匡志达、颜缇、杨纯.《武汉晚报》)

三、情绪沟通障碍

人的情绪情感,是人的认识和行为的启动与控制力量。人与人之间的情感距离远近,将直接影响沟通是否顺畅和效果如何。情感亲近、关系融洽,沟通容易进行,且会有"言听计从"的效果;相反,情感疏远,逆反心理容易产生,沟通难以进行,即使进行也难有好的效果。一个不被旅客接受的服务人员,是很难与旅客沟通好的。

心理学的研究表明,无论是"理智型"的人,还是"情绪型"的人,都不可能永远理智或永远处于情绪波动之中。当他们的理智占上风时,会尊重事实,接受客观真理;而当他们情绪风暴卷起时,就会头脑发热、思想混乱,用主观愿望代替事实,从而形成沟通障碍。具体来说,如下几种情绪对人们之间的沟通影响较大:

(1) 情绪反应的过热或过冷。人们在一定时间、地点条件下,情绪反应具有约定俗成的反应强度,过热则令人疑心,过冷则被认为是无情,两者都很容易使沟通出现障碍。有的乘务员在与旅客沟通中,掌握不好情绪反应的尺度,过于热情或反应冷淡,容易招致旅客的反感。

(2) 逆向情绪。这种人不仅情绪反应程度与他人有差异,而且方向也相反,人家高兴他独悲,人家伤心他有趣,这无疑会形成阻碍。

(3) 暴怒。暴怒之下,人们最容易不问青红皂白乱说话、乱攻击,往往牵连无辜,惹人反感,让人害怕,根本无法与之沟通。有的乘务员由于心情不好或是受到旅客的误解、质疑,往往控制不住情绪,容易与旅客发生争执,甚至发生冲突。

四、个性沟通障碍

个性差异也会影响服务人员与旅客之间的沟通。例如,思维型(善于抽象思维)与艺术型(善于形象思维)的人彼此之间交流信息就可能发生障碍。不但个性品质差异较大者之间难以沟通,即便是个性品质相似,特别是具有下列个性品质之人:自私自利、虚伪狡猾、不尊重人、苛求于人、猜疑心重、报复心强、过分自卑、骄傲自满、孤独固执等,也不一定能顺利沟通。对于品格高尚,服务态度诚恳、热情、善良的服务人员,旅客容易相信他们,乐意按他们的要求去做;相反,对于品格低劣、服务态度冷淡的服务人员,旅客往往会产生疑问,不肯轻信。

五、角色沟通障碍

有些人轻视服务工作,认为民航乘务员不过是伺候人的工作,轻则吆五喝六,对服务人员指手画脚,个别旅客自恃有钱有势,不仅不尊重服务人员,甚至为难、辱骂他们。同样,有些民航服务人员自恃清高,觉得自己是百里挑一选上来的,态度高傲,对旅客缺乏耐心,让旅客难以接近。例如,有一次一个台湾老人在过安检的时候就与安检工作人员发生了冲突。因为在过安检的时候程序比较麻烦,再加上可能在进安检前老人与他人发生过争执,老人非常的激动、气愤。工作人员再三解释,他们是按照规定履行职责,可是老人仍然非常不满,与工作人员发生了激烈的口角,并告知安检工作人员"我要投诉你",因安检工作人员是照章办事,所以毫不畏惧地告诉旅客:"你去告吧!给你看工牌,看好了去告吧。"这位老人顿时被气得脸色煞白,转身就晕倒过去。显然服务人员做得不对,虽然老人也有不妥之处。

空乘服务要找准自己的位置

作为乘务员,怎样调整好自己的情绪,扮演好不同的角色,也是需要大家共同商讨的课题。我也曾经接触过这个命题,就是乘务员在航班中扮演什么角色的问题,答案十几种,有的回答乘务员是服务员,是协调员,是医生、护士,是向导;还有的回答是阿姨、是保姆、是搬运工,甚至是出气筒。

这些角色并不过分,我们扮演的角色就是旅客需要的角色,并且要扮到最好,让旅客满意。比如,飞机上旅客之间发生不愉快,你就是位协调员、劝解员,要协调、安抚、帮助他们,让他们彼此之间露出笑容,你就演好了这个角色。飞机上有病人、老人、幼儿时,你就是医生、就是阿姨。

飞机上的大重行李,需要你安排、摆放,你就是搬运工。出气筒的角色最不容易当,旅客由于自己家中的原因、地面的原因或其他各种外界因素,引起不快、伤心或愤怒,无处发泄,又急需找个出口释放,没关系,我们来当这个"出气筒"。多忍耐、多理解、多宽容,首先要当好听众,带着微笑倾听,然后,再换一下劝解员、向导、心理医生的角色。

总之,扮演好飞机上旅客需要的各种角色,我们离成功的距离就会越来越近,这是我们成功的又一个秘诀。无论是追求全面的品质服务,还是追求最佳的角色演绎,最终的目标就是追求旅客满意度的最大化,最大限度地满足广大人民的利益。

(资料来源:民航资源网)

六、态度沟通障碍

人们的态度、观点、信念不同,也能造成沟通过程中的障碍。在民航服务中,由于个别服务人员缺乏正确的服务理念和良好的服务态度,在旅客遇到不便和困难时,缺乏坦诚的工作态度,引起旅客的不满。

航班延误　别再因天气"斗气"了

12月30日,北京迎来入冬以来首场大雪。报道说,降雪已造成首都机场104架次航班延误。看到这个消息,笔者的第一反应是——这次不知民航是否又要遭投诉。从以往因延误引发冲突的事例看,不少是本该得到理解的天气原因,却往往因为民航应急善后机制存在瑕疵,最后变成旅客在"斗气"了。

这不是笔者"不惮以最坏的恶意"的推测,而是因为有太多的"亲身体验",媒体也有太多的报道:滞留机场动辄数小时,对何时能起飞旅客茫然无知,航空公司给出的延误原因一会儿一变,没有一个人出来说句哪怕是安慰的话。还有更离奇的!本报曾报道过,因航班延误,航空公司竟安排陌生男女共住一室;参加远南运动会的残疾人运动员在机场被"折磨"了十几个小时,也没一个人出来说句对不起……

中消协近日公布的一项民航消费体察活动结果表明,消费者对民航服务不满意的问题主要有八个方面,其中就有两项与航班延误有关。

航班延误,其他国家有,人家是怎么做的呢?本报的报道也许能提供很多借鉴和启示。

本月下旬以来,受持续浓雾天气影响,伦敦希思罗机场遭遇了航班延误。新华社记者在现场看到,若干身穿绿色马甲的机场工作人员负责维持秩序,并耐心回答旅客的提问,而旅客则可拿到免费三明治和各种冷热饮料,机场秩序井然。

在埃及,出现航班延误后,埃及最大的航空公司——埃及航空公司的工作人员首先会向旅客表示道歉,然后会尽力帮忙解决旅客面临的问题。他们还有一套完整的规定:如果航班延误时间达到1个小时,埃航会免费向旅客提供饮料或食品;延误时间达到5个小时,埃航会免费安排旅客到宾馆休息……

国外的经验,总结起来无非是及时公布航班延误信息,完善善后制度,让旅客能及时方便地选择退票或转机,明白哪种情况该得到什么赔偿等。

这些措施,其实也并非什么"高难动作",相信只要真心以人为本,以顾客为本,真心想做,国内任何一家航空公司,任何一个机场,都可以做到。关键是想不想做。

(资料来源:丁永勋、张超.新华网)

七、信息沟通障碍

尽管信息发送者头脑中的某个想法很清晰,但仍可能受措辞不当、疏忽遗漏、缺乏条理、表达紊乱等现象的影响,未能阐明信息的含义。信息表达不清楚和不正确,可能造成很大的损失,但只要在信息传递时高度小心,就能够避免。

第四节 服务中的沟通技巧

在民航服务中,我们不仅要注意与旅客进行有声语言的沟通,更重要的是要把握和运用好无声语言,将有声语言与无声语言有机地结合起来。要了解旅客的需要,以真诚、耐心的服务态度对待每一位旅客。为此,服务人员在日常的学习与工作中,就要熟练掌握沟通的技能技巧。

一、充分地了解旅客

民航服务人员在与旅客进行沟通时,绝不可盲目出马、仓促上阵,而要在对旅客有相当程度的了解之后才付诸行动。一般说应对如下几方面有所了解:

(1)要了解对方的个性特点和当前心境。只有了解了对方的个性,才能确定沟通的方式和策略。比如,对急者慢之、慢者急之的互补策略等,都是在个性了解基础上才能确定的。同时,服务人员只有了解了旅客的当时心境,才能抓住最有利的沟通时机。我们都知道,心绪不宁时,根本无法集中精力考虑问题;心中烦躁时,进言者很可能自讨无趣;刚受挫折的人,往往将第一个出现在面前之人当作"替罪羊"。可见了解当时心境是多么重要。

(2)要了解旅客已有的观点、意见和态度。只有了解了这些,沟通中才能做到有的放矢,真正解决问题,否则,双方谈了半天,言不及义,不仅于事无补,还浪费了宝贵的时间。同时,只有从对方的意见出发,才会使沟通更加顺利地进行,不然,双方各唱各的调,不仅可能使双方陷入不自觉的矛盾之中,而且可能导致敌对情绪。

(3)要了解对方的思维方式并具有接受不同意见的能力。比如,有的人沉着冷静,精于逻辑思维,我们就应该逐步展开自己的观点,注意条理清晰;有的人热情有余、沉稳不足,我们就应该将主题精练抛出,尽量在最短的时间内申明本意,免得对方听错、听偏或没有耐心听下去;有的人不习惯深思熟虑,只想于只言片语中去搜寻微言大义,我们就应该围绕某一个对方喜欢的话题展开全部沟通内容,"强迫"对方"深明大义";有的人就爱发挥想象力,将我们普通的描述拓展到天际,由此派生出许多歧义。我们应该注意使每一句话都有现实依据,并对沟通过程中容易引发联想和想象的语言进行一番预测,剔除那些容易引起歧义和不利于沟通的东西;有的人尽管你有千条妙计,他有一定之规,别人的话很难听进去,我们就应将沟通过程与其切身利益相联系,给予强刺激,迫使其走上正常的沟通轨道。

(4)了解我们自己,这主要包括,在沟通之前,先对自己的人生观、价值观有一个较深刻的反省,对自己的智能和情感特征做一次衡量和剖析,审查一下自己的沟通方式和目的,这样才会使双方在沟通过程中更加融洽,使沟通过程更加顺利。

二、正确使用身体语言

(一) 身体语言的自觉性

恰当使用身体语言与准确解释身体语言同样重要。要想提高自己有效使用身体语言的能力,首先要增加自己对身体语言的自觉性。

身体语言自觉性的增加需要经过三个步骤:

第一步,是自我监察自己的各种身体语言信号与整体的身体语言状况。我们每个人都可以对自己的身体语言进行记录,自己来定义和解释自身的各种身体语言信号,并根据不同心态下各种身体语言信号相伴随的规律,建立起各种整体身体语言模型。通过这一过程,我们对自己在高兴、欣喜、激动、悲伤、失落、愤怒、生气等各种情绪状态下,身体各部位的身体语言状况如何及其相伴随的规律,会获得一个十分明确的概念。

第二步,是对自己的各种身体语言行为和整体模型进行自我体验。自我体验的过程,不仅可以使人们将各种身体语言经历与自己的真实情绪状态和沟通过程更自然、更充分地联系到一起,而且可以使人们有机会对在第一步骤中建立起来的各种身体语言定义和整体模型进行自我检验,并进行必要的修正。

第三步,是在实际的人际沟通过程中自然地运用各种身体语言行为和整体模型,并检验其有效性,即考察别人理解与自我定义的一致性。

(二) 身体语言的运用

民航服务人员在工作中要随时做好准备,以正确的身体语言创造良好的氛围。

1. 职业形象

即使仅仅靠笔直的站姿,也能让旅客看出服务人员的职业素质。双肩下垂、耷拉着脑袋、弯着脖子、脚在地上乱蹭,这些都是消极的表现。在工作中,服务人员必须表现出随时准备去履行职责的状态。如果你觉得很难做到,不妨想象一下,自己正在一个舞台上表演或者面对着一架摄像机,这样会激励你随时注意自己的身体语言并把自己调整到一个更佳的状态。传统意义上,演员在任何时候都不应该背对着观众。服务中,服务人员就像舞台上的演员一样,良好的身体语言是通向成功的第一步。

空姐的优雅

优雅可以通过见识和学识、仪容仪表、发型、服饰、身体、气味、声音、社交、智慧情感等方面去修炼,作为一个女人,美丽是与生俱来的,但优雅的气质却是后天修炼而成的结果,美丽是表象,气质却要从骨子里透露出来。有魅力的姿势是需要训练的,在任何时候都不要松懈对自己姿势的注意:走路要优雅、坐姿要优雅、用餐要优雅、身体语言要优雅等。

习惯在经济舱工作的空姐们,一名乘务员平均要服务50个旅客,在提供饮料时,可能已经有旅客想用餐,在提供餐食时,可能有的旅客口渴了,所以经济舱的服务要求就是标准化,可能还需要一定的速度,但是一旦进入头等舱我们就要慢下来,这样才可以做到高雅大方。

(资料来源:中国航空旅游网)

2. 微笑

让微笑永远挂在脸上并非易事,但是绝不能把你的微笑隐藏起来。当旅客向你走来时,应该抛开一切杂念,把精神集中在他们身上,并真诚地向他们微笑。微笑仅靠面部肌肉的堆积是不够的,还要用眼睛传达这份真诚。微笑是你最宝贵的财富之一。

3. 有礼貌的身体语言

好的身体语言,是指能够表现出全身心投入的身体语言。换句话说,尽量避免把你的身体转向除了面向旅客以外的其他方向,哪怕是微小的转动都要避免,不然会暗示你对他们缺乏兴趣。为了表明全身心投入,你的脚尖应始终指向客人,同时,你的头部要抬起,肩部要放松。如果场合允许,你的双手应背在身体后面并握住,这样表示你随时准备行动。如果双手在身体前面握住,则有一点防备他人的意味。

4. 目光接触

目光接触非常重要,这可以表示赞赏而且能够把你的真诚传达给对方。然而,也许来自某些其他文化的旅客不能接受。由于文化和宗教的关系,有些人不喜欢目光接触,比如穆斯林和日本人。

5. 行为举止

走路时要满怀自信,不要太快,应以正确的节奏表现出职业的态度。避免接触到客人的身体,但是在难走的地方(比如台阶)扶他们一把是允许的。记住,过分亲热会冒犯客人。不要用手整理头发,不要摸鼻子或者摸耳朵,更不要抠鼻子。如果你觉得周围没有人在看你,也不要做出这种举动——可能有个安全摄像头正对着你呢!除非你的眼睛里有东西,否则不要去揉眼睛,这个动作表示受挫或者疲倦,显得态度非常消极。

6. 积极的态度

通过练习,你自己的身体语言可以变成有用的工具。有技巧地使用身体语言不仅能创造良好的印象,还将向旅客传递出一个强大的信号。这很可能会影响到他们对你的回应——希望这个回应永远是积极的。

积极的身体语言应该包括前面提到的几点。例如,正确地面向旅客以及保持目光接触(合适的场合)以使旅客确信你的注意力集中在他们身上。在听别人讲话时,头部倾向一侧可以表示你的专注,这也是一种积极的身体语言。当然,还有微笑。

三、熟练掌握语言技巧

这里讲的语言技巧,不是遣词造句的技巧,主要是指"说"语言的技巧,即语音、语气、语调等。

(一)语音

语音,主要是指对重音和停顿的安排。

首先,重音的安排。确切地说,主要是逻辑重音的安排。这里所讲的"安排",就是要通过沟通语言中的重音,将需要强调的东西凸显出来,以达到沟通目的。如"我/请你来玩儿""我请你/来玩儿""我请你来玩儿"三个句子字面完全一样,但由于重音不同而意思各有侧重,如果参考个人感情和当时情境,就能从中悟出很多东西,有居高临下的命令,有不太情愿的邀请,有渴望分享开心一刻的感情等。再比如"您真聪明""您真/聪明"这句话,前者是真心称赞,后者如再与拖长的声调相结合,就很可能变为挖苦与讽刺了。

其次,停顿的安排。停顿,是较之重音更复杂的一种表达技巧,因为它常常与标点符号相联系,所以常常对句子的构成和意义起决定性作用,运用起来较复杂。如"有资格的和尚未取得资格的先生"这句话,如果停顿不当就会被读为"有资格的和尚/未取得资格的先生",产生歧义,真正要表达的意思是"有资格的/和/尚未取得资格的先生"。

巧妙地利用停顿,还可以在沟通中划开心理段落,这样,既可以整理前面的信息、体会情感,又可以为后来的沟通预做铺垫,进行心理准备,非常有利于信息消化和沟通过程的顺利进行。

(二)语气和语调

据说,意大利著名悲剧影星罗西,应邀参加一个国外同行的宴会。席间,很多客人要求他表演一段节目,于是,他用意大利语念了一段台词。尽管大家都不懂他在说什么,但他那悲切的表情和凄凉的声调使大家被感动得潸然泪下,可事实上,艺术家匆忙中念出的只是晚宴的菜单!这一点,虽不是人人都可以做到的,但无疑反映出了语气语调在语言表达中的重要作用。大文豪萧伯纳曾说过:一个"不是"可以有500种表达方式。这虽然是"文学"表达方式,不能说整整就有500种,但语气语调会使语言表达方式丰富多彩是确定无疑的。就这一意义而言,词语本身有时倒显得不重要了,因为词语的含义多随着语气、语调而变化。在沟通过程中,尤其如此。

一般讲来,"气徐声柔",给人以温和感,表现出爱与友善;"气促声硬",给人以挤压感,表现出憎恶与厌烦;"气沉声缓",给人以迟滞感,表现出悲伤与无奈;"气满声高",给人以跳跃感,表现出喜悦与欣然;"气提声凝",给人以紧缩感,表现出惧怕与回避;"气短声促",给人以紧迫感,表现出急躁与激动;"气粗声重",给人以震动感,表现出愤怒与威吓;"气细声黏"给人以踌躇感,表现出疑虑与不安等。当然,这些还要结合说话人的性格特点和当时的情境来分析,才会得出确切的结论。至于阴阳怪气的表达,则显得冷嘲热讽;鼻音哼声在我国主要表达冷漠与傲慢的情感。

空姐要学会说话

语言本身代表每一个人的属性,作为一名乘务员要学会说话的艺术。不同的服务语言往往会得出不同的服务结果。一名空姐要掌握不同的说话技巧,如对老年旅客的说话技巧、对儿童旅客的说话技巧、对特殊旅客的说话技巧、对发脾气旅客的说话技巧、对重要旅客的说话技巧、对第一次乘飞机的旅客的说话技巧、航班不正常时服务的说话技巧等。

在服务中，一句话往往会带来不同的结果。一句动听的语言，可能会给航空公司带来很多回头客；一句难听的话，可能导致旅客永远不再乘坐这家航空公司的飞机，他可能还会将他的遭遇告诉其他旅客，所以得罪了一名旅客可能相当于得罪十名或上百名旅客。例如，在一个航班上空姐为旅客提供正餐服务时，某位旅客所要的餐品刚好没有了，空姐非常热心地到头等舱找了一份餐送到这位旅客面前，说："真对不起，刚好头等舱多余了一份餐我就给您送来了"。结果旅客一听，非常不高兴："头等舱吃不了的给我吃？我也不吃。"由于不会说话，空姐的好心没有得到旅客的感谢，反而惹得旅客不高兴。如果空姐一开始这样说："真对不起，您要的餐食刚好没有了，但请您放心，我会尽量帮助您解决。"然后再到头等舱看看是否有多余的餐食供给旅客，拿到餐食后送到旅客面前时，可以这样说："您看我将头等舱的餐食提供给您，希望您能喜欢，欢迎您下次再次乘坐我们航空公司的飞机，我一定首先请您选择我们的餐食品种，我将非常愿意为您服务。"这样的处理方法，相信可以取得完全不同的效果。这就是说话的艺术，作为一名合格的空姐，说话真是太重要了。

（资料来源：中国航空旅游网）

四、学会倾听

俗话讲，人有两个耳朵却只有一张嘴，这意思就是说，人应该多听少讲，才能彼此沟通。在与旅客交往中，"谈话"是一种特殊的沟通能力，但学会"听话"是乘务员在沟通中一个必要的重要品质。服务人员一旦成为善于倾听的人，就会在服务技巧方面胜人一筹。

倾听的目的，不仅是听到对方说的话，还要理解对方的感觉，感知对方是否对你敞开了心扉，并对他们说话的语气及伴随的身体语言做到心领神会。倾听就是接通对方的心灵，倾听也是最佳形式的说服。要想说服旅客，让他们相信你，对你有信心，乃至听从你的意见，恐怕没有比真诚的倾听并表现出真正的关心更加有效的方式了。在倾听的时候，你的心里正在默默地向对方说："我想理解你，我想知道你的需求，我要帮你解决问题，因为你很重要。"

国航乘务长崔雯:亲和如影随"行"

阳光、乐观、积极、热情……新梦组的小伙伴总是喜欢将这些美好的形容词挂在××主任的身上。作为一名有着十多年工作经验的主任乘务长以及八部标杆组的领头人,在每一次的航班飞行中,崔雯主任都在潜移默化地感染着身边的每一个人。

在一次 CA867 北京飞往约翰内斯堡的航班中,新梦组迎来了一批来自南非的儿童团,当崔主任热情地带领整组迎客时,她敏锐地从每个戒备的小眼神中发现有一丝丝的惧怕与恐慌。或许是语言的不畅通,或许是对异国他乡地域的不熟悉,也或许是初次见面的排斥感,无论乘务组多么热情地提供服务,整个儿童团小朋友的态度始终不温不火。就连乘务组送给他们亲手折的各种造型的折纸时,仍有一个名叫朱莉的小女孩在拿了一个纸飞机后怯生生地躲到了一边。

看到小朱莉似乎是喜欢飞机的,细心的崔雯主任立刻取来飞机上配备的飞机先生玩偶送给了她。小女孩对眼前这位亲切的阿姨渐渐放下了戒备,终于开口说话了,她一边流眼泪一边重复地说着"mom…miss mom…",虽然简短,但是崔主任的心揪了起来,就像看到了自家孩子独自出门在外,感受到了小朱莉的无助和对家人的思念。通过和带队老师沟通,崔雯主任了解到,小朱莉平时性格就比较内向,这次远离家人来到这么远的地方,状态一直不好,这次的中国之行中也从未露出过笑脸并且拒绝和任何人说话。

为了让小朱莉感受到来自中国的爱,能够开开心心地回到妈妈的怀抱,同时也为了儿童团的每一个小朋友都能有难忘的飞行体验,崔雯主任在儿童团开展了一堂折纸活动。她一边折纸一边耐心地与小朱莉用英文聊起了天。小女孩仿佛感受到了这份来自异国"妈妈"的爱。刚开始是只言片语,慢慢地开始和"崔妈妈"说起了悄悄话,在"崔妈妈"的耐心倾听与关爱下,小朋友彻底打开了心扉,笑容渐渐地爬上了她的小脸。小朱莉不仅开始和"崔妈妈"亲近,也能够主动和其他小朋友以及新梦组的大朋友们有了互动,还不时得拉着新梦组大朋友的手讲起了身边的趣事,漫长的航班在大家的陪伴下愉快度过。终于,飞机顺利到达目的地,下机时,小朱莉主动拥抱并献给崔雯主任甜甜的一吻。这次难忘的航班经历给整组组员上了生动的一课,让他们身临其境地感受到亲和如影随"行"之真谛。

(资料来源:钱晶晶. 中国民航网)

五、与旅客找到共同语言

服务人员在与旅客沟通过程中,需要沟通的意见不一定符合旅客的观点,而毫无共同语言的沟通,结果可能是"开战",这与沟通的本意不符。因此,需要尽力"找"出共同语言。在这方面有著名的"yes"原则。其中心内容就是沟通一开始,便让对方连连称"是",尽量避免让对方说"不",后面的沟通就容易多了。心理学的研究支持了这一观点。心理实验证明:人们说"是"时,整个身心都趋向于肯定方面,身体组织呈开放状态;而在人们说"不"时,全身的组织——分泌腺、神经与肌肉都聚集在一起,呈拒绝状态。并且,"不"字出口之后,人们的一切言行便与其"尊严"联系起来。因而,即便后来察觉了自己的错误,人格的尊严也可能驱使他们坚持到底。

为此,在沟通的开始,特别是在意见不同前提下的沟通过程之初,我们可以从如下三方面入手:

首先,从旅客无法说"不"的客观事实入手。面对客观现实,除了无理取闹者,都会点头称是。有了确凿的事实和对方肯定性的态度,我们就可以逐步转入正题,使旅客由此增加对我们的信任感,从而使沟通变得更加顺利。

其次,可以从旅客的观点入手。完全天衣无缝的观点是极少的,因而,我们可从支持对方观点切入,在逐步深入的过程中,从"缺陷"之处岔出,引导其改变观点和态度,有时做得好可令对方觉得不是自己改变了观点,只是对其原有的观点进行了一些有益的"补充"。

最后,可从双方都同意的其他问题入手。这里所选择的"其他问题",肯定是对方同意的,因而说"是"的概率极高,兴趣也浓。这时,才将要沟通的问题"自然地"切入,沟通过程便会更加顺利。

六、赢得旅客的理解和配合

在民航服务过程中,乘客的行为会影响服务质量和效果。乘客有效的参与行为是保证服务质量和满意度的必要和重要条件。有效的、顺利的沟通,离不开乘客的有效参与和配合。为此,必须加强与乘客的沟通和协调,以促进乘客的配合。比如,航空公司在服务承诺的条件发生变化和服务承诺可能难以完全履行时,航空公司应及时通知乘客并采取积极的措施,以求得乘客的谅解和配合。例如,由于天气等客观因素和人为因素,航空业经常有航班延误,这使得航空公司有关航班承诺的履行比较困难。因此,在航班延误时怎样与旅客沟通和解决旅客的种种问题,是航空公司必须研究的一个大问题。美国航空公司(American Airlines),比较重视航班延误时的管理政策。该公司培训机组人员,让他们学会当飞机误点时怎样最快地通知旅客和怎样让旅客接受一个延误时间区间。这样既保证了与乘客的有效的沟通,也容易得到乘客的谅解和配合。

航班延误时空乘应该如何安抚乘客

心理学研究告诉我们,一个人的情绪反应和他对突发事件的理解与判断有关。旅客主要通过机场人员发布的信息,去理解和判断事件的"真实"情况和个人的处境。如果工作人员发布的信息、表现的行为和周遭的氛围都是很正面和积极的,旅客就会信任航空公司和机场管理当局的应变能力,比较愿意合作和接受有关的服务安排。所以航空公司和机场当局第一时间就争取到旅客的信任,就显得非常重要。

要得到旅客的信任,空乘必须要用旅客可以理解的语言和他们进行沟通,千万不要说一些让他们难以理解的行话。比如说如果我们只告诉旅客,机场已经启动了紧急应变预案,却没有解释清楚这个预案具体会给旅客带来什么直接的帮助,旅客就会有所疑惑,甚至有被愚弄的感觉。

另一个很重要的争取旅客信任的沟通方法,就是要把话说清楚。面对大面积航班延误的情况,我们常常为了一时方便,用一些不实的话安抚旅客。这是致命的错误,因为在资讯发达的今天,旅客很快就会知道这是不确实的。如果他们认为受骗了,之前不管我们做了多少好事,都难以再获得他们的信任。一旦失信,后果就会非常严重。

(资料来源:无忧考网)

航班延误乘客不满 美女空姐出马一招让乘客高呼鼓掌

登上飞机却遇上航班长时间延误,很多乘客都很烦躁,甚至想冲空姐发火。这时候空姐如何应对乘客?亚洲航空一名空姐做出了一个示范。

近日国外社交网站上发布了一则亚航空姐在航班延误时飞机上唱歌的视频。根据视频,为安抚乘客焦躁不安的情绪,在一名空少的介绍下,一名长相甜美的空姐,以手机播放的音乐为配乐,通过机上广播系统高歌一曲。

这名空姐面露微笑,先为机上乘客献唱了一首泰国经典流行歌曲,再以英文高唱男歌手 Jason Mraz 的名曲 I'm Yours。在空姐热情演出下,机上乘客报以热烈欢呼和掌声。

据悉,这件事情发生于 7 月份,亚航香港飞曼谷的这趟国际航班由于某种原因,乘客登机后飞机一直在香港国际机场不能起飞,逐渐引发乘客不满。于是空姐临危不乱,出马高歌,化解了乘客的不满。该视频在网上疯传,许多网友留言称赞这名空姐"人美歌甜"。

尽管多数延误并非航空公司原因,但是乘客经常会把矛头对准空乘人员。遇到延误,乘客与空乘人员应互相理解,同时国内航空公司的空乘人员也可以借鉴亚航这名空姐的处理方法,用唱歌等活跃气氛的方式来化解可能的冲突。

(资料来源:搜狐)

七、迅速解决各种问题

航空公司对于临时出现的问题,必须迅速、及时地解决。因为一个问题如不及时解决,就可能迅速变大或升级,从而造成极坏的影响。及时与旅客沟通,迅速解决投诉及清楚解释服务失误原因才是上策,才能获得旅客的理解和支持,从而获得很好的服务口碑。

用心每一刻 践行真情服务

2018 年 8 月 20 日,东航 MU5390 航班准点落地。下客完毕后,8A 座位客人发现手机找不到了。乘务员立刻寻找 8A 座椅及周围区域,但却无所收获。于是乘务长方一带领乘务员,将座椅垫全部拆开,身体匍匐在地上仔细搜查,可仍未找到旅客的手机。

通过后续与地服沟通,方一了解到 8A 乘客在地面时曾换过座位,于是立即在乘客更换到的 7C 座位及周围进行寻找,最终将这部手机找到,可此时失主由于赶火车的原因已经离开了机场。

乘务长方一本着恪尽职守的原则,查询到该失主的联系方式,联系到失主。按流程来说她只需将手机送回行李查询处,但体会到失主无法使用手机的焦急心情,方一询问到该失主正前往虹桥火车站,便马上开车亲自送了过去。

当方一穿着高跟鞋一路小跑将手机交还到旅客手中时,他激动地握住了方一的手,表示由衷的感谢。而方一则表示,这都是分内的事。最后旅客特地将表扬锦旗送到东航客舱部,再次表示了感谢。

(资料来源:中国民航网)

本章内容较为重要。沟通的本质,特别是身体语言沟通揭示了民航服务工作中的细节,在一定程度上决定了旅客的满意度,决定了服务工作的质量;沟通障碍进一步明确了引起旅客不满的原因,为服务工作提出了启发和指导;沟通技巧则更加具体地使民航服务人员明确了提高服务质量的要素。

(1)沟通心理的特点有哪些?
(2)身体语言沟通的内容包括哪些?
(3)如何提高民航服务工作的沟通技巧?

航班延误却收到了感谢信:一场有故事的延误

2017年7月19日晚,福州航空FU6594西安—福州航班落地福州,比计划时间延误了近20分钟。在"闻延色变"的暑运特殊时期,本次航班的延误不仅没有招致旅客的不满,反而收获了一份饱含谢意的感谢信。神秘的FU6594航班究竟发生了什么故事?

重要背包,不翼而飞

当天晚上,西安的乔先生乘坐福航班机由西安飞往福州,第二天早上,他将代表公司参加一个重要的投标项目。上机后,由于其座位35H正上方的行李架已无剩余空间,他便将装有贵重物品的黑色双肩包安放于客舱 36-37 排的行李架上。

"由于这个航班经停宜昌,在前往宜昌的旅客下机期间,我还刻意关注双肩包的安全,但因机舱过道狭小,我无法第一时间站在 36-37 号行李架前看护双肩包。当最后一位宜昌旅客离开机舱后,我的双肩包已不知去向。"回忆起当时的情景,乔先生仍然心有余悸。

失物寻找,紧急接力

发现背包丢失后,心急如焚的乔先生立即寻求乘务长的帮助,当班乘务长黄强果断做出决策,他一方面安排其他乘务员组织机上旅客认领各自行李,另一方面及时帮助乔先生向宜昌三峡机场派出所报警,寻求警方的帮助。一番搜寻过后,乘务员发现客舱内有一个与乔先生所带双肩包极为相似的背包无人认领,乘务长通过包内身份证,获取了背包主人的电话,并辗转联系到该旅客。此时,该旅客才发现确实拿错双肩包,但其乘坐的轿车已驶入高速公路,掉头返回机场需要 20 分钟左右。

"双肩包终于有了着落,我焦虑的心情有所缓和,但飞机起飞时间已临近,情况仍然十分紧急。"乔先生告诉记者,当时机场派出所两位民警也赶到现场,他向大家陈述了包内物品的重要性及第二天早上必须使用的迫切性。为了帮助乔先生,机长通过协调,为他争取了 20 分钟地面停留时间,如果届时包未送到,飞机必须关闭舱门按时起飞。同时,乘务员也给舱内旅客进行了事件广播,安抚旅客情绪,希望得到旅客理解。一场限时 20 分钟的紧急接力,就此拉开。

幸运的是,在各方的帮助下,乔先生的背包终于在"丢失"15 分钟后完璧归赵,FU6594 航班在延误近 20 分钟后,也顺利起飞。

(资料来源:中国民航网)

下篇

民航服务人员心理及调适

第七章 个性心理与调适

课前导读

人的复杂之处在于人的千差万别的个性。了解个性的本质特点以及内容、分类,有助于了解自我、了解他人,更进一步理解他人。在民航服务中,从自身的个性特点出发,本着以人为本的原则,努力做好本职工作。

教学目标

- 理解气质、性格和能力的内涵及本质特征;
- 了解个性与民航服务的关系;
- 掌握培养和调节良好个性的方法。

"世界上没有完全相同的两片树叶,也没有个性完全相同的两个人"。即使是双胞胎,其个性也是有着很大的差异。那么,个性是什么呢?个性是一个人区别于他人的稳定的独特的整体特性。人与人之间的性格、秉性、脾气等方面存在着一定的差异,在这个世界上,我们之所以找不出完全相同的两个人,就是因为个性差异使然。旅客的个性特点、民航服务人员的个性特点对服务工作有着至关重要的影响。

第一节 个性概述

个性,是一个结构系统。个性结构系统主要包括气质、性格与能力等成分。不同成分从不同侧面反映着个性的差异。其中,气质,是体现在高级神经活动类型上的差异;性格,是体现在社会道德评价方面的差异;能力,则体现人的综合素质与自我发展的差异。

一、气质

气质,是人的人格心理特征之一。它是指在人的认识、情感、语言、行为中,心理活动发生时力量的强弱、变化的快慢和均衡程度等稳定的动力特征,即气质是心理活动表现在强度、速度、稳定性和灵活性等方面动力性质的心理特征。简单地说,气质是人的心理活动的动力特征的总和,即主要表现在情绪体验的快慢、强弱,以及表现的隐、显性及动作的灵敏或迟钝方面,因而它为人的全部心理活动表现染上了一层浓厚的色彩。气质相当于人们日常生活中所说的脾气、秉性或性情。它与日常生活中人们所说的"脾气""性格""性情"等含义相近。

(一)气质的类型

1. 气质的体液说

气质是一个古老的心理学话题。早在公元前5世纪,古希腊著名医生希波克拉特就提出了四种体液的气质学说。他认为人体内有四种体液:血液、黏液、黄胆汁和黑胆汁。希波克拉特曾根据哪一种体液在人体内占优势,把气质分为四种基本类型:多血质、胆汁质、黏液质和抑郁质。多血质的人,体液混合比例中血液占优势;胆汁质的人,体内黄胆汁占优势;黏液质的人,体内黏液占优势;抑郁质的人,体内黑胆汁占优势。

2. 气质的高级神经活动类型说

心理学家巴甫洛夫根据气质是人的高级神经活动类型的特点和其在行为方式上的表现,揭示出兴奋过程和抑制过程的三种特性:①兴奋过程和抑制过程的强度;②兴奋过程和抑制过程的均衡度;③兴奋过程和抑制过程的灵活性。这些特征把高级神经活动分为4种类型:①强而不均衡的;②强的、均衡的、灵活的;③强的、均衡的、惰性的;④弱型的。这些高级神经活动的类型,是人的气质形成的生理基础。这种学说从生理学的角度为气质的分类与研究提供了生理基础,是气质研究的进步,得到了人们的认可与接受。

高级神经活动类型与气质类型对照表

高级神经活动类型		神经过程的特性			气质类型
		强度	平衡性	灵活性	
强型	兴趣型 不可遏制型	强	不平衡	灵活	胆汁质
	活动型	强	平衡	灵活	多血质
	安静型	强	平衡	不灵活	黏液质
弱型	抑制型	弱	平衡	不灵活	抑郁质

(二) 气质的特性

1. 感受性

它指人对外界影响产生感觉的能力。它是神经系统强度特性的表现,可根据人们产生心理反应所需要的外界影响的最小强度来判断这种特性。

2. 耐受性

它是指人在经受外界事物的刺激作用时在时间和强度上的耐受程度。它也是神经系统强度特性的反映。它表现在长时间从事某项活动时注意力的集中性;对强烈刺激(如疼痛、噪声、过强或过弱的光线)的耐受性,对长时间思维活动而能保持优越效果的坚持性等方面。

3. 反应的敏捷性

反应的敏捷性可以分为两类特性:一类为不随意的反应性。各种刺激可以引起心理各方面的指向性,如不随意注意的反应性、不随意运动的反应性等。另一类是指一般心理反应和心理过程进行的速度。如说话的速度、记忆的速度、思考的敏捷程度、注意转移的灵敏程度和一般动作的灵活性等。反应的敏捷性主要是神经系统灵活性的表现。

4. 可塑性

它是指人根据外界事物变化的情况而改变自己适应性行为的可塑程度。表现为对外界环境或要求的变化在顺应性上的难易,产生情绪上的愉快或不愉快,采取行动的敏捷或迟缓,态度上的果断或犹豫等方面。凡是顺应性上容易的,情绪上不出现困难的、行动果断的人,表现为更大的可塑性,而在顺应性上阻碍人的情绪出现纷扰、行动迟缓、态度犹豫的人,表现有更大的刻板性或惰性。可塑性主要是神经系统灵活性的表现。

5. 情绪兴奋性

情绪兴奋性是神经系统特性在心理上表现的重要特性。它既表现神经系统的强度特性,也表现平衡性。有的人情绪兴奋性很强,而情绪抑制力弱,这就不但表现神经过程的强度,而且明显地表现了兴奋和抑制不平衡的特点。情绪兴奋性还包括情绪向外表现的强烈程度,这一点可以有不同的组合。

6. 外倾性与内倾性

外倾性是兴奋性强的体现;内倾性则是抑制过程占优势的反映。外倾的人表现为心理活动、言语反应和动作反应倾向表现于外,内倾人的表现则相反。

(三) 四种气质类型人的特征

1. 胆汁质的人

感受性低而耐受性较高,反应的不随意性占优势,外倾性明显,情绪兴奋性高,抑制能力差;反应速度快,但不灵活。这类人精力旺盛、态度直率、激动、热忱,情绪易于冲动,心境变换剧烈,脾气暴躁,不稳重,好挑衅,情感产生快、强烈而外露,言语行为快捷有力,易兴奋,自制力差,性急粗心,可塑性差,缺乏耐心;有很高的兴奋性,行为上表现出不平衡。典型代表人物是《三国演义》中的张飞。其工作特点带有明显的周期性,能以极大的热情投入工作,克服前进中的困难,但如果对工作失去信心,情绪顿转为沮丧,疲惫不堪。具有这种气质的人适合从事困难较大的工作。如,宣传、鼓动,组织等工作。

2. 多血质的人

活泼、好动、敏感,反应迅速,喜欢与人交往,注意力容易转移,兴趣容易变换。这类人具有很高的灵活性,善于交际,外部表现明显,反应速度快而灵活,感受性低而耐受性较高,不随意的反应性强;具有可塑性和外倾性,很容易适应新的环境,在集体中容易处事,朝气蓬勃,姿态活泼,表情和语言生动而具有感染力,有较高的主动性,在活动中表现出精力充沛,有较强的坚定性和毅力。多血质的人,由于容易形成和改变神经活动的暂时联系以及神经活动的高度灵活性,往往思维敏捷。典型代表人物是《红楼梦》里的王熙凤。由于这种人机智敏感,在从事多样化和多变的工作时,成绩卓越。他们很适应作反应迅速而敏感的工作,而且适合的工作最广,如对外联系工作、交际工作、管理工作、机场总服务台服务员、接待员等。

3. 黏液质的人

感受性低而耐受性高,不随意的反应性和情绪兴奋性均低;内倾性明显,外部表现少;反应速度慢,具有稳定性。这类人安静、稳重、反应缓慢、沉默寡言,情绪不易外露,注意力稳定但难以转移,善于忍耐;是安详的,始终是平衡的、坚定和顽强的实际劳动者;其神经过程的稳定性和一定的惰性,使其具有较强的自我克制能力,埋头苦干,不被无关的事情所分心,态度持重,交际适度,遇事不慌不忙。这类人的缺点在于可塑性差,不够灵活,有明显的惰性,不善革新,有因循守旧的倾向。典型代表人物是《西游记》里的唐僧、沙和尚。这种气质的人最适宜从事有条理的、冷静的和持久的工作。如材料综合、文书处理、播音员、话务员、调解员等。

4. 抑郁质的人

感受性高而耐受性低,不随意的反应性低;严重内倾;情绪兴奋性高而体验深,反应速度慢;具有刻板性,不灵活。情绪体验深刻,感受性高,容易察觉他人不易觉察到的细节,行动较迟缓,而且不刚烈,较孤僻,多愁善感,犹豫不决、优柔寡断,但细心、谨慎、感受能力强,在友好团结的集体中,能与人融洽相处;有较强的坚定性,内心情感丰富,具有想象力,比较聪明,易动感情但爆发性差,比较刻板,对工作缺少激情。代表人物是《红楼梦》里的林黛玉。抑郁质的人能与人融洽相处,适宜从事需要谨慎、细心的工作。如检验员、登录员、化验员、保管员、机要秘书等。

在实际生活中,典型的某种气质类型的人并不多,多数人都是混合型气质,且以两种气质混合的(双质型)居多,三种气质混合的(三质型)人并不多。

二、性格

(一)性格的含义

性格,是人对现实的稳定态度和与之相应的习惯化了的行为方式中所表现出来的人格心理特征。性格能够表现出一个人独特的稳定的人格特征,所以一个人在某种场合下偶然一时情境性的表现,不能说明他的性格特征。

性格是在人的生理基础上,在社会实践活动中形成、发展和变化的。一个人对现实的态度,决定了他习惯化的行为方式。一个人如果对某些客观事物的态度和反应在生活中成为经验得到巩固,就会成为其在特定场合中习惯的方式,并由此构成其性格特征。同时,人的认识、情绪、意志等心理过程的不同特点,也是构成人们不同性格的重要因素。

(二)性格与气质的区别

性格比气质更能反映出一个人的心理面貌。性格和气质存在着互相渗透、互相作用的联系,两者都以高级神经活动类型为生理学基础。它们的主要区别是:

1. 存在的客观基础条件不同

气质与神经系统密切联系,性格则较多地受到社会生活环境的影响。

2. 稳定性时间长度不同

气质的稳定性在相当长的时间内,甚至在人的一生中都不会变动。性格也具有稳定性,但可能由于生活中的突发事件、重大挫折而变化。

3. 互相影响的侧重面不同

气质对性格的情绪性表现速度和发展速度有一定的动态影响。而性格在一定程度上掩盖和改造气质,使它服从于实践所要求的行为方式。

(三)性格的特征

性格有着较复杂的结构,是个概括性概念,具有多方面的特征。这些特征集中在个体身上,形成独具特色的整体。

1. 情绪特征

主要表现于情绪、情感活动的强度、稳定性、持久性上。如冲动还是沉静、稳定还是波动、乐观还是悲观、抑郁还是开朗等。

2. 意志特征

主要表现于意志力强弱和自控水平。如坚强还是懦弱、明确还是盲目、独立还是依赖、镇定还是慌张、主动还是被动等。

3. 理智特征

主要表现于对客观事物认识的方法和态度上。如感知事物是主动还是消极灌输,分析问题是细致还是粗略。思维方面是阻滞还是顺畅,想象方面是空想还是现实等。

4. 社会特征

主要表现于对社会、集体、他人、个人活动的关系和态度上。如交际还是独处、同情还是冷酷、节约还是奢侈、谦虚还是傲慢等。

(四)性格的分类

人的性格是千差万别的,按照不同的角度和标准,可以有不同的区分。

1. 从理智、情绪和意志哪种心理机能占优势来划分

(1)理智型。用理智衡量一切和支配自己言行的人善于权衡得失,不盲从,而是根据获得的信息,进行冷静分析,看是否符合实际情况,才做出决策。

(2)情绪型。这种人容易受各种诱因的影响而做出冲动的举动。言行举止容易受到情绪的左右,极易受到外在因素的影响,易受他人情绪的感染,具有较明显的从众心理。

(3)意志型。这种人目标明确、决策果断,具有自觉、明确的目的,克服过程中的困难,排除各种干扰,完成行为。如不满意,会坚持己见、弄个明白、讨个说法,否则绝不罢休。

2. 从心理活动的倾向性来划分

(1)外倾型。这类人开朗、外露,善于交际,容易受周围环境、其他旅客的态度、服务人员态度的影响和感染。

(2)内倾型。这类人沉静、内向,在一项决策中往往要经过反复左右权衡后方做出最后决定。

3. 从个体活动独立性的过程来划分

(1)独立型。这类人有主见,能独立自主地做出判断和选择,不易受外界因素的影响。他们往往是人群中决策的关键人物。

(2)顺从型。这类人缺乏独立性和主见,易受暗示,在作决策时往往犹豫不决,盲目从众。

4. 从社会生活方式来划分

(1) 理论型。这类人求知欲强，其兴趣主要在观察、分析、推理方面，好钻研、自制力强，对于情绪的控制能力较强，属于理智型。

(2) 经济型。这类人倾向于务实，从实际出发，注重财力、物力、人力和效率等因素。

(3) 艺术型。艺术型的人重视事物的形象和心灵的和谐，善于审视美好的情境，善于享受各种美好的情趣，把美好的价值看得高于一切，以美的价值和标准来衡量事物。

(4) 社会型。社会型的人以爱护他人、关心他人作为自己的一种职责。他们一般为人善良、随和，宽宏大量，乐于交际。

(5) 政治型。政治型的人对于权力有极大的兴趣，十分自信，自我肯定，讲原则守秩序，也有的人十分自负，比较专横。

(6) 宗教型。宗教型的人，是指那些重视命运和超自然力量的人。他们一般有比较稳定甚至很坚定的信仰，自愿克制自己比较低级的欲望，乐于沉思和自我否定。

三、能力

(一) 能力的含义

能力，是直接影响人的活动效率，关系活动完成状况的人格心理特征。现实生活中，每个人的能力都是不相同的。有人运算敏捷、思路灵活；有人过目成诵，记忆敏捷牢固；有人富于幻想和想象，有很高的创造能力；有人擅长组织管理，有较强的组织能力；有人擅长音乐和绘画，有较高的艺术才能等。

(二) 能力的分类

从不同角度出发，可对能力做出多种分类。

从能力水平划分，可分为有能力、才能和天才。顺利完成某种活动，不是单一的一种能力所能胜任的，而是要多种能力的结合。例如，空中乘务员这一工作，不是单单要求掌握一定的服务技巧就可以了。它要求空中乘务员要具有多方面的能力，如前面所述的表达能力、外语听说能力、应变能力等。为了完成活动任务的各种能力的独特结合就是才能。如果一个人的各种能力在活动中达到了最完备的发展和结合，能创造性地完成某一领域或多种活动任务，通常被称为天才。天才不是天生的,它是人凭借先天获得的生理条件,在社会环境和教育的影响下,加上主观努力而逐渐发展起来的。

从能力的性向划分,可分为一般能力和特殊能力。一般能力,又称普通能力,指大多数活动所共同需要的能力,是人所共有的最基本的能力。这种能力可保证人们比较容易和有效地掌握知识,如观察力、记忆力、注意力、想象力和思维能力。特殊能力,是从事专门活动所需具备的,又是在专门活动中表现出来的能力,如音乐能力、绘画能力、文学创作能力、数学能力等。

从能力的呈现与否划分,能力分为两种:一是已经在现实活动中表现出来的能力,叫作事实能力。二是日后遇上机会,经学习训练能够表现出来的能力,即潜能。平常所说的挖掘人的潜力,就是挖掘人的潜能,就是创造学习训练的条件机会使潜能转化成事实能力。

从能力涉及人的活动领域划分,能力有操作能力、管理能力、组织能力、社交能力等。

从能力所含创造性心理成分的多少来划分,能力有模仿能力、再造能力和创造能力等。

第二节 个性特点与服务工作

个性只影响一个人智力活动的方式,并不能决定人们智力发展的水平,也不能决定一个人活动的社会价值和成就的高低,个性不同的人都可以成为高尚的人,都可以成为某一领域人才的杰出代表。民航服务人员的不同个性深刻地影响着工作的方方面面,不同气质类型的人对待同一件事情的态度和处理方式是不相同的。

一、旅客的个性特点与服务工作

(一)胆汁质的旅客

这类旅客在候机、办手续、进餐、结账时显得心急火燎;对人热情,易激动,喜欢大声说话,爱打手势,毛手毛脚;不能克制自己,易发怒,常丢东西;精力充沛,情绪发生快而强,言语动作急速难以自制;内心外露、率直、热情、易怒、急躁,处事果断。

服务要点:服务速度要快,办事效率要高、不拖拉;避免与他们发生争执,出现矛盾应主动回避,不激怒他们;注意并提醒他们不要丢失东西;给他们以机会表现自己,多注意活动组织;不计较他们有时不顾后果的冲动言语。

(二) 多血质的旅客

这类旅客活泼大方,面部表情丰富,善于交际;好打听消息,对各种新闻感兴趣,受不了孤独和寂寞,富有同情心;活泼爱动,富于生气,情绪发生快而多变,思维、言语、动作敏捷,乐观、亲切、浮躁、轻率。

服务要点:多介绍、安排新颖有趣、富有刺激性的活动;对他们主动热情的交往要诚恳相待,不要不理不睬,以满足他们爱交际、爱讲话的特点;提供服务速度要快,多变花样,避免啰唆、呆板。

(三) 黏液质的旅客

这类旅客温和稳重,做事慢;好清静,做事谨慎,无创新;沉着冷静,情绪发生慢而弱;思维、言语、动作迟缓,内心少外露,坚忍、执拗、淡漠。

服务要点:安排座位尽量僻静,不要过多打扰;活动项目不可安排太紧凑,内容不要太繁杂;有事交代应该直截了当,简单明了,说话慢些,不要滔滔不绝,重点处要重复;凡事不可过多催促,允许他们考虑。

(四) 抑郁质的旅客

这类旅客喜欢独处,不苟言笑,不爱凑热闹,说话慢,有想法和意见不爱言说;自尊心强,因小事而怄气;柔弱易倦,情绪发生慢而强,易感而富于自我体验,言语、动作细小无力,胆小、忸怩、孤僻。

服务要点:对他们要特别尊重,处处照顾他们且不露声色;说话态度温和诚恳,切勿命令指责;不和他们开玩笑,不和他们说无关的事,以免引起误会;安排座位应清静而不冷僻,随时关照但不要打扰他们;有事和他们商量要把话说清楚,说话应该慢些,以免引起猜忌和不安。

二、服务人员的个性特点与服务管理

(一) 依据个性特点,合理安排工作

气质本身没有好坏之分,不影响一个人的成败,但是气质影响人的工作方式和工作效率。例如,四种气质类型中的胆汁型和多血汁型的人,他们的气质速度较快、稳定性较差,因此,更适合于要求迅速、灵活反应的工作;而黏液质和抑郁

质的人气质上具有更大的忍耐性和敏感性。因而更适合于要求细致而持久的工作。所以,在人员招聘、人事安排上,可以根据工作的特点,在职位说明书中加入关于该工作人员气质的要求,选择在气质上与工作更加协调、匹配的员工,使二者相互适应。这样,员工对职业的满意度会大大加强,同时工作效率也会大大提高。

(二)培养适合工作要求的个性

个性并非是一成不变的,个性既是稳定的又是可塑的,既有先天成分,也有后天成分。个性是可以通过后天的培养而有所改变的。因此,在适应民航服务工作方面,比如,飞行员、空中乘务员等,可以引导他们改变原有的某些个性,培养更加适合工作的个性特点。同时,还可以结合工作特点,分析适合工作要求的个性,让员工在工作中改变与工作不相适应的个性,更好地适应工作要求。

(三)人员配置要考虑个性的相辅性和互补性

在现代社会中,越来越多的工作需要采用团队操作,个性的相辅性和互补性有利于提高团队的工作效率。这首先是因为在一个团队中存在不同的分工,群体中每个成员的工作职能不同,对于个性也存在不同的要求。其次有的工作往往需要几种不同类型的人协同完成才能取得高效率,这就需要在配备人员的时候适当考虑个性类型的相辅性和互补性。在一个团队中,应按照个人的个性特征相互适应的原则进行人事编排,使不同个性的成员相互合作,以求彼此个性达成互补,这将有利于工作任务的完成和工作效率的提高。人员配置注意个性的相辅性和互补性,还有利于协调群体的人际关系、和谐群体的社会心理气氛。例如,多血质和胆汁质的人,热情主动,善于与人交往,因而易于与人建立友好的人际关系,而黏液质和抑郁质的人,内向、拘谨,在人际关系中处于被动地位。因此,在团队成员进行组合时,应该考虑气质特征对人际关系的影响,以使团队内的人际关系更加协调。

(四)根据个性的差异,灵活运用管理方法

每个人的个性都有其积极的一面,也有其消极的一面。民航工作管理者在看到某种个性积极面的同时,必须正视其消极的一面;同样的,在看到其消极面的时候,也不能抹杀了其积极的一面。正确的方法,是利用每个员工个性中积极的因素,控制其消极的影响,做到扬长避短。

同一个人在不同的条件下,不可能时时事事都保持着同样的成绩。一个人

的工作成绩和主观心理环境有着密切的关系。一般在感兴趣、心境好的时候,可能会取得最大的成就,而在相反的主观心理环境下就可能一事无成。所以,先进的不可能事事总是先进。这就要求民航服务管理人员,对服务人员特别是平时表现突出的服务人员在工作中出现的失误,不能过多责备,要注意服务人员的主观心理状况,唯物辩证地看待一个人。

根据员工气质的差异,采用不同的方法措施,做员工的思想工作,才能收到好的效果。例如,胆汁质的人容易冲动、好挑衅,做思想工作时要讲求方法,不能直来直去,要注重说理,批评要严肃;多血质的人表现为粗心大意、注意力不集中,对于这类人批评要尖锐一些,因为这类人比较开朗、可塑性强,易于接受批评;黏液质的人比较固执、不易改变,做这类人的思想工作要耐心细致、反复说服,使其逐步改变;抑郁质的人感情脆弱多疑,对于这类人要多鼓励、少批评,多侧面引导,少正面指正。

第三节 服务人员的个性调适

一、服务人员良好个性调适的可能性

(一)气质、性格都具有稳定性和可塑性

气质、性格的可塑性,是指高级神经活动类型在后天环境条件和外界影响下是可以改变的,气质可随环境、年龄的变化而改变。少年期由于兴奋过程强,抑制过程相对较弱,常表现为好动、敏捷、热情、积极;壮年期兴奋与抑制趋于平衡,常表现为机智、深刻、坚毅、活泼;老年期的神经过程抑制强、兴奋弱,常表现为沉着、安静、迟缓、自信、多疑等。随着年龄的增长,特别是当个体的世界观、性格已定型后,个体对自身气质的认识和控制能力大为提高,可以用自己坚强的意志力去克服气质的消极面,或是以气质的积极面去补偿其消极面。

(二)气质类型没有好坏之分

气质类型与人的生理素质关系尤为密切,不易改变。每个人的气质都有其所长,也有其所短,要了解其特点,扬长避短。多血质的人活泼、敏捷、感情丰富、工作能力强,容易适应环境,但行为轻率、情感不深、注意力不稳定、兴趣容易转

移;胆汁质的人,主动、热情、精力旺盛,但暴躁、任性、缺乏耐性;黏液质的人,沉着、冷静,但容易精神不振,缺乏生气、迟钝、冷淡。抑郁质的人耐受性差,容易感到疲劳,但感情深刻、细腻,做事审慎小心,观察力敏锐,善于觉察到别人不易发现的问题。

不同的气质类型都有容易培养的良好品质。如多血质的活泼、易感;胆汁质的迅速;黏液质的安静和耐性;抑郁质的情绪稳定和深刻。同时,要注意防止和克服每一种气质易产生的不良倾向,如多血质的精力分散;胆汁质的急躁;黏液质的冷淡;抑郁质的过度沉默等。

二、服务人员良好个性的总要求

(一)民航服务人员气质的要求

1. 感受性、灵敏性不宜过高

感受性,是指个体对外界刺激达到多大强度时才能引起反应;灵敏性,是指个体心理反应的速度和动作的敏捷程度。空乘服务的客舱中有各种各样不同层次、不同背景的旅客,在服务过程中随时会发生各种各样的情况,如果民航服务人员的感受性过高,势必会造成精力分散,注意力不集中,影响正常工作;但是如果民航服务人员的感受性太低,也会怠慢旅客,引起旅客的不满。因此,为了能够在热情饱满的最佳状态下进行服务工作,民航服务人员必须随时调节感受性和灵敏性,做好各种不同旅客的服务工作。

2. 忍耐性和情绪兴奋性不能太低,可塑性强

忍耐性,是指个体遇到各种刺激和压力时的心理承受力。情绪兴奋性,是指个体遇到高兴和扫兴时,是否能够控制自己的情绪。在乘务工作中,民航服务人员在航班中面对不同的旅客,会遇到各种各样的特殊事件。如航班延误时要面对旅客尖刻的语言;在服务中,会遇到百般挑剔的旅客,甚至无理取闹的旅客。如何承受这些压力、处理好这些矛盾,做好服务工作,这对民航服务人员来说是一个极其重要的考验,也是体现民航服务人员素质高低的关键。

(二)民航服务人员的性格要求

民航服务人员由于服务工作的需要,随时要与不同性格、不同层次的旅客打交道,所以必须具备宽容、自信、诚实、谦虚、热情、耐心等良好的性格特征,同时还要具备乐观外向、勇于负责、勇敢冒险和创新、自立、当机立断等性格品质。具体来说有以下几点：

1. 自信

自信，就是自己相信自己、深信自己有能力去完成自己所负担的各种任务。民航服务人员的自信，主要表现在对工作的积极性和主动性上。一个自信的民航服务人员不仅会具有较高的工作热情，而且也会产生战胜困难的巨大勇气。缺乏自信是一个人性格软弱的表现，不仅会遇事缩手缩脚、犹豫不决，而且会影响工作的开展和效率，还会因此带来严重的自卑而丧失进取的勇气。

当然，自信是有分寸的，它与自负是有区别的。自信，反映的是人们在自己所从事的各项活动中有着充分的智慧，有着旺盛的精力，是一种进取的人生态度。自负，是一种骄傲自大，是对自己的不恰当的过高估计。自负的人常常表现为盛气凌人、不屑一顾。自信和自负是两种截然相反的性格。民航服务人员在工作中应该做到自信心不可缺，自负心不应有。

2. 诚实

民航服务人员诚实的人格应该体现在两个方面：一是对人讲真话，忠诚老实，不弄虚作假，不阳奉阴违；二是要诚实地对待自己，如实地反映自己的优缺点，恰当地评价自己。

3. 谦虚

谦虚是公认的一种美德，是一种良好的人格品质。民航服务人员是否具有谦虚的品质，对工作的开展有着重要的影响。陈毅同志在谈到谦虚的问题时，曾在一首诗中写道："九牛一毛莫自夸，骄傲自满必翻车，历览古今多少事，成由谦逊败由奢。"

4. 宽容

所谓宽容，就是能够容忍，有气量，不过分计较和追究，能够谅解他人。民航服务人员的宽容应该做到：一是能够以大局为重，不计较个人得失，在非原则问题上能够忍让；二是团结和自己意见不同甚至相反的人一道共事，保持良好的人际关系；三是不嫉贤妒能，在工作中对待那些比自己有才干的人应该取人之长，补己之短，绝不能心胸狭窄。

同时，宽容还应该体现在对旅客的态度方面。一个优秀的民航服务人员一定是一个可以包容旅客"过失"的人。这是因为民航服务人员和旅客的关系是一种特殊的人际关系。从"旅客"这个特殊的身份来看,他们的言行只需向法律、法规负责,而民航服务人员除必须对法律、法规负责任外,还要向公司条规、职业道德、社会公德,甚至旅客的感受负责任。因此,这种人际关系没有"公平"可言。旅客作为相对的"自由人",可以在法律、规章允许的范围内、在自己的道德认知水平上提出自己的需求,宣泄个人的情绪。这些需求和情绪完全可能超出普通人的心理承受范围,给别人带来伤害,而作为民航服务人员却必须能够包容这些一般人难以理解的言行,要具有超过普通人对伤害的接受度。

宽容心是作为民航服务人员的职业需要,同时,也是民航服务人员自我保护的需要。宽容不是简单的忍受,而是理解、同情、练达、包涵,是因大而容,又因容而大。从事民航服务工作,遭受旅客带来的"不公"是避免不了的事。民航服务人员必须包容这些"不公",并将其化为顺理成章的理由,才能被自己所真正接受,才不会给自己的身心造成伤害,才可以始终如一地坚持对这份工作的理解和热爱。宽容心不仅可以化解民航服务人员与旅客之间的不快,还能化解民航服务人员在工作和生活中的负面情绪,使之保持阳光心态,在任何时候都能快乐而积极地为旅客服务。

南航北方空乘细心拨阴霾　巧解金卡旅客不满

2012年3月17日15点40分,大雾在围困北京首都国际机场10小时后慢慢散去。由中国南方航空股份有限公司(简称"南航")北方分公司执飞的CZ6108北京—沈阳航班关闭舱门后,乘务员在各自的岗位上忙碌着,一切都在有序的进行中。

客舱部一分部乘务员小原此时正在向每位南航金、银卡会员致意问候。就在这时,坐在36K座位的南航金卡会员王先生叫住了她,王先生手指着高端经济舱空着的6个座位大声问道:"我昨天在网上购票的时候,这个航班的高端经济舱已经没有座位了,为什么这还有空的?是不是你们南航哪个环节出了问题?希望给我一个合理的解释。"小原耐心地向他解释了原因:"北京机场昨晚到今天上午持续大雾,南航有多个航班取消或延误,现在本次航班的目的地沈阳也正在下雪,有可能原本订了高端经济的旅客根据气象预报临时决定延缓出行,这才把座位空出来了。"王先生听完小原解释后,表示可以理解。

问候完所有南航金、银会员后,小原向乘务长说明了王先生的情况。在乘务长的支持下,原琦将一瓶水、一条毛毯、一份报纸送到王先生手里,王先生非常意外,欣喜地接了过去,一扫满脸的愁云连声道谢,"南航推出高端经济舱后,我每次出行都会选择高端经济舱,以后即使高端经济舱没有了座位,我依旧首选南航。"

(资料来源:民航资源网)

5. 幽默

幽默,是一个人智慧、机敏、学识、风趣的综合表现,是一种积极乐观的人生态度。它反映了一个人在接人待物中内在的精神的自由。幽默是一种善意的微笑。这种微笑是一种高雅的会意过程,可以使人达到一种高层次的审美境界。民航服务人员应该培养这种个性品质。这不仅是因为幽默体现着一个人的处世哲学和机智、聪敏,而且因为幽默具有强大的感染力,能够创造出轻松愉快的环境氛围,能够成为人际交往的润滑剂。

6. 自制力

自制力是一个人自觉地调节和控制自己行动的品质。自制力强的人,能够理智地对待周围发生的事件,有意识地控制自己的思想感情,约束自己的行为,成为驾驭现实的主人。

一个人在事业上的成功需要有坚强的自制力品质。一个人在集中精力完成某项特殊任务时,在自制力的作用下,能排除干扰,抑制那些不必要的活动。自制力强的民航服务人员,能理智地控制自己的欲望。分别以轻重缓急去满足那些社会要求和个人身心发展所必需的欲望,对不正当的欲望坚决予以摒弃。自制力强的民航服务人员,处在危险和紧张状态时,不轻易为激情和冲动所支配,不意气用事,能够保持镇定,克制内心的恐惧和紧张,做到临危不惧,忙而不乱。

7. 责任心

在民航服务中,民航服务人员的行为总是对旅客产生直接或间接的影响,因而民航服务人员的行为必须对旅客负责,必须充满爱心和责任感。如果民航服务人员不负责任,民航服务质量可想而知。责任心使民航服务人员能自觉、主动、积极地尽职尽责。当民航服务人员完满地尽到自己的责任时,会产生满意、愉快的情感,反之,会深感不安和内疚,可以说,有了责任心,民航服务人员的价值才会得到充分、合理的体现。

航班取消后的服务给旅客带来惊喜

4月21日10时左右,东航SC4761重庆至哈尔滨的航班因机械故障而延误,起飞时间不能确定。这时,该航班一位到哈尔滨的小姑娘焦虑不安地询问延误时间。原来,她第二天一早要到哈尔滨参加毕业考试,怕赶不上考试。国航重庆分公司地服部服务人员一边安慰她,一边向她保证,如有确切时间,一定第一时间通知她。

随后,东航通知该航班的哈尔滨航段取消。地服部服务员董世倩立刻通知那位急着考试的小姑娘,她一下子激动起来,特别是听到当天已经没有去哈尔滨的航班时,她的眼泪已经在眼眶中打转。服务人员为其他旅客改签了次日航班后,立即为小姑娘商议解决方案。但是,经过几番核查发现,当日重庆已经没有去哈尔滨的航班。小姑娘嘴里不停地念叨着"赶不上毕业考试我就不能毕业了,这可是我一辈子的事情啊"。这时,服务人员意外地发现还有一张东航上海去哈尔滨的票、另有一川航重庆到上海的航班赶得上。当时离川航航班的结载时间只有5分钟,旅客跑过去办登机牌肯定来不及,而且还有一件托运行李。

服务人员征得旅客同意后,迅速联系川航,先帮旅客把登机牌打出来,然后让签转员带着旅客一路小跑到川航柜台,并告诉小姑娘到上海后如何联系工作人员转机等注意事项。看到问题得到了解决,小姑娘一直紧锁的眉头松开了,脸上的焦虑也消失了。拿到登机牌的时候,泪水再次充盈了她的眼眶,她激动地对服务人员说:"我还以为参加不成考试了呢!谢谢你们,真的非常感谢!"

(资料来源:李一飞.《中国民航报》)

(三) 民航服务人员的能力要求

作为一名民航服务人员,能力的高低决定了服务水平的高低、服务质量的好坏,所以要为旅客提供高质量的服务,就必须注意自己能力的培养。

1. 较强的观察力和准确的判断力

因为旅客的职业、身份不同,服务需求不同,民航服务人员应该运用敏锐的观察力,在与旅客短暂的交往中,通过旅客的着装、表情、言谈举止,判断旅客的不同需求,从而在服务工作中能够有针对性地做好服务工作,使旅客满意。

飞行员如何提升决断能力

航空公司在飞行员培训过程中,要特别注重六种决断能力的磨炼。

一是"走/停"决断。中断起飞决断、复飞决断、发动机出现火警关车与否的决断等都属于这类决断,这种决断时间紧迫,有明确的界定,而且决断正确与否直接决定着安全后果的好坏。

二是"识别—程序"决断。只要情况判断准确,符合"检查单"条款或经验做法,就可以按规定程序或约定俗成的办法进行处置。

三是"行动选择"决断。就像曹操遇到"华容道",是个多项选择。不管选择什么方案,安全需要是首选,风险判断是重点。作为安全管理部门在事后分析、判定、评价机组处理特殊情况的决定、过程和结果时,一定要站在机组当时面临的复杂环境、安全压力等客观条件下考虑问题,只要有利于安全、有利于正常运行、有利于公司和公众利益的决断就应该得到认可。

四是"机组资源管理"决断。为避免出现资源重复配置或出现监控死角,机长要明确分工主动协调,机组其他成员要无条件配合积极弥补。

五是"应急程序"决断。飞行中,往往遇到的问题在短时间内难以弄清,应对这种情况的策略有两种:一种是机组在控制好飞机状态的同时,设法查明问题根源;另一种是情况紧急、风险高,而且来不及仔细诊断,则应在尽最大努力进行控制、处置的同时,立即改航到最近的适宜机场请求紧急着陆(如持续的客舱冒烟或火警;剩下一个主用的交流电源;任何一种机组认为继续飞行对安全明显不利),以争取宝贵的有限时间。

六是"解决问题"决断。有时候,机组遇到的问题在航空条例、最低设备放行清单、操纵手册和检查单上都查不到,这时,机组只能利用自身的知识和经验来创造性地解决问题。

(资料来源:刘清贵.《中国民航报》)

2. 出色的表现能力和表达能力

民航服务人员与旅客的交往是短暂的,不可能指望"日久见人心"。因此,民航服务人员想在初次与人接触中给旅客留下良好的印象,就必须具有出色的表现能力,把自己对旅客的关心、体贴通过自己的语言、行动和表情表现出来。

而在表现中,完整、准确、恰当的表达是至关重要的。民航服务人员的表达能力强会产生吸引旅客、打动旅客、说服旅客的特殊作用。

面对打手机的旅客

在航班中,乘务员经常遇到不听劝告,执意打手机的旅客。登机的旅客正打着手机欲进客舱,迎客乘务员就礼貌地对旅客说:"先生,机舱外的信号会比较好些,麻烦您打完后再登机好吗?谢谢!"该旅客于是走到廊桥边上继续通话。

关舱后,有一位旅客还在使用移动电话,乘务员走到该旅客身旁,礼貌地说:"先生,我们的机舱门已经关闭,麻烦您关机,否则手机信号会干扰飞机的通信导航设备。"这位旅客听完劝说后,仍然不肯挂断电话,乘务员加重语气说道:"请您立即关闭手机,否则您的行为将触犯中国民用航空法规。"此时周围的旅客纷纷将眼光投向了这位打电话的旅客,该旅客赶紧停止了通话。乘务员确认旅客关断手机电源后才离开。在空乘服务中,乘务员规劝旅客执行安全规定,态度要坚定,但要注意语言技巧,要站在旅客的角度,尽量使用旅客能够接受的语言去表达。

(资料来源:《中国民航报》)

3. 较强的感染力

民航服务人员要想在服务的初始阶段就能在旅客心中留下一个良好的印象,就必须在情绪上、精神上时刻保持乐观的状态,给每一位旅客创造一个轻松、愉快的氛围,用这种乐观的情绪感染每位旅客,使旅客对此留下深刻的印象。

4. 较强的组织能力和分析、解决问题的能力

组织能力,是指民航服务人员有计划、有步骤地安排服务工作,使之达到旅客满意的一种实际工作能力。在客舱服务中,掌握工作程序和应对旅客可能出现的一些问题,这本身就是组织能力的具体体现。而分析、解决问题的能力,是指民航服务人员在对旅客的服务中,在碰到的各种意想不到的问题时,分析和解决这些问题的一种综合能力。

南航珠海公司及时发现救助中风老人

"赵妹妹,你是我母亲的救命恩人,非常感谢!"这是日前南航珠海公司乘务长赵萍收到被其劝阻而终止行程的旅客杨女士发来的微信。

事情发生在前不久。在珠海游玩多日的杨女士与其83岁高龄的母亲准备乘坐CZ3737航班返回家乡长春。8时30分左右,杨女士搀扶着母亲登上了航班。细心的乘务员发现老人行动比较迟缓,且两人分坐在距离较远的位置,于是就将她们的座位调换到一起,以方便照顾。在交谈中乘务员得知,老人早上起床突然感觉右边手脚有点麻木,所以行动有点不便。"母亲有高血压,可能是这几天游玩累的。"杨女士说。

"密闭窄小的客舱,对眼前的老人极其不利。"警惕的乘务员立即将老人的情况报告给乘务长赵萍。经过进一步了解,赵萍初步判断老人的症状极有可能是中风初期征兆,建议杨女士终止行程,并尽快带其母亲前往就近医院检查,避免错过最佳治疗时间。为进一步说服杨女士,赵萍拨通了自己一位医生朋友的电话,医生在听取症状后告诉杨女士:"老人的症状是中风前兆,必须立即送医院救治!如果拖延了治疗时间,后果不堪设想。"听到医生的回答,杨女士急得哭了起来:"怎么办?我在这里人生地不熟的。"赵萍说:"大姐,别急,我们帮您叫救护车,送老人去最近的医院救治。这个航班要先经停郑州,到达长春全程要6个多小时,阿姨目前的情况绝对不适合乘机。"在赵萍的劝说下,杨女士同意终止行程,乘务组随后通知机长联系救护车和地面服务人员,协助她们办理终止行程并送往医院。

9时10分左右,病情已发展到不能自行行走的老人不得不坐轮椅下机。老人随后被送往离机场最近的金湾中心医院,之后又因病情严重马上被紧急送往位于市区的中山大学第五医院。"空姐的处置非常正确,幸亏送来及时,否则你母亲会有生命危险了。"中山大学五院的医生说。经医院诊断,杨女士突患脑梗死,需立即住院治疗。

虽然杨女士母女终止了行程,但赵萍和乘务组的姑娘们一直记挂着她们。在航班落地郑州后,赵萍立即联系地服人员要了杨女士电话,询问其母亲的情况。在航班降落长春后,赵萍再次拨通了杨女士的电话。通话后,杨女士主动添加了赵萍的微信,一再向其表示感谢。

(资料来源:《中国民航报》)

三、服务人员良好个性的调适方法

服务,在本质上是一种人际交往关系。这种关系由服务者、被服务者和服务环境三个元素组成。其中,服务者是影响服务质量的最主动、最积极的因素,其能力和素质的高低对服务水平具有决定作用。具有良好人格的服务者可以在服务过程中营造出令人愉快的氛围,使服务三元素间的关系达到和谐统一。这种和谐统一的美,就是优质服务。优质服务需要具有优秀个人素质和能力的服务人员,而素质是一个人人格、文化素养等相关因素的综合反映。其中,人格是决定个人素质的关键因素。民航服务人员良好人格的培养,是民航企业文化建设中不可忽视的一部分,如何培养民航服务人员良好的人格呢?

(一)加强文化修养

多看书、多思考,读书是最基本的,读书可不断丰富自己,提高文化素养。

(二)加强心理素质培养

1. 培养积极的人生态度

积极的人生态度是人进取的原动力。它可以使民航服务人员增强战胜困难、挫折的信心和勇气,使民航服务人员能够面带微笑地去工作、去生活,从而更深刻地体验生活之美、人生之美,塑造出乐观、开朗的人格品质。

2. 培养乐观的心境

心境,是一种比较微弱而持久的、影响人的整个精神活动的情绪状态,是一种非定向的弥散性的情绪体验。人生不如意之事十有八九,如意之事仅有一二,在工作、生活中,民航服务人员要善于从如意的一二中寻找生活的乐趣,一分为二地思维、辩证地看待得失、祸福,经常保持一颗平常心。

3. 培养良好的心态

培养积极的心态要求在生活中学会积极思考。积极思考是一种主观的选择。它使我们在面临恶劣情形时仍然能够寻求最好的、最有利的结果。

(三)加强职业道德修养

1. 培养民航服务人员的责任心

责任心,是指一个人能够自觉地把分内的事情做好。乘务工作灵活性较强的特点,决定了优秀的空乘服务有赖于服务人员强烈的责任心。可以说,责任心是一名优秀民航服务人员应该具备的最基本的条件。

2. 培养民航服务人员的爱心

民航服务人员的爱心,其一,体现在对空乘服务工作本身的热爱。对服务工作本身的热爱,是民航服务人员搞好优质服务的原动力。其二,体现在对旅客的友善。一个优秀的民航服务人员,应该是一个与人为善、充满爱心的人,以爱心为基础的服务才是真诚的服务。其三,体现在对同事的体贴。空乘服务工作需要民航服务人员相互配合,没有良好的合作就不可能有完美的服务。

3. 培养民航服务人员的耐心

耐心,是民航服务人员在工作中化解矛盾的一种重要素质。也是使民航服务人员把"职业要求"转化成为"职业素质"的一种力量。只有耐得住辛苦、委屈、压抑、枯燥和诱惑的人,才能最终坚持到成功。

(四)在实践中锻炼

1. 给自己树立榜样、自觉学习,并积极参加社会实践,在工作中检验自己

在我们的周围有许多具有良好个性修养的人,应该善于吸取他们的长处。民航服务人员还可以广泛阅读名人传记,看电影、小说,利用这种潜移默化的方式来不断加强人格品质的修养。

2. 善于解剖自己、认清优缺点,正视自己的人格缺陷

民航服务人员必须了解自己的人格,了解自己的气质、性格类型,认识自己人格的优缺点。这样才能做到心中有数,有针对性地培养优良的人格品质,克服不良人格的影响。同时,对于自己人格中那些不适应工作需要的缺点应该加以改正,不能够听之任之,更不能有意放任自己的不良人格。

本章小结

气质特点、性格特点和能力特点构成了民航服务人员的个性特点。掌握民航服务人员不同个性类型的基本特征,对于民航公司的管理具有很大的启发与指导作用,对于民航公司提高服务质量,有针对性地做好民航服务工作具有重要的指导意义。

(1) 举例说明不同气质类型的民航服务人员的特点。
(2) 如何根据旅客的个性特点做好民航服务工作？
(3) 如何培养自身的优秀个性？

气质类型测验

由陈会昌编制的气质测验60题，是目前国内应用较广的一种气质测验工具。它既可以用于集体测试，也可用于个人自测。测试时间一般为15~20分钟。

下面60道题，可以帮助我们大致确定自己的气质类型。在回答这些问题时，你认为：

很符合自己情况	2分
比较符合	1分
介于符合与不符合之间	0分
比较不符合	-1分
完全不符合	-2分

1. 做事力求稳妥，一般不做无把握的事。
2. 遇到可气的事情就怒不可遏，想把心里话全说出来才痛快。
3. 宁可一个人做事，不愿很多人在一起。
4. 到一个新环境很快就能适应。
5. 厌恶那些强烈的刺激，如尖叫、噪声、危险镜头等。
6. 和人争吵时，总是先发制人，喜欢挑衅。
7. 喜欢安静的环境。
8. 善于和人交往。
9. 羡慕那种善于克制自己感情的人。
10. 生活有规律，很少违反作息时间。
11. 在多数情况下情绪是乐观的。

12. 碰到陌生人觉得很拘束。
13. 遇到令人气愤的事,能很好地自我克制。
14. 做事总是有旺盛的精力。
15. 遇到问题总是举棋不定,优柔寡断。
16. 在人群中从不觉得过分拘束。
17. 情绪高昂时,觉得干什么都有趣;情绪低落时,又觉得什么都没意思。
18. 当注意力集中于一事物时,别的事很难使我分心。
19. 理解问题总比别人快。
20. 碰到危险情境,常有一种极度恐怖感。
21. 对学习、工作、事业怀有很高的热情。
22. 能够长时间做枯燥、单调的工作。
23. 符合兴趣的事情干起来劲头十足,否则就不想干。
24. 一点小事就能引起情绪波动。
25. 讨厌做那种需要耐心、细致的工作。
26. 与人交往不卑不亢。
27. 喜欢参加热烈的活动。
28. 爱看感情细腻、描写人物内心活动的文学作品。
29. 工作学习时间长了,常感到厌倦。
30. 不喜欢长时间谈论一个问题,愿意实际动手干。
31. 宁愿侃侃而谈,不愿窃窃私语。
32. 别人总是说我闷闷不乐。
33. 理解问题常比别人慢些。
34. 疲倦时只要短暂的休息就能精神抖擞,重新投入工作。
35. 心里有话宁愿自己想,不愿说出来。
36. 认准一个目标就希望尽快实现,不达目的,誓不罢休。
37. 学习、工作同样一段时间后,常比别人更疲倦。
38. 做事有些莽撞,常常不考虑后果。
39. 老师讲授新知识时,总希望他讲得慢些,多重复几遍。
40. 能够很快地忘记那些不愉快的事情。
41. 做作业或完成一件工作总比别人花的时间多。
42. 喜欢运动量大的剧烈体育运动或参加各种文艺活动。
43. 不能很快地把注意力从一件事转移到另一件事上去。
44. 接受一个任务后,就希望能把它迅速解决。
45. 认为墨守成规比冒风险强些。
46. 能够同时注意几件事物。
47. 当我烦闷的时候,别人很难使我高兴起来。
48. 爱看情节起伏跌宕、激动人心的小说。
49. 对工作抱认真严谨、始终一贯的态度。

50. 和周围人的关系总是相处不好。
51. 喜欢复习学过的知识,重复做能熟练做的工作。
52. 希望做变化大、花样多的工作。
53. 小时候会背的诗歌,我似乎比别人记得清楚。
54. 别人说我"出语伤人",可我并不觉得这样。
55. 在体育活动中,常因反应慢而落后。
56. 反应敏捷、头脑机智。
57. 喜欢有条理而不甚麻烦的工作。
58. 兴奋的事常使我失眠。
59. 老师讲新概念,常常听不懂,但是弄懂了以后很难忘记。
60. 假如工作枯燥无味,马上就会情绪低落。

分数统计

1. 计算每种气质类型的总得分数:

多血质:4、8、11、16、19、23、25、29、34、40、44、46、52、56、60 题
胆汁质:2、6、9、14、17、21、27、31、36、38、42、48、50、54、58 题
黏液质:1、7、10、13、18、22、26、30、33、39、43、45、49、55、57 题
抑郁质:3、5、12、15、20、24、28、32、35、37、41、47、51、53、59 题

2. 确定气质类型:

如果某类气质得分均高出其他三种 4 分以上,则可定为该类气质。如果该类气质得分超过 20 分,则为典型;如果该类得分在 10~20 分,则为一般型。

两种气质类型得分接近,其差异低于 3 分,而且又明显高于其他两种,高出 4 分以上,则可定为这两种气质的混合型。三种气质得分均高于第四种,而且接近,则为三种气质的混合型。

一般来说,正分值越高,表明该项气质特征越明显;反之,正分值越低或得负分值,表明越不具备该项气质特征。

需要强调的是,运用短时间的观察和实验法来确定气质类型时,有一定的局限性。全面而准确地测定需要通过长时间和多方面的观察,并结合对被试者整个生活历程的了解和分析,才能真正看出一个人高级神经活动类型的最稳定的特征。因此,气质的问卷调查对被试者气质类型的确定只是一种"大致的确定"。

第八章 情绪心理与调适

课前导读

调节和控制情绪,是把握好工作和生活的重要手段。情绪对服务人员的身心具有重大的影响,进而会影响到服务工作质量。加强自身情绪的管理和调适,是做好民航工作的重要基础。

教学目标

- 理解情绪的含义及其实质;
- 了解情绪的功能和作用;
- 掌握情绪调适的具体方法。

有人说,人生需要有一种生活的艺术,而所谓生活的艺术就是"驾驭情绪的艺术"。人们的生活离不开情绪,它与人们的生活、学习、人际交往、个人发展密切相关,是人们对外面世界正常的心理反应。人们必须学会驾驭情绪,不能让自己成为情绪的奴隶,不能让那些消极因素的心境左右自己的生活。学会控制情绪是民航服务人员成功和快乐的要诀。

第一节 情绪概述

一、情绪的含义

每个人在生活中都会体验到不同的情绪:快乐、兴奋、悲伤、焦虑等,很难给情绪下一个比较完整的定义。美国心理学家利珀把情绪定义为一种具有动机和知觉的积极力量,它组织、维持和指导行为;丹尼尔·戈尔曼认为情绪是感觉及其带有的思想、心理和生理状态及行动的倾向性;苏联一位心理学家为情绪做出一种概括的定义,认为情绪是对事物的关系或主观态度的体验。

情绪是一个复杂的心理过程,是人对客观事物的态度体验及相应的反应,它是基于人的需要而产生的。一般来讲,情绪是由主观体验、生理唤醒和外在行为几个方面所组成的反应过程。

首先,情绪是一种主观体验。由于喜、怒、哀、乐、惧等主观感受不同,不同的人对不同的事物或者不同时间、地点和条件下的同样事物,感受可能是不同的。即使是同一种事物,每一个人感受到的也可能不同。任何一种情绪都有情绪体验。

其次,任何一种情绪都伴随着一定程度的生理唤醒。当我们产生某种情绪体验时,身体内部也会发生相应的变化。例如,当我们害怕时,会发生许多身体上的变化:心跳和呼吸加快,四肢发抖,肌肉紧张等。有人以第二次世界大战中的飞行员为例,研究了与恐惧相伴随的生理唤醒,结果表明,在战斗飞行中,许多飞行员在恐惧情景中都曾体会到许多与恐惧相伴随的生理唤醒,如心跳加剧、脉搏加快、肌肉紧张等。

最后,情绪总是或隐或现地表现为外在行为。情绪总是伴随着相应的面部表情和身体姿势。例如,当自己所希望的球队获胜时,会不由自主地喜笑颜开;当遇到困难和挫折时,会愁容满面。体态表情也同样反映着一个人的情绪状态。声态表情则是指人们在与人交流时的声音的声调、音色和声音节奏的快慢等方面的变化。

主观体验、生理唤醒和外在行为作为情绪的三个组成部分,在评定情绪时缺一不可,只有三者同时活动,同时存在,才能构成一个完整的情绪体验过程,只有其中一种成分或两种成分时,不会产生一个真正的情绪过程。例如,当一个人伪装愤怒时,他只有愤怒的外在行为,却没有真正的内在主观体验和生理唤醒,因而也就称不上有真正的情绪过程。因此,情绪必须有上述三方面同时存在,并且有一一对应的关系,一旦出现不对应,便无法确定真正的情绪是什么。

二、情绪的分类

情绪是作为对事物的一种反映形式存在的,由于世界上事物的绚丽多彩,构成了人与客观事物之间关系的丰富多样性,使情绪产生了极为丰富和复杂的内容。为了便于理解和把握,根据情绪的性质、状态及包含的社会内容,可以做出以下不同的分类。

（一）根据情绪体验，可以分为

1. 快乐

快乐是一种在追求并达到所盼望的目的时所产生的情绪体验。比如，人们在旅途中一路顺利，而且欣赏到优美的自然风光，就会产生愉快和快乐的情绪体验。快乐的程度取决于愿望的满足程度和满足的意外程度。快乐的情绪从微弱的满意到狂喜，分成一系列程度不同的级别。

快乐是期盼的目标达到之后而体验到的愉快和舒适的情绪状态。例如，疲劳之后的热水浴，欣赏一台音乐晚会，体育比赛的胜利，以及个人的成绩得到集体的认可等都会使个体体验到快乐。引起快乐的因素是多种多样的，既有物理的，也有生理的；既有自然的，也有社会的。快乐的程度取决于目的或愿望的意外程度。目的无足轻重，只能引起轻微的满足，目的非常重要，并且是意外达到，就会引起异常的快乐。

2. 愤怒

愤怒是由于妨碍目的达成而造成紧张积累所产生的情绪体验。愤怒的程度取决于对妨碍达到目标对象的意识程度。愤怒从弱到强的变化是：轻微不满——愠怒——怒——愤怒——暴怒。例如，受到欺骗和侮辱、强迫自己去做自己不愿意做的事，都能使人发怒。对实现目的和愿望的妨碍可能来自外界的规则、他人的控制，也可能来自本人身体或心理的不足。大部分愤怒的引起与个体对于妨碍的认识程度有关。但如果这种妨碍是不合理或被人恶意造成的，最容易产生愤怒。

3. 悲哀

悲哀是指失去自己心爱的对象或自己所追求的愿望破灭时所产生的情绪体验。悲哀的程度取决于所失去的对象和破灭的愿望对个人或社会的价值的大小。悲哀按程度的差异表现为失望——遗憾——难过——悲伤——哀痛。

4. 喜爱

喜爱是指对象满足需要而产生的情绪体验。喜爱表现为接近、参与、欣赏或获得。事物、活动、艺术品和人，都可以是人们所喜爱的对象，引起人们喜爱的情绪体验。

5. 恐惧

由于能力和力量的限制而无法处理或摆脱可怕情景时所产生的一种情绪体验。恐惧往往是由于缺乏处理或摆脱可怕事物、情境的力量和能力造成的。例如，学生害怕考试，小孩怕打针等都是恐惧的表现，这些只是强度上的差异。恐惧作为一种强烈的情绪，比其他的情绪更具有感染力，它能够导致知觉范围变窄、思维缓慢和动作刻板，对人的认知和行为活动产生抑制作用。

（二）根据情绪表现，可以分为

1. 情调

情调是一种伴随感觉而产生的情绪。这种伴随着感觉的情绪，似乎感受物本身就带有特殊的情绪负荷。当我们说道，"甜蜜的嗓音""凄凉的夜晚""愤怒的波涛""厌恶的气味"等的时候，这里人所感知到的"嗓音""夜晚""波涛""气味"都带有一种特殊的情绪色调。

2. 心境

心境是一种比较微弱、平静而持续一定时间的情绪体验。它平静而微弱，持续而弥散。心境由于有弥散的特点，所以，某种心境在某一段时间内影响着一个人的全部生活，使人的语言、行动及全部情绪，都会染上这种心境的色彩。一个人在愉快、喜悦的心境中，仿佛一切都染上了"快乐的色彩"，看什么都那么顺眼，对一切都感到是满意的。而处在忧愁悲伤心境中的人，在一段时间里就表现得无所不悲，仿佛一切都染上了"忧伤的色彩"。心境的特点是不具有特定的对象，即不是关于某一事物的特定的体验，它是具有弥散性的情绪状态。心境分为暂时心境和主导心境两种。

由当前的情绪产生的心境，叫暂时心境。例如，人们在欣赏艺术表演时会产生愉快的心境，当演出结束后，这种心境还会持续一段时间，但不会很长。随着其他情境和事物的出现，这种心境就会逐渐消失。

由一个人的生活道路和早期经验所造成的个人独特的、稳定的心境，叫作主导心境。主导心境是以一个人生活经验中占主导地位的情感体验的性质为转移。主导心境决定着一个人的基本情绪面貌。一个具有良好主导心境的人，总是朝气勃勃，具有乐观的情绪，对这样的人，别人就比较愿意并容易和他交往。一个具有不良主导心境的人，就会经常表现为失望、忧愁和情绪消沉，别人也不太容易和他交往。但是，对主导心境不好的人，更需要给以热情的关心、帮助并予以谅解。

3. 热情

热情是一种强有力的、稳定而深厚的情绪体验。热情有两个基本特征：第一，热情是强有力的，它影响人的整个身心，是鼓舞人去行动的巨大力量；第二，热情是深厚的、稳定而持久的，它使人长久地、坚持不懈地去从事某种活动，并对这种活动产生愉快、满意等积极肯定的情绪体验。

4. 激情

激情是一种猛烈的、迅速爆发而短暂的情绪体验，例如狂喜、恐惧、绝望等，都属于这种情绪状态。激情是由对人具有重大意义的强烈刺激所引起的，这种刺激的出现及出现的时间往往出人意料。激情发生时伴有内部器官的强烈变化和明显的表情动作。

5. 应激

指出乎意料的危险情景突然发生时人所表现出来的情绪高度紧张状态。如火灾、爆炸、地震、车辆自动失灵、飞机失事等事故的突然发生，人会为此震惊、恐惧、慌张，就是应激现象。

人在应激状态下，身心会处于高度紧张状态，引发一系列生理反应，如肌肉紧张、心率加快、呼吸变快、血压升高、血糖增高等。例如，当遭遇歹徒抢劫时，人就可能会产生上述生理反应，从而积聚力量以进行反抗。但应激的状态不能维持过久，因为这样很消耗人的体力和心理能量。若长时间处于应激状态，可能导致适应性疾病的发生。应激具有超压性和超负荷性，所谓超压性，是指在应激状态下，个体往往会在心理上感觉到超乎寻常的压力，无论是处于危险情境的应激状态还是处于紧要关头的应激状态，都会由于客观事物的强烈刺激而导致个体承受巨大的心理压力。并集中反映在情绪的高度紧张之中，这就是情绪的超压性。

应激反应有两种表现形式：一是惊慌失措、手忙脚乱，陷入慌乱之中，甚至做出不适当反应。二是头脑冷静，急中生智，动作准确，及时排除或摆脱险情。一个人在出乎意料的事故面前，究竟会出现哪种反应，决定于个人的心理品质，如思维灵活性，判断准确性，反应敏捷性，以及沉着、果断、勇敢等。

三、情绪的功能

(一) 情绪的保护功能

积极的情绪无疑对人的身心健康是极为有益的,但消极的情绪也并不都是不利的,像生气、痛苦等负性情绪也有良好的作用。例如,当人产生应激的情绪时,它能促使人积极行动起来,更快地脱离险境;当人们由于工作的压力倍感疲乏时,会使人产生倦怠、厌烦的情绪,促使人尽快休息,恢复精力和体力;当人们愤怒时,这一情绪会激发人的斗志,与不良言行做斗争。

(二) 情绪的健康功能

心理学上,把欢悦、愉快、乐观等积极情绪称为"增力情绪",这类情绪能提高人的身体机能,增强人的学习和工作效率。而把诸如暴躁、烦恼、懈怠等不良情绪称为"减力情绪",此类情绪则能够抑制人的机体活动,降低学习和工作效率,像枷锁一样束缚我们的心灵。长期被"减力情绪"所压抑的人,不但学习成绩差,工作效率低,而且反应迟钝,身心发展会受到阻碍。

(三) 情绪的调控功能

情绪对于人们的认知过程具有或积极或消极的影响作用。良好的情绪会提高大脑活动的效率,提高认知操作的速度与质量。而不良情绪如恐惧、悲哀、愤怒等,会干扰或抑制认知功能,对认知活动具有瓦解作用。因此,情绪的调控功能是非常重要的。情绪的好坏与唤醒水平会影响到人们的认知操作效能。

(四) 情绪的沟通功能

情绪的沟通功能指个人的情绪通过表情外显而具有信息传递的功能。一个人凭借表情不仅能传递情绪信息,而且也能传递自己的思想和愿望。情绪的沟通功能主要是通过其外部的表现及表情来实现的。它在传递信息方面具有独特的作用,能加强言语的表达力,提高言语的生动性,能替代言语、超越言语。情绪在人际沟通中,起着非常重要的调节作用,像微笑、轻松、热情、喜悦、宽容和善意的情绪表达,会促进人际的沟通和理解;而冷漠、猜疑、排斥、偏执、嫉妒、轻视的情绪反应,则会构成人际交往中的障碍。

第二节　服务人员的情绪困扰

情绪困扰又称为情绪的适应不良,是指那些陷于不良情绪体验中不能自拔或体验强度和持续时间都超过一般人,严重妨碍学习和生活的情绪反应。

一、服务人员的不良情绪

(一)焦虑

焦虑,是个体对当前或预感到的挫折产生的一种紧张、忧虑、不安而兼有恐惧的消极情绪状态。它包括自尊心和自信心的丧失、失败感和内疚感的增加等。焦虑也是复合型情绪,其核心成分是恐惧。

焦虑情绪状态对人的精神生活有严重的影响。焦虑导致自主神经系统高度激活,焦虑的持续和频繁发生,可导致身体全面衰弱、食欲减退、睡眠不良和过度疲劳,恐惧、紧张和无助感加剧,注意力涣散,记忆力减退,思绪混乱,无所适从,容易产生极端念头,夸大自身无能,顾虑重重、灰心丧气。有时对恐惧的预期还会导致易怒和暴躁,怨天尤人和厌烦。当焦虑状态严重并且持续时间较长时,还有可能导致神经性焦虑。

焦虑是航空服务人员常见的情绪困扰,产生的原因多源于工作、生活与人际交往方面所遭受到的挫折。如发生误机、纠纷等事件,作为与旅客直接接触、提供面对面服务的航空服务人员(包括空中乘务员和地面服务人员),就处在了风口浪尖上,心理压力特别巨大,极易引发焦虑情绪。而过度的或持久的焦虑会损伤航空服务人员的正常心理活动,导致心理疾病的发生,从而严重影响他们正常的生活和工作。

空姐突然"恐飞"上飞机就发抖冒汗

杭州一名年轻漂亮的空姐,在工作两年之后,开始恐惧"上天",一上飞机就焦躁不安,差点辞了职。

单姑娘(化名),24岁,个子超过1米7,身材苗条,长相标致,毕业后成了一名空姐。这可是她的理想职业。

"一般人都会觉得空姐光鲜漂亮,但是辛苦并不被人知道。"单姑娘说。经常说飞就飞,甚至半夜接到命令都得立马准备行李。和同事在一起的时间超过家人,节假日也很少能在家里过。碰到一些难缠的客人,依然需要保持微笑,还要做出及时应对。"委屈只能自己消化。"她说。

由于恐惧"上天",原本很阳光的单姑娘变得憔悴。"我想辞职的,可是家人不同意,觉得这是一份好工作,要我坚持。"可是一段时间下来情况并没有好转,工作上也频频出错。

突然恐惧自己的工作,这是为什么?经过医生鉴定,这是情绪异常,焦虑、紧张,甚至出现了抑郁的倾向,而原因可能就出自过大的工作压力。

(资料来源:国搜网)

(二)冷漠

冷漠,是个体在遭受挫折后,对付焦虑的一种防御手段,也是一种消极的情绪状态。它包括缺乏积极的认知动机、活动意向减退、情感淡漠、情绪低落、意志衰退、思维停滞。冷漠是一种个体对挫折环境的自我逃避式的退缩心理反应,带有一定的自我保护意识或自我防御性质。当在生活和工作中遭受挫折并感到无能为力时,往往表现出不思进取、情绪低落、情感淡漠、沮丧失落、意志麻木等心态。

由于航空旅客身份的复杂性、民航安全要求的特殊性、民航运输的快捷性与不可控性的矛盾等,航空服务人员不仅要做好细致的旅客服务工作,还要处理危急情况下的各种突发事件。有的乘务员因制止旅客在飞机上拨打电话而被打了耳光;有的安检人员因制止旅客擅闯安检通道而被拳打脚踢;有的工作人员因航班延误遭到旅客围攻;还有的遭到旅客辱骂、刁难、人身攻击甚至性骚扰。航空服务人员长期处于一种压抑,委屈甚至被伤害的心理状态,得不到及时而有效的疏导和调试,他们的情感得不到满足,于是冷漠成为他们的保护色。

(三)抑郁

抑郁,是一种持续的心境低落、悲伤、消沉、沮丧、不愉快等综合而成的情绪状态。表现为兴趣淡漠、被动消极、悲观绝望,很难全身心投入到现实的生活与工作之中。

处于抑郁情绪状态而不得解脱的人,在生理方面,往往会无缘无故地感到身体不适,如头痛、胃痛、头昏、眼睛疲劳等,做事经常感到疲倦,并常伴有睡眠障碍。此外,食欲不振、体重下降也是常有的情况。在心理方面,则心境低落,常感沮丧、悲观,甚至绝望。感情淡漠,对事物兴趣大减,失去幽默感,自我满足感降低、内心冲突强烈、自责心重,愧疚感和失落感增强。遇事容易产生挫折感、无价值感,感到生活无意义,甚至想到结束自己的生命。在行为方面,抑郁情绪往往会引起工作效率下降。抑郁者常出现疲乏感,工作时精力不集中,记忆力下降,思维能力不如以前,造成工作失误。此外,还表现为社交退缩,对生活失去兴趣,对日常生活感到倦怠,尽可能回避与同事相处。有些抑郁者会继续参与一些活动,但却不能从活动中体验到乐趣。他们虽然试图摆脱这种状况,但往往无力自拔。工作责任重、风险大,家庭发生变故,与同事或好友发生纠纷,升职压力,受到批评或处分,恋爱不顺利或失恋等重大生活事件,是航空服务人员产生抑郁情绪的主要原因。管制员、航空器维修人员因为工作性质缺乏足够的人际交流,易形成孤僻、封闭的性格;安检、保卫人员处于维护正义与反对邪恶的风口浪尖,经常接触社会阴暗面,不可避免地被负面情绪所影响。这些情况会造成有些工作人员精神抑郁、苦闷,晚上彻夜难眠,白天工作时则无法集中注意力,借酒消愁,甚至走上吸毒、自杀的道路。

(四)愤怒

愤怒,是由于客观事物与人的主观愿望相违背,或愿望无法实现时产生的一种激烈的情绪反应。愤怒发生时,可能导致人体心跳加快、心律失常、高血压等躯体性反应,同时使人的自制力减弱甚至丧失,思维受阻、行为冲动,常常可能会干出让人后悔不已的事情或造成不可挽回的损失。

美国2名空姐万尺高空互殴　飞机紧急降落

日前,达美航空一架由洛杉矶飞往明尼阿波利斯的2598班机上,两名空姐因工作问题发生矛盾,在飞机飞行过程中竟上演"全武行",飞机被迫临时紧急降落。

事发时有另一名空姐上前劝阻,在拉扯中被拳头挥打到脸,但两名打架空姐依然没有停止冲突。

无奈之下,机长决定先将飞机紧急降落在盐湖城,三名空姐由于行为不当被赶下飞机。在停留80分钟后,飞机才继续飞往目的地。

事后,达美航空向乘客和公众道歉。它在声明中说:"我们团队中一些人没有展现最好的行为。我们希望我们的机组人员也一直是最专业、最有礼貌的。很抱歉此次未能给大家带来我们品牌承诺给大家的体验。"此外,达美航空还表示将会赔偿给乘客因班机延误造成的损失。

空乘人员作为一个特殊的工作团体,要具备特殊的心理素质和专业素质,在飞机飞行过程中因小事大打出手,实在是对自己和他人均不负责的表现。

（资料来源：苏中在线）

（五）恐惧

恐惧情绪是在面对某些特定事物、特殊环境或人际交往时产生的一种强烈而紧张的内心体验。航空服务人员往往会在因出现异常情况而危及飞行安全时产生恐惧情绪。另外,因各种原因,旅客将愤怒情绪往服务人员身上发泄时,航空服务人员也会产生恐惧情绪。

此外,民航服务人员可能产生的消极情绪还有悲伤、沮丧、自卑等。

男子在飞机上强行使用"飞行模式"被拘留十天

2015年8月7日8时45分,由深圳前往银川的CZ8399航班推出滑行,乘务员也在按部就班地进行起飞前的安全检查,当乘务员走到紧急出口附近时发现,座位为38H座位的旅客没关手机,于是就提醒其飞机快要起飞了请尽快关闭手机,但该旅客只是将手机调成飞行模式继续使用,乘务员多次耐心解释后,该旅客依然不为所动,拒不关机。乘务员将此情况反映给乘务长,乘务长前去了解情况,但刚走到该旅客旁边还没开口,却遭到了该旅客的大声呵斥:"你干什么?你找我干什么!"

乘务长解释机上禁止使用电子设备是民航局的安全规定,但该旅客还是不依不饶,并且情绪越来越激动,拒不关机,还站起来,一边骂骂咧咧一边逼近乘务长,机上安全员赶紧过来将乘务长拉开,并用身体挡在乘务长前面,使乘务长与该乘客保持了安全距离,还耐心劝导该乘客配合乘务员工作。可是该乘客立马用手指着安全员说:"你什么东西!为什么动我!"安全员表明身份后,该旅客依旧情绪激动并爆粗口。此时该旅客的行为已经引起多名旅客的强烈不满,与其同行的旅客也开始劝他,但是其情绪激动,仍骂骂咧咧,甚至几次企图冲向安全员,都被其他旅客拦下。乘务长将此事向机长进行了汇报,机长立即决定报警并将飞机滑回停机位。

9时10分,飞机滑回停机位,地面公安上飞机进行调查后决定将该旅客带离飞机,但就在地面公安要求该旅客下机时,其仍然谩骂威胁安全员,说下飞机后和安全员没完。此时其他旅客已经自发维护乘务员和安全员,并对该旅客无礼行为进行了谴责。随后该旅客被公安带下飞机。因其扰乱客舱秩序的行为确凿,还造成飞机滑出又重新滑回的情况,深圳机场派出所在调查核实事件之后对其做出行政拘留十天的处理决定。

(资料来源:李妍、马旭辉、刘永涛.《广州日报》)

该男子的行为无疑严重干扰了飞机的正常飞行,扰乱了飞行秩序,对旅客以及乘务人员的工作和身心都造成了不良影响,极易使乘务人员产生恐惧心理,影响服务工作的顺利进行。

二、不良情绪的消极影响

(一)损害服务人员的身心健康

凡是不能满足人们需要的事物,都可能引起否定的态度,并产生消极的、不愉快的体验。这类情绪包括愤怒、憎恨、悲愁、焦虑、恐惧、苦闷、不安、沮丧、忧伤、忌妒、耻辱、痛苦、不满等。这些都是与消极情绪状态密切联系的。因此,从某种意义上说,消极情绪是一种对人体心理的不良的紧张状态,往往会因过分地刺激人的器官、肌肉及内分泌腺而损害人的健康。这种情绪的产生,一方面是人的机体为适应环境而做出的必要反应,它能动员机体的潜在能力,为使自己适应变化的环境而斗争。另一方面,这种情绪的产生又会引起高级神经活动的机能失调,使人体失去心身平衡,从而对机体的健康产生十分不利的影响。

经常、持久地出现消极情绪所引起的长期过度的神经系统紧张,往往会导致身心疾病。如神经系统功能紊乱、内分泌功能失调、免疫功能下降,最终,可能转变为精神障碍或其他器官的系统疾病。

情绪对身心的影响

关于消极情绪状态对身心的影响,自古就有不少谚语和论述,足以引起人们的重视。如"心宽体胖,多愁多病""笑一笑,十年少;愁一愁,白了头",又如《内经·痹论篇》中"静者神藏,躁则消亡"以及《灵枢·口问篇》中"心者,五脏六腑之主也……故悲哀忧愁则心动,心动则五脏六腑皆摇"。

(二)影响服务人员的人际交往

人际关系是一种建立在心理接触基础上的社会关系。一个人的心理健康水平直接影响其人际交往的功效。如果一个人在认知、情感及性格方面都存在障碍,必然会给他的人际关系带来负面影响。

情感障碍,是指在人的消极情感支配下(如冷漠、忌妒、悲观、自恋)产生的人际排斥。心理障碍可导致人际交往中不良心理的产生,从而影响良好人际关系的建立。

不同的情绪和情感影响着人们相互喜欢的程度。愤怒、厌恶、自卑、忌妒等这些负面情绪,会影响一个人的言谈举止。一个人当他不能有效地驾驭这些情绪时,就会妨碍与他人之间的沟通。如当一个人被自卑情绪困扰时,与人交往时往往采取一种消极的态度,或被动封闭,或忌妒多疑。当一个人的负面情绪体验强烈时,往往会导致行为上的失控,出现过激行为,并由此导致严重的人际冲突与纠纷。

航空服务人员如果不能很好地管理自己的不良情绪,就可能会影响到工作人员之间及工作人员与旅客之间的良好人际关系的建立。

(三)影响服务人员的服务质量

带着消极情绪工作的航空服务人员,以及因长期困扰于消极情绪而导致出现心理问题的服务人员,是不可能为旅客提供良好的心理服务的。不良情绪影响同事之间的沟通,而沟通不畅就会直接影响到彼此之间的工作协调,从而降低了工作效率。

不良情绪破坏服务关系的和谐。不良情绪困扰服务人员,使之也很难与旅客建立起良好的服务关系,而这些良好关系的建立和维持,是保障民航服务质量的重要因素,甚至是首要因素。设想当旅客面对着怒气冲冲的航空服务人员时,旅客会是什么感受?他们会感到不被欢迎、不被尊重,从而心情也不可能愉快。这种不良情绪还会相互感染,形成恶性循环。不良的心理气氛不但会影响服务人员与旅客的情绪和心情,甚至还会激发矛盾的产生和加剧。

所以,不良情绪如果得不到有效管理,将会直接影响到民航服务的质量。

第三节　服务人员的情绪调适

情绪对人的发展影响极大,甚至在一定程度上决定着一个人的人生能否成功。民航服务人员必须加强自身情绪的调适。

一、情绪健康的标准

(1)开朗、豁达,遇事不斤斤计较,不为一些鸡毛蒜皮的小事动肝火或郁结于心。

(2)情绪正常、稳定,很少大起大落或喜怒无常,能随遇而安。

(3)能给予人爱或接受他人的爱,待人热情、乐于助人、有同情心。

(4)谈吐风趣、幽默、文雅。

(5)自信、乐观、有主见,能独立地解决问题,创造性地工作。

(6)明智、少偏见,能正确认识自己和他人的长短处。

(7)对前途充满信心,富有朝气,勇于上进,坚忍不拔。

(8)能面对现实、承认现实和接受现实,并能按社会要求行动。

(9)对平凡的事物保持兴趣,能不断从生活环境中得到美的享受、快乐的享受,会学习也会消遣。

(10)尊重他人,能与人为善和睦相处,建立良好的人际关系。

二、健康情绪对服务的积极影响

(一)促进服务人员的身心健康

当人的情绪处于良好状态时,他是轻松、愉悦的,身体内部各器官的功能十分协调,有利于身体健康。此外,情绪除了与免疫系统密切相关之外,还与不健康的行为方式、心理适应、求医行为及社会支持有一定的关系,而这些都是决定一个人身心健康的重要因素。

因此,健康积极的情绪是保持心理平衡与身体健康的条件,而身心健康又是保证航空服务质量的物质前提条件。

(二)促进服务人员的人际交往

良好的情绪表现为精神上的愉快,情绪上的饱满,充满自信心,使人保持乐观的人生态度、开朗的性格、热情乐观的品质,从而使人正确认识、对待各种现实问题,从容面对和化解人际交往中的各种矛盾,创造出良好的人际关系。

国航客舱部孙季婷:快乐的"孙大脚"

如果你没见过她这个人,那么你肯定听说过她的名字;如果你没有听说过她的名字,那么你肯定听说过她的事迹。对,没错,她就是大家口中的那个擦遍整架飞机每个角落的清洁小能手、干活勤劳肯干效率高的小快手、同事身边助人为乐的小帮手孙季婷。

向日葵女孩

她最喜欢的花朵是向日葵,虽然没有玫瑰那么浪漫,没有百合那么芳香,但是它阳光、明亮、坦坦荡荡,永远积极向上。她长长的头发、娃娃脸,认识她的人都觉得非常亲切。在生活中,不论大事小情,只要朋友有困难她都会挺身而出,想尽办法去帮助朋友。同事病了,她即便是刚刚驻外回来飞行了十几个小时,也会不睡觉不吃不喝立马陪着同事去医院看病。炎炎夏日,全组人一起出去户外活动,她会自告奋勇提前为所有人买好饮料解渴。遇到困难,在大家都不愿意去做的时候,她绝对是第一个冲在前面的人。在大家眼里,她就是一个用实际行动向周围传递着光与热的人,她就是向日葵女孩孙季婷,她就是"金凤人"。

快乐的"孙大脚"

她最喜欢的一句话是:用微笑改变世界,别让世界改变了你的微笑。在飞机上,她对待旅客就像对待自己的家人,她说:"旅客上飞机就像是到我家做客,旅客是我邀请到家里的客人,我会为他们提供最好的产品和服务。""孙大脚"外号的由来也是源于她对待旅客的友好和热心,她长期穿越在客舱中来来回回为旅客排忧解难,脚不堪重负越长越大,一个女孩儿穿起了39码的鞋。但是她一点也不介意这个外号,反而特别喜欢这个外号。她说:"金凤人就是尽自己最大努力去帮助周围的同事和乘客,带给大家欢乐。"在她服务的区域永远不会有不开心的旅客,和她一起配合的航班永远都没有不开心的同事。她是小朋友眼中会照顾人的"漂亮阿姨"、老人眼中贴心的"好姑娘"、同事眼中"快乐的孙大脚",她就是"金凤人"。

(资料来源:中国民航网)

(三)提高服务人员的服务质量

1. 拉近与旅客的心理距离

一般来说,当旅客与航空公司建立服务关系时,因为陌生、相互不了解对方,会感到一定的紧张和不安,进而产生戒备心理。但是航空服务人员的良好的情绪,如轻松愉悦、乐观振奋等,不但会使自己处于一种良好的工作状态,而且还会感染服务对象——旅客,因为拥有良好情绪所流露出来的真实而真诚的笑容可以在不经意间化解对方身体上和精神上的紧张与不安,使人感到信赖与安全,拉近彼此之间的心理距离,建立起和谐信赖的服务关系。良好服务关系的建立是提高服务质量的首要条件。航空服务人员能否为旅客做到体贴服务——心理距离很近的服务,也是旅客选择航班的重要因素。

百岁老人乘南航飞机回家过年

2016年2月2日,南航北方分公司飞机上迎来了一位回家过年的百岁老人,在乘务员紧张而精心的照顾下,老人平安抵达目的地。

当天下午3时许,南航北方分公司CZ6484航班(三亚—杭州—沈阳)从三亚机场迎接旅客时,因为飞机停在远机位,一位坐轮椅的老奶奶坐着升降梯直接从飞机的另一侧舱门进入客舱,陪同老奶奶的是她的儿子和孙子,她和儿子坐在头等舱,孙子坐在普通舱。

老奶奶身体基本不能动,好像碰哪儿都疼,也不能说话。她儿子说,过了这个年,老人家就100岁了。乘务长听说老奶奶100岁了,在她22年的飞行经历中,还从来没有遇到或听到过有这么高龄的老人坐飞机,她不免有些紧张。

这架飞机上一共177名旅客,基本满舱,飞机上有很多老人,他们都属于"候鸟"老人,冬天在三亚避寒,过年了他们就要"飞"回老家过年,有回杭州的,有回沈阳的。这位百岁老奶奶也是一位"候鸟"老人,老家在杭州,冬天住在三亚,她这次是回杭州过年,同时看看腿疾。

这两个半小时的航程,对于从来都没有照顾过百岁老人的乘务长和她的组员们来说是个考验,面对这位特殊旅客,乘务长把更多的精力放在了她的身上:她给老人多拿了几个靠枕和几条毯子,让老人坐着舒服一些;老人总是张着嘴喘气,客舱里又比较干,她就拿来吸管和温水,让她一点点吸,润着嘴和嗓子;起飞、降落前,她又轻轻地告诉老人,气压会有变化,耳朵会感觉不舒服;她又根据客舱温度变化,随时通知驾驶舱调节空调温度,以防老人体感不适。飞机抵达杭州后,为了方便老人下飞机,机长特意申请了对接廊桥。

就这样,两个半小时过去了,百岁老奶奶平平安安地跟着飞机平稳降落在杭州,乘务员和老奶奶儿孙一起把老奶奶抬到了轮椅上,送下了飞机。

乘务长和她的组员们都为能够平安顺利运送百岁老人而感到欣喜,她说:"百岁老人是福,能够照顾百岁老人更是福。"她还表示,希望天下有更多的老人能够长命百岁。

(资料来源:中国民航网)

2. 缓解旅客的旅途疲劳

服务人员的良好情绪状态可以通过表情特别是轻松愉悦的笑容传达给旅客,给旅客以安全感和温馨感,有利于消除旅客长途旅行的疲劳、孤独等消极情绪。

以真情服务换顾客真情

喜欢在简简单单中提取一份纯,在平平淡淡中写意一份真,与生活真实贴近,用心读取工作中点滴的感怀。不做虚无缥缈的流云一朵,不艳羡情感的云里雾外。工作需要脚踏实地去走,才能品出苦甜的韵味,服务需要真情实感去面对,才能打造生命的乐趣。感动不是虚构出来的,它是一种真切的融入、一种切身的体会、一种甜美的回味。用心接纳人生百味,不辜负时光,善待岁月赋予的一切,守一份真情,珍重每一份感动。

2016年1月26日,大连到贵阳的航班经停郑州的时候,一位无陪老人坐在座位上等候,没有下站。我和师傅便和奶奶聊起了家常。从奶奶口中得知,奶奶家是贵阳的,前几天去大连看儿子,今天回老家。聊天过程中,奶奶的眉宇中洋溢着愉悦和满足。她说,贵阳是一座神奇的城市,当夏日炎炎、别的城市如火炉一般酷热难耐的时候,这里还是舒爽依然。小吃很美味,风景很好,是个很好的地方。奶奶越讲越开心,频频露出灿烂的笑容。可能坐的时间太长了,奶奶想上卫生间。考虑到奶奶腿脚不便,我便搀扶着奶奶去卫生间,师傅帮奶奶看着行李。奶奶回到座位上后,我们又开心地聊了起来。奶奶开心地讲着他优秀的儿子,时不时露出自豪的神情。我们怕奶奶讲得口渴,便给奶奶倒了一杯温水。奶奶笑着说,你们太贴心了。等到上客的时候,奶奶一直笑容满面,我们也十分开心。服务中,我们时不时给奶奶盖盖毛毯,问问奶奶餐饮还可口吗,想不想上卫生间等。下站时,我和师傅来到奶奶身旁,说:"奶奶,我们来接您下机。"奶奶摸了摸自己的包,从里面拿出了两个橘子,一个给我,一个给师傅。还说"谢谢你们,我今天太开心了,一点都不孤单。"后来奶奶太热情了,我们就收下了。我拿着奶奶的行李,师傅搀扶着奶奶,小心翼翼地把奶奶送下了飞机。

(资料来源:中国民航网)

3. 化解旅客的不良情绪

服务人员的良好情绪状态,一是可以让带着消极情绪登机的旅客得到提醒,意识到自己是在开始一个新的旅途,从而使旅客意识到要对自身情绪进行调整了。二是在服务过程中,需要规劝客人的错误,拒绝旅客不合理的要求。处理与旅客的纠纷时,服务人员的良好情绪所释放出来的热情、温婉和真诚可以有效化解旅客由此产生的不愉快情绪,从而赢得旅客的配合与理解。

以心换心,抚平延误风波

在航班发生延误时,不管是什么原因、时间多长,地面服务人员永远坚守岗位,及时提供航班信息,为旅客提供帮助。一次,东航武汉地服人员李齐周杨收到同事的求助,希望他帮忙安抚一位情绪激动的旅客。原来,有一位带着孩子出门旅游的中年女士乘坐的航班由于天气原因取消,没有安排补班引发旅客不满。李齐周杨到达现场了解情况后,发现旅客提前付款预订了酒店住宿,担心无法退房,且不知如何进行改签。说得再多不如做得多,李齐周杨先通过微信帮助旅客开具了一份延误证明,并通过旅客手机联系到了酒店的客服平台。经过十分钟的沟通和协调,酒店同意为该女士更改入住日期。随后,他指导旅客通过客服电话,成功改签了第二天上午的航班。这些工作办妥后,旅客已经完全平静了下来,并表示刚刚情绪太激动了。在被问有何法宝时,李齐周杨说:"在面对延误航班情绪激动的旅客时,首先要了解旅客诉求,有针对性地解决问题。想旅客之所想,急旅客之所急,这才是服务的终极秘诀。"

(资料来源:中国民航网)

4. 营造良好的航空服务心理氛围

良好的航空服务心理氛围是指航空服务的情景符合旅客的需求和心理特点,服务人员之间、旅客之间及服务人员与旅客之间的关系和谐,旅客产生了满足、愉快、互帮、互谅等积极的态度和体验。积极饱满的情绪是营造良好航空服务氛围的重要因素。服务人员要懂得以积极乐观的情绪,创造良好的航空服务心理氛围,激发自己的工作热忱和兴趣,进行贴心周到的服务,提高航空服务的效率和质量,使旅客和自己都获得精神上的满足。

母亲节 西部航空空姐感恩母爱"为爱白头"

2018年5月13日,当一队顶着花白头发的西部航空空姐出现在江北国际机场的时候,引起许多乘客的热议、围观和跟拍:"第一次看到白头发的空姐,谁家的航空公司真会玩!""酷!白发原来也可以这么美,用这样的形式庆祝母亲节,蛮特别的……"

据悉,这是西部航空在母亲节特别筹划的"为爱白头·致敬母爱"主题行为艺术展。据西部航空方面活动负责人介绍说:"空姐在大家印象中一般都代表着靓丽和青春,我们这一次在母亲节,让"青春"用"扮老"的方式举行这样一场行为艺术秀,是希望提醒大家,去留心妈妈的变化和辛劳,同时也向全天下的母亲送上一份特殊的祝福:感谢妈妈的操劳,您为爱白头,我为您扮老,每一位母亲都很伟大。"

在这样一个充满温情的节日里,西部航空围绕"为爱白头,致敬母爱"推出一系列活动:白发空乘行为艺术、合影寄爱意、为妈妈赢惊喜、为女乘客送祝福……西部航空用别开生面的形式,唤起大家对母亲的感激与爱意。

当天乘坐西部航空 PN6275 航班的所有女乘客,在万米高空收到暖心的节日祝福和一束康乃馨,让当天的航班全程洋溢着无限的感恩和幸福。西部航空的有心之举,让许多乘客纷纷和空乘合影,纪念这次有意义的空中母亲节,并表示下机的第一件事,就是向自己的母亲发送祝福。

照着自己妈妈的样子,化个"老年妆",用当下爆红的抖音及视频形式记录全过程。活动策划之初,还担心会引起空乘人员的抵触。没想到刚一公布,就在西部航空空乘人员群引起了强烈反响:"妈妈为我付出了那么多,用扮老的方式感激母亲,我愿意"。

参与活动的空乘王潇表示,用扮老的方式感恩母亲,是一直没空回家的她,在母亲节向妈妈致谢的最好方式。看到自己老年妆白发的样子,面对镜头谈起和妈妈的相处,一开始还有说有笑的几名乘务员,都开始眼圈红着落下泪来。

(资料来源:中国民航网)

三、服务人员的情绪调适

(一)培养健康情绪

1. 培养与体验高级情感

任何情绪都是一定情感状态下的情绪,任何情感又都可以通过一定的情绪状态表现出来。情感不仅与个体需要相联系,更与社会需要相联系。因此,更有效管理情绪的一个关键就是培养关爱、美感、道德感等高级情感,升华自己对事物的认识。民航服务人员要在实践中学习感受生活和工作的丰富多彩,体验生活中的爱和美好,享受生活的乐趣。以对自己高度负责的态度,激发兴趣、倾注热情,投身工作和生活中去,深入体验各种丰富的情绪和情感,培养自身良好的情绪和情感。民航服务人员在工作中必然会经历各种的烦恼和一些困难与挫折,因此,要学会在挫折中不断地总结经验教训,尽快成长成熟。怀着一颗对人生和人性的感悟之心去体验,在各种人类高级情感的体验中感受到责任和动力、感受到崇高和神圣,才会努力实现自我,走向成功。

2. 创造快乐情绪

民航服务人员要保持良好的情绪状态,不是被动地等待快乐的来临,而是要始终拥有一颗好奇心,发现并主动创造能使自己感到快乐的生活和事业,并能够充分地享受快乐。首先是注意保持适中的自我期望水平,根据自己的实际情况来确定具体可行的奋斗目标,学会珍惜现在已经拥有的机遇和生活条件,把握好每一次机会。其次是对人对己多点鼓励、少点责备,宽容而不要过于苛刻。古人云"海纳百川,有容乃大",宽容有助于保持快乐的情绪。再次是要培养良好的兴趣爱好,因为良好的兴趣爱好能带来快乐,帮助你放松身体、放松心情。而缺乏必要的兴趣爱好,会使人的生活变得机械单调,乃至乏味疲惫。

(二)调节不良情绪

作为一名空中服务人员,要面对成千上万的旅客,需要处理的情况也层出不穷。有时因为种种原因和旅客之间产生矛盾和误会也在所难免。在飞机这种特殊的交通工具上,乘务员不只是一个职位,它更是礼仪之邦服务行业的典范。在矛盾产生时,如果不加以自控,冲突会愈演愈烈。因此,必须控制好情绪,帮助旅客解决问题。

空乘压力大　乘务长6个办法调节情绪开心飞行

空乘是一个令人羡慕的职业,可真等做了这一行后才知道空乘人员普遍心理压力还是很大的,有时甚至不能轻松面对旅客,缺乏笑容,个别空乘人员甚至会敷衍旅客。

确实,作为一名空中乘务人员,整日在高空、高压、缺氧、噪音、辐射、干燥、密闭的机舱环境内工作,本身就不利于身心的放松与健康,再加上气流颠簸带来的身体不适,恶劣天气返航备降所承受的心理担忧,延误时面对生气发怒旅客的情绪调整,熬夜跨零点飞行导致的不规律生活作息,因飞行造成的颈肩腰和睡眠障碍的职业病,时常让空乘感觉身心疲惫,加上公共节假日又不能陪伴家人,这些又会导致他们紧张和焦虑。起早贪黑平均执勤十几个小时,几乎用掉一天的时间,飞行后回到家什么也不想做,平时还有各种形式的培训、检查、考试、提问。那么怎么才能排解和消化掉这些压力和疲乏,调控好自身的情绪拥有愉快轻松的心情去面对旅客呢?

第一,要多做锻炼和运动,拓展户外活动,如步行、瑜伽、舞蹈、攀岩、泡温泉、采摘等,定期的锻炼及户外活动不仅可以强健我们的身体,还可以放松我们的心情,释放我们因工作积蓄的疲惫与压力。

第二,要多读些有营养、积极向上的书籍,书籍是人类最好的朋友,它可以帮助你从更宽广的视野里去了解世界准确认识周围环境,排解掉你心里的困惑与压力,良好的读书习惯比哈佛大学的文凭更重要。

第三,带上亲朋好友一起去旅游,读万卷书不如行万里路,旅行中的所见所闻不仅可以开阔你的眼界，增长你的知识，还能愉悦你的心情。旅游中总会有些意外的收获，做好准备随时出发吧。

第四，与朋友或爱人沟通与倾诉，休息时约上三五朋友一起聚会聊天，把积蓄在心里的不快通通倒出，会让你更加珍惜和热爱生活。

第五，未婚的可以养些小宠物、已婚生子的多陪陪孩子来分散转移你的注意力和精力，无论是和宠物还是和孩子相处，他们表现出的对你的需要与依恋，会让你觉得自己特别重要，与他们建立的深厚感情也会让你感觉自己真的很幸福。

第六，培养一些爱好，如学一种乐器、养花养草、静坐或者琴棋书画，一个有爱好的人对生活是永不会厌倦且充满热情的。拥有一技之长不仅可以提高你的生活质量，还能让你永不感觉孤单。

总之，作为一名"空中飞人"，一定要不断丰富和提高我们自己的生活拥有强大的内心，做个有情趣的人，学会享受并感恩生活，才能轻松面对工作。

（资料来源：民航资源网）

1. 寻求心理咨询和心理治疗

虽然人们有一定的潜能可应对生活压力和情绪失常，达到自我修复，但是这种能力毕竟是有限的。人们往往不清楚造成他们情绪障碍的真正根源，只意识到情绪障碍的存在。这就需要一个有深厚心理学素养和功底的人为其指点迷津，让其知道情绪障碍的原因、发端、表现和解决途径。因此，当民航服务人员的情绪处于消极状态时，要积极求助于心理咨询和心理治疗机构，及时解决情绪上的困扰与障碍。

2. 运用情绪疏导方法

（1）宣泄疏导法。

宣泄疏导法是一种效果十分显著的解除不良情绪的方法，它具有简捷、易操作、收效迅速的特点。对情绪变化剧烈，心理反应敏感的民航服务人员来说，宣泄疏导法是一种容易接受，短、平、快的方法。

对不良情绪的宣泄有很多方法，如语言倾诉，与人交谈、写作、看电影、画画、旅游等。但还有一些方法，如愤怒时砸东西、攻击别人，烦闷时酗酒解"愁"等，这些方法虽然能够将不良情绪发泄出去，但都是暂时的，反而会为以后带来更大的烦恼，甚至引起更严重的逆境。因此，在运用宣泄疏导法时，要根据实际情况，通过正常的途径和渠道，采用适当的宣泄形式，控制宣泄的程度，这样才能取得良好的宣泄效果。

(2)矛盾意向法。

矛盾意向法的理论前提是:在许多情况下,焦虑情绪和失调行为的产生是由于人们过分害怕某些令人恐怖的事物。也就是说,一个人总是担心某些可能使他感到焦虑的逆境情况发生,因而会变得万分恐惧,以至于不由自主地被引入这一境地。现实生活中,有的民航服务人员所患的"飞行恐惧症"常常是由于这个原因造成的。

矛盾意向法的使用,就是努力去面对他最害怕发生逆境的那些事情,或期盼逆境的发生。当然,这是与其真正的愿望相反。这样,焦虑感或恐惧感就会为相反的愿望所取代。这一方法以先发制人的方式,克服对逆境的预期焦虑,使人松弛,以便从容镇静地应对各种复杂的逆境情境。

案例

渔夫的故事

一天,渔夫躺在河边,懒洋洋地将鱼线投入水中,不时钓起一条金银色的鲑鱼,打发这漫长而充满阳光的时光。鲑鱼加上一点啤酒和一份三明治,就足以过舒心宜人的一天了。他正将一条鱼拖上岸,身边走来一位穿着讲究的商人。"你难道不知道,"他问渔夫,"要是一次多放几条线,就可以多钓很多鱼?"

"要这么多干吗?"渔夫问。

"瞧,要是鱼很多,就能拿去卖,赚很多钱,"商人答道。"有了钱,就能买一艘大渔船,然后开家鱼行。开了一个店,还可以开第二个、第三个,雇用很多人,还可以开鲜鱼批发市场,将鲜鱼运往全国。"水面上一点点金色渐渐隐没了,商人继续编织着成功之梦。"你可以成为富豪。"他以胜利者的姿态做了总结。

渔夫喝了一口啤酒,脸上露出了不解的神气。"然后怎么样呢?"他问商人。

"咳,那时候,你就支配自己所有的时间,想干什么就干什么。你可以躺着,无忧无虑,也可以去钓鱼!"

渔夫抬头望着他,笑着说:"可我现在就在这么干!"

这个故事说明了有时候你必须有目的去做某件事,但有的时候你却可以在无意中达到你原来的目标,正如你难过的时候,你别去想它,或者把它朝相反的方向去想,问题自然而然就解决了。

3. 合理认知法

合理认知法也叫"情绪的 ABC 理论",是由美国心理学家艾里斯创立的。A

代表具体的事件，B代表对这件事的看法，C代表情绪反应。艾里斯认为，人们对逆境的情绪反应不在于逆境本身，而在于对逆境的不合理认识，即由于不正确的认知或者说非理性信念所造成的。因此，通过认知纠正，以理性治疗非理性，以合理的思维方式代替不合理的思维方式，就可以最大限度地减少不合理的信念给人们的情绪所带来的不良影响和逆境心理。

日常生活中，人们常表现出下列非理性信念：人应该得到生活中所有对自己是重要的人的喜爱和赞许；有价值的人应在各方面都比别人强；任何事都应按自己的意愿发展，否则会很糟糕；一个人应该担心随时可能发生的灾祸；已经定下的事是无法改变的；一个人碰到的种种问题，总应该都有一个正确、完整的答案，如果一个人无法找到它，便是不能容忍的事；对不好的人应该给予严厉的惩罚和制裁；逃避困难、挑战与责任比正视它们容易得多；情绪由外界控制，自己无能为力；要有一个比自己强的人做后盾才行，等等。正是由于上述不合理信念，才会使人出现压抑、敌对、焦虑、忧郁等不良情绪。因此，对上述不合理信念的端正，就是合理认知法的关键所在。

大禹治水的例子或许能给我们某些启示。大禹的前人在治理洪水的时候，只知道"水来土掩"，哪里发了洪水，就在哪里修堤筑坝，结果堵住了这边，那边又洪水泛滥了。洪水始终没有得到根治。而大禹在治水的时候，却没有单纯采用堵的办法，而是采用堵截与疏导相结合的办法，因势利导，将洪水疏导到大海中去，最终降服了洪水这头猛兽。这个例子告诉我们，面对逆境带来的不良情绪反应，不能消极地适应，而应当主动地对待它，采取积极的措施将其克服或疏导，以尽快地消除痛苦，使我们的心灵快速地驶进宁静的港湾。

4. 幽默调节法

幽默的特点是温和、含蓄和机智。哲学家把幽默视为"浪漫的滑稽"；医学家认为幽默是人的一种健康机制，是美容心理的良方；社会学家和心理学家把幽默看成是有助于一个人适应社会的工具。幽默是生活的调味品，它可以使人在欢声笑语中忘却烦恼，化忧愁为欢畅；能让痛苦变为愉快，将尴尬转为从容自如；化干戈为玉帛；使沉痛的心情变得开朗、豁达和轻松，具有维持心理平衡的功能。

中国古代有一位巡抚，精神抑郁、胸中忧闷，却又不知道其因。此时遇到一名医生，为他认真切脉后，一本正经地说："尔属月经不调也"，巡抚大人听后捧腹大笑不已。正想痛斥这个乌龙医生竟不识男女，骂声未出，忽感胸中郁积之气荡然无存，周身上下有一种说不出的轻快，这才悟出这位医生之言，实为治病良方，立即作揖致谢。此后，巡抚忆起此语，总是忍不住笑出声来，病体也就渐渐自愈了。

19世纪德国著名作家拉布说:"幽默是生活波涛中的救生圈",逆境当中的人,能够通过幽默来化解心中的郁结,排解逆境产生的苦闷,从幽默中找到心理平衡,所以,幽默是人类一种积极的心理防御机制。幽默感对任何一个国家、民族,对任何环境和条件下的人们来说都是必要的。

5. 反向心理调节法

反向心理调节法,也叫反向思维法,它是同一问题的不同角度的反射光。其关键在于思维方向的"趋利性"。就是遇到困难或逆境时要从积极的方面去想,发挥自己丰富的想象力和多角度的思索力,极力从不利中挖掘、寻找到令人信服的积极因素,调动自己的积极情绪战胜消极情绪。

对于生活中的不幸,你想着痛苦就是痛苦,你想着快乐就很快乐,所谓"一切情绪都是观念的产物"。痛苦和欢乐,往往是一个事物的两个方面,只是看你把思想的方向盘往哪边打。当你感到痛苦时,你把思维的方向盘打向快乐一边,这是你自己可以驾驭的。

反向心理调节法

1. 有这样一个寓言故事:两个工匠一起去卖花盆,不幸途中翻了车,花盆大半打碎,悲观的花匠说:"完了,坏了这么多花盆,真倒霉!"而另一个乐观的花匠却说:"真幸运,还有这么多花盆没有打碎。"这后一个花匠运用的就是反向心理调节法,从不幸中挖掘出了有幸,有一句话,叫"境由心造",说的就是这个道理。在很多情况下,人们的痛苦与快乐,并不是由客观环境的优劣决定的,而是由自己的心态、情绪决定的。遇到同一件事,有人感到痛苦,有人却感受到快乐,这完全是不同的心情使然。

2. 有一个人经常利用假日骑摩托车外出兜风,本来精神头蛮好,情绪很高。没想到走出200余里路程车子出了毛病,把他扔在上不着村下不靠店的偏僻山沟里。这一下他着急了,没有办法,只好推着车慢慢往前走,等找到修车部时天色已黑,修好车已经半夜时分,只得骑着车行驶在夜幕中。这时他越想越气,觉得太倒霉,情绪坏到了极点。走着走着,感到何苦如此折磨自己。车虽然坏了但修好了,人没有受伤,这不是不幸中的万幸吗?运用反向心理调节法,他从相反的方向思考问题,心情完全变了样:望着寂静的山道,闪烁的灯光,他感到夜间行车别有一番情趣在心头。这样在黑夜行车,一生能有几次,不是车坏还没有这样的机会哩。

在漆黑空旷的路上行车真是机会难得,有着独特的韵味:远远近近闪烁的灯光像满天星斗,呼呼的风声如同在耳边唱歌,大地寂静,万籁无声,这样的夜景何等迷人,这样的夜行何等美妙?这简直就是一首歌,就是一篇优美的散文,就是一幅引人入胜的图画!就这样,他怀着愉快的心情穿过一个又一个村镇,不知不觉于午夜赶回家中。后来他经常把这一经历和感受讲给人们听,并引为自豪,逗得大家哈哈大笑。

(资料来源:搜狗百科)

6. 适度紧张法

逆境后产生过度紧张的情绪固然不好,而且对身体也有害。相反,逆境后灰心丧气、意志衰退、消沉,心理和行为都懈怠了,对身体更有害。只有适度紧张才有利于健康。让我们借用一个鱼的例子来说明这个问题吧:挪威人喜食沙丁鱼,而渔民每次捕鱼归来时,鱼在途中就死了。只有个别船只才能带着活鱼返港。这其中有个奥妙,有的船主为了使鱼活着抵港能卖个好价钱,在鱼舱里放了几条鲶鱼。鲶鱼入舱后因环境陌生惊恐而四处乱窜,挑起摩擦和碰撞,而大量沙丁鱼发现这个个头大的"异己分子"就会紧张起来,加速游动,避免了因窒息死亡,从而保证了一条条沙丁鱼活蹦乱跳地抵达港口。人们称此现象为"鲶鱼效应"。这个例子告诉我们:生活需要适度紧张。

生活需要适度紧张

心理动物学家做过这样的一个试验:把野龟、老虎自幼关进动物园,改善它们的生活条件。结果发现,它们的寿命大大缩短。野龟的寿命为150岁至200岁,而在动物园里,只能活到80岁;野生的老虎寿命为100岁,但圈养的老虎只有20岁至30岁的寿命。紧张、适度恐惧,这些生存的挑战不仅不会缩短动物的寿命,反而会延长它们的寿命。

确实,适度紧张是人们身体更健康、工作效率更高的一种促进力量,它能最大限度地发挥人的潜能和创造力,增强人的自信心。医学研究也表明,适度的紧张有益于健康激素的分泌,把神经系统和器官功能调节到最佳状态,增强机体免疫力。从实际调查中得知,工作的人要比不工作的人健康状况好;外出工作的妇女比家庭妇女的发病率低。由此看来,工作忙碌的人虽然身体比较累,但是他们不会产生孤独感和抑郁感,反而会产生一种积极的进取精神,使自己的潜力发挥得淋漓尽致。

(资料来源:《现代养生》)

本章第一节我们学习了情绪的概念和类型,详细描述了基本情绪类型和三种情绪状态;对情绪基础知识的了解和掌握,有助于服务人员正确对待自己及他人的情绪困扰,进而掌握调节情绪的正确方法。

(1)情绪的内涵和特征是什么?
(2)服务人员的情绪困扰有哪些?
(3)服务人员如何调节自身的情绪?

国际标准情商测验

这是一组国际标准情商测试题,共33题,测试时间25分钟,最大EQ为174分。假如你已经预备就绪,请开始计时。

第1~9题:请从下面的问题中,选择一个和自己最切合的答案。
1. 我有能力克服各种困难:_____
    A.是的   B.不一定   C.不是的

2. 如果我能到一个新的环境,我要把生活安排得:_____
   A.和从前相仿　　　B.不一定　　　　　C.和从前不一样

3. 一生中,我觉得自己能达到我所预想的目标:_____
   A.是的　　　　　　B.不一定　　　　　C.不是的

4. 不知为什么,有些人总是回避我或对我冷淡:_____
   A.不是的　　　　　B.不一定　　　　　C.是的

5. 在大街上,我常常避开我不愿打招呼的人:_____
   A.从未如此　　　　B.偶然如此　　　　C.有时如此

6. 当我集中精力工作时,假使有人在旁边高谈阔论:_____
   A.我仍能用心工作　B.介于A、C之间　　C.我不能专心且感到愤怒

7. 我不论到什么地方,都能清晰地辨别方向:_____
   A.是的　　　　　　B.不一定　　　　　C.不是的

8. 我热爱所学的专业和所从事的工作:_____
   A.是的　　　　　　B.不一定　　　　　C.不是的

9. 气候的变化不会影响我的情绪:_____
   A.是的　　　　　　B.介于A、C之间　　C.不是的

第10~16题:请如实选答下列问题,将答案填入右边横线处。

10. 我从不因流言蜚语而气愤:_____
    A.是的　　　　　　B.介于A、C之间　　C.不是的

11. 我善于控制自己的面部表情:_____
    A.是的　　　　　　B.不太确定　　　　C.不是的

12. 在就寝时,我常常:_____
    A.极易入睡　　　　B.介于A、C之间　　C.不易入睡

13. 有人侵扰我时,我:_____
    A.不露声色　　　　B.介于A、C之间　　C.大声抗议,以泄己愤

14. 在和人争辩或工作出现失误后,我常常感到震颤,精疲力竭,而不能继续安心工作:_____
    A.不是的　　　　　B.介于A、C之间　　C.是的

15. 我常常被一些无谓的小事困扰:_____
    A.不是的　　　　　B.介于A、C之间　　C.是的

16. 我宁愿住在僻静的郊区,也不愿住在嘈杂的市区:_____
    A.不是的　　　　　B.不太确定　　　　C.是的

第17~25题:在下面问题中,每一题请选择一个和自己最切合的答案。

17. 我被朋友、同事起过绰号、讥讽过:_____
    A.从来没有　　　　B.偶尔有过　　　　C.这是常有的事

18. 有一种食物使我吃后呕吐:_____

A. 没有　　　　　　B. 记不清　　　　　　C. 有

19. 除去看见的世界外,我的心中没有另外的世界:_____
　　A. 没有　　　　　　B. 记不清　　　　　　C. 有

20. 我会想到若干年后有什么使自己极为不安的事:_____
　　A. 从来没有想过　　B. 偶尔想到过　　　　C. 经常想到

21. 我常常觉得自己的家庭对自己不好,但是我又确切地认识他们的确对我好:_____
　　A. 否　　　　　　　B. 说不清楚　　　　　C. 是

22. 每天我一回家就马上把门关上:_____
　　A. 否　　　　　　　B. 不清楚　　　　　　C. 是

23. 我坐在小房间里把门关上,但我仍觉得心里不安:_____
　　A. 否　　　　　　　B. 偶尔是　　　　　　C. 是

24. 当一件事需要我做决定时,我常觉得很难:_____
　　A. 否　　　　　　　B. 偶尔是　　　　　　C. 是

25. 我常常用抛硬币、翻纸、抽签之类的游戏来猜测凶吉:_____
　　A. 否　　　　　　　B. 偶尔是　　　　　　C. 是

第26~29题:下面各题,请按实际情况如实回答,仅须回答"是"或"否"即可,在你选择的答案下打"√"。

26. 为了工作我早出晚归,早晨起床我常常感到疲劳不堪:
　　是_____　否_____

27. 在某种心境下我会因为困惑陷入空想将工作搁置下来:
　　是_____　否_____

28. 我的神经脆弱,稍有刺激就会使我战栗:
　　是_____　否_____

29. 睡梦中我常常被噩梦惊醒:
　　是_____　否_____

第30~33题:本组测试共4题,每题有5种答案,请选择与自己最切合的答案,在你选择的答案下打"√"。

答案标准如下:
1. 从不　2. 几乎不　3. 一半时间　4. 大多数时间　5. 总是

30. 工作中我愿意挑战艰巨的任务。1 2 3 4 5
31. 我常发现别人好的意愿。1 2 3 4 5
32. 能听取不同的意见,包括对自己的批评。1 2 3 4 5
33. 我时常勉励自己,对未来充满希望。1 2 3 4 5

参考答案及计分评估：

计分时请按照记分标准，先算出各部分得分，最后将几部分得分相加，得到的那一分值即为你的最终得分。

第 1~9 题，每回答一个 A 得 6 分，回答一个 B 得 3 分，回答一个 C 得 0 分。计 _____ 分。

第 10~16 题，每回答一个 A 得 5 分，回答一个 B 得 2 分，回答一个 C 得 0 分。计 _____ 分。

第 17~25 题，每回答一个 A 得 5 分，回答一个 B 得 2 分，回答一个 C 得 0 分。计 _____ 分。

第 26~29 题，每回答一个"是"得 0 分，回答一个"否"得 5 分。计 _____ 分。

第 30~33 题，从左至右分数分别为 1 分、2 分、3 分、4 分、5 分。计 _____ 分。

总计为 _____ 分。

测试后如果你的得分在 90 分以下，说明你的 EQ 较低，你常常不能控制自己，你极易被自己的情绪所影响。很多时候，你轻易被激怒、动火、发脾气，这是非常危险的信号——你的事业可能会毁于你的暴躁。对于此最好的解决办法是能够给不好的东西一个好的解释，保持头脑冷静，使自己心情开朗。正如富兰克林所说："任何人生气都是有理的，但很少有令人信服的理由。"

如果你的得分在 90~129 分，说明你的 EQ 一般，对于一件事，你不同时候的表现可能不一，这与你的意识有关，你比前者更具有 EQ 意识，但这种意识不是常常都有，因此需要你多加注重、时时提醒。

如果你的得分在 130~149 分，说明你的 EQ 较高，你是一个快乐的人，不易恐惊担忧，对于工作你热情投入、敢于负责，你为人更是正义正直、同情关怀，这是你的长处，应该努力保持。

如果你的 EQ 在 150 分以上，那你就是个 EQ 高手，你的情绪聪明不是你事业的阻碍，而是你事业有成的一个重要前提条件。

第九章 合作心理与调适

课前导读

和谐、互助、配合,是民航服务工作的特殊要求。合作意识和心理是每一名民航服务人员必须具备的条件和素质。通过学习、了解团队的一些基础知识,掌握合作心理机制,有助于增强民航服务人员的团队意识,注重服务工作的积极合作。

教学目标

- 了解团队的基本概念,注重其在实践中的应用;
- 掌握团队合作的心理机制,以提高服务工作的效率;
- 掌握团队建设和管理的基本方法,加强团队的团结和合作。

民航服务工作是群体性、合作性很强的工作,团队成员不仅要精诚合作、密切配合,而且彼此之间要互相帮助、同舟共济。提高合作意识、加强工作配合,对于提高民航服务工作质量,特别是处理突发事件极其重要。因此,搞好团队建设,对于提高工作效率、加强管理是十分有益和必要的。

第一节 团队概述

一、团队的类型

团队一定是一个正式的工作群体,但并不是任何一个正式工作群体都可以称之为团队。一群在一起工作的人,尽管他们很友好,但是各自完成着自己的任务,这也只是一个工作群体,而不是一个团队。

根据团队存在的目的可以有几种分类。如长期的和临时的工作团队,临时团队是为解决某一特定的问题而组织的,成员可以来自各个部门,通常在问题解决后,团队即告解散。另外可根据团队的工作性质和内容,分为以下4种。

(一) 生产/服务团队

包括生产线上、装配线上的工作小组、维修小组,客机上的机组人员等。通常由专职的一线员工组成,他们的工作是按部就班的,以保证组织生产或服务的稳定性。

(二) 行动/磋商团队

例如,医疗小组、抢险小组、运动团队等。它由较高技能的个体组成,所执行的任务十分复杂,甚至是不可预测的。成员共同参与专门的活动,每个人都需为整个团队做出贡献。

(三) 计划/发展团队

如科研攻关小组、专项产品开发小组或者其他某项专门任务团队。这些团队为了完成任务组建起来,一旦任务完成,团队的使命也就结束,团队成员就会转而从事各自不同的工作。这些团队一般都是由技术十分娴熟的专业人员组成,与其他部门相比,这种团队往往有相当程度的自主权。

(四) 建议/参与团队

如董事会、委员会、理事会以及各类专家顾问团队、质量控制小组等,是为组织提供建议和决策的团队。但它们不仅局限于企业的高层,其作用是提出构想、建议,通过一些提案和决议等。多数"建议/参与团队"不占用大量的时间,因而其成员通常还有其他任务。

二、团队的特征

(一) 团队工作主旨的委托和授权

和严格控制的、专制式的管理大相径庭,从根本上说,团队工作就是要把责任授予团队,使团队在从事自己的工作时,不必时时、事事向组织中的上一级领导汇报。团队必须有足够的权威和足够的权力就工作做出决策,并确保各项工作能恰如其分地完成。

因此，团队工作是建立在信任和责任基础上的工作形式。心理学家指出，一旦人们被赋予了责任，他们就会更负责任。有时管理人员觉得，他们必须牢牢地控制组织或部门里的每一件事，不愿给团队和员工自主决定的权力，这样的团队是无法继续工作的。管理人员应做的是提供支持和与团队探讨方向和目标。在团队工作结构中，管理人员并不去做日常工作，而是依靠团队来做日常工作。

（二）团队的规范以任务为核心

团队规范一般说来是以任务为核心的，它鼓励那些高效的、全面的工作行为，制裁那些低效率的、低质量的工作行为。它鼓励以任务为导向的相互交往，因此，那些帮助其他成员解决困难、为解决问题而寻找与其他团队协商的方法和行为受到肯定。团队规范同群体规范一样，都会运用群体压力去规定成员的行为，但在内容上，团队规范特别倾向于以需要做的工作为核心，使成员的交往、信念和沟通成为确保团队出色完成任务的必要条件。团队是以任务为导向的，因此，不存在目标含糊的团队。

（三）团队成员平等、信任、注重交流

团队强调信息的共有和整个团队在共同合作中达成共识。如果团队的管理人员认为，一个低层雇员"不需要了解"某些信息，那么他是不可能建成一个出色的团队的。每个团队成员的贡献都是重要的，无论他在组织中的正式地位如何。平等而有效的交流能够消除等级障碍，培养团队成员的归属感和自豪感。每个团队成员如果都能清楚正在发生的事情，就可以分享成功所带来的自豪，分担失败所带来的忧虑，并且愿意彼此帮助，在必要的时候投入更多的力量。

三、团队的价值

（一）提高员工的参与程度和责任感

一个和谐、默契的团队，能够使成员工作更有趣，有助于提高员工的积极性。在团队中工作，可增加员工之间的相互作用，满足员工的社会需求并建立友情；在和谐、协作气氛下工作的员工，能够更好地应付压力，增强对工作的满意度。团队能提升整体工作效率、拓展个人技能，并使成员的技术、决策和人际协调的能力都得到很大的提高。

(二)增加员工的协同合作,保持和提高工作效率

团队不仅要求成员加强内部的相互交流,有许多团队之间也是相互依赖的,因而也能促进组织范围内的沟通。

山航青岛现场保障中心:无缝衔接 全流程保障旅客出行

值机、服务、配载、行李、现场指挥、航务……在山航青岛分公司现场保障中心,这个2018年年初刚刚成立的全新部门的每一个单元都发挥着百分之百的力量。通过整合资源,形成了全新的"运行+服务"模式。

"全新的部门对于我们来说既是一种挑战也是一种压力,新部门运行已经有大半年了,大家经过磨合期,现在保障起来越来越顺畅了。"山航青岛分公司现场保障中心经理刘文说。

值机柜台、登机口服务、配载平衡、行李服务、现场指挥、航务管理……在全新的现场保障中心,下设了多个单元及岗位,每一个岗位都肩负着自己的职责,整个流程下来,几乎涵盖了旅客登机前的全部流程。

正如值机单元的一名值班主任滕姝玲所说:"靠一个人的力量是远远不够的,我们班组31个人,大家劲儿往一处使,每个人都发挥出自己的力量才能够最好地保障旅客。"

(资料来源:中国民航网)

(三)节省人力,降低成本,提高效率

一个团结和谐的团体可增强组织的灵活性。团队工作拓展了员工的技能范围,许多员工和工作岗位不是不可替代的了,如果需要,组织可以随时重组团队,重新分配任务。

第二节 合作心理机制

员工在一个团队中工作、生活,不可避免地与其他成员发生着种种关系,产生不同的心理现象和心理活动,这些心理活动形成一定的心理机制,对工作发生着各种各样的影响。

一、共生效应

共生效应是一种社会心理效应,指个体与个体,或个体与群体间相互依存、相互激励的社会心理现象。每个人虽然是独立的生物和社会实体,但却不能孤立地存在,他需要在由人群构成的外环境中生存和发展。依靠这个外环境,人们或抵御某种侵扰,或孕育某种思想,或协调完成某些活动。每个人都离不开他人,而每个人又都是他人生存和发展的条件。

建立团队,最重要的是在认知上形成这样一种强烈的、积极的归属感和"我们感"。团队成员互相认同,把自己的团队看成是"我们",而不仅仅是一群人的集合体。这种"我们感"是根植于人类的本性的,我们是社会性的动物,我们是在相互依存的家庭的群体中成长的,我们在与他人合作时、与朋友在一起时,才会感到很安全。团队正是依靠了人的这种心理基础,同时,团队建设也应创造这样一种环境,使人们在其中把团队成员当作"我们",使每一个成员认同这个团队,共生共存。如果团队成员不把自己看成是"我们",如果他们在其他群体寻找自己的社会身份,那么这个团队也就名存实亡了。

深圳空管为公司职工提供宵夜暖人心

为更好地服务基层员工,做好后勤保障工作,调动一线人员的工作积极性,2018年9月10日起,每晚21:30分,深圳空管站后勤服务中心准时为加班留守和夜班值守的职工送上暖心宵夜,将空管大家庭的关爱送到公司员工身边,暖在心坎儿上。

"公司为我们提供宵夜,让我很感动,感觉很温暖。"23岁的泛亚外航部货航保障部员工小叶从工作人员手中接到宵夜时,脸上洋溢出灿烂的笑容。深圳空管后勤服务中心提供的宵夜有面包、蛋糕、水果还有牛奶,营养价值非常高。45岁的地面运输部司机宋师傅表示:"晚上上夜班出去吃东西不方便,外面买的食品也不卫生,公司给我们送宵夜真是太好了,我们会更加努力,用更好工作状态来回报公司。"

深圳空管站后勤送宵夜的举措鼓舞了公司一线员工的工作热情,有效提升了员工的凝聚力和归属感。

(资料来源:卓誉.中国民航网)

二、情绪认同

情绪认同是苏联社会心理学中的一个重要概念。与这个概念最接近的是共同感受(或者"移情"),关于共同感受的研究由来已久,而且有大量的实验研究著作。但在这些著作中,都把共同感受看作是没有什么积极作用的消极的同情。乌曼斯基则通过实验证明,群体情绪认同不仅是群体中人际关系发展水平的标志,而且有效的群体情绪认同可以改变成员的行为。

(1)情绪认同是客观存在的社会心理现象,它证明群体与群体任何成员具有共同感受的能力。

(2)接近于集体类型的群体有产生情绪认同的最有利的条件。在松散群体和违法的群体中,这种认同的表现很差,或者完全没有。

(3)在集体中,成员把自己与其他成员视为同一,体验他人的心情如同体验自己的本身的心情。这种有效的情绪认同便可以改变他们的行为:虽然危险只威胁一个人,但是群体的所有成员采取的行动都像自己面临危险将要受到惩罚时一样。

在集体中表现"我们感"的最重要的形式之一,就是每个人在情绪情感上加入这个集体,个人有意无意地把自己和集体视为同一体。真正团队的特点是在成功或者失败时有共同的感受、有情绪上的温暖和同情,为每一个人的成功而自豪和高兴,相信自己的团队是名副其实的工作集体。

有效的情绪认同,取决于个人把自己与其他成员视为同一到什么程度,取决于个人对待群体中的其他成员的态度积极到什么程度。

小小慰问品,关爱先提醒

近年来,东航云南有限公司工会把竭诚为职工服务作为工会开展一切工作的出发点和落脚点,以职工需求为导向,从小事入手、向小处发力,扎扎实实为职工做好事、办实事,赢得职工认可。

2017年8月的一天,已是凌晨2点,云南公司工会一个微信工作群里却还聊得热火朝天,这是公司工会领导和工作人员就即将发布的慰问品需求调查方案在进行热烈讨论。十分注重细节的工会领导对方案中每一个字、每一张图严格把关,力求做到最好。当时,"东航云南工会"微信公众号粉丝数量仅为490

余人。

到了 2018 年 8 月,云南公司约 5300 余名职工都通过"东航云南工会"微信公众号收到了一份关于"中秋节慰问品"的需求的调查问卷,这份问卷提供了 8 个选项,职工可以选择自己最满意的 3 项,也可以提出自己想要而不在备选范围中的选择。这已经成为公司工会在开展节日慰问品招标前的一项常规动作,通过互联网平台优势的充分发挥,调查统计得到职工需求的真实数据,并以统计结果为依据,以大多数职工的需求为导向,提高招标工作的精准性,将职工普惠制工作做细做优。

生日蛋糕券则很好地体现出公司的温情。每位职工生日当天,公司工会都会送上一张蛋糕卡,提供服务的商家是都是云南省知名的食品企业。其中一个品牌还为职工提供正宗清真食品,满足了回族职工的需求。"我很享受同事们接过蛋糕卡那一刻的会心笑容。价值 400 余元的蛋糕卡不算昂贵,但让很多同事心里都多了一份小小的期待。"刚刚为过生日的同事送去蛋糕卡的飞行部工会干事周文培这样说道。

(资料来源:中国民航网)

三、心理相容

心理相容是指群体成员之间心理上的相互理解、容纳和协调,即群体内成员间的心理流和心理面是处于一个同频共振的心理场中,一个人或者若干人的行为会引起群体的肯定性反应。

心理相容是成员产生相同感受的基础。人们观点和信念的一致性是心理相容产生的最主要原因。而群体内成员相互间物质利益分配的合理性是心理相容的根源。心理相容对于群体极为重要,它在很大程度上决定着群体的风气、领导的风格、目标的实现、工作效率的高低和群体成员的心理健康、情绪反应、能力发挥和人格的健全。

厦航客服制作"水果客服"庆节

2018 年 9 月 29 日,国庆节前夕,厦航 95557 客服中心为新入职的 31 名员工举办了一场别开生面的水果创意拼盘秀活动。

这些新进员工都是1995年或1996年出生的"小鲜肉",航空公司的客服,不仅要用声音传递微笑,更要熟悉客规、销售等业务,应对旅客各种咨询,需要很强的服务意识和专业技能。为了让他们感受企业文化、增强归属感与团队凝聚力,95557客服中心让大家天马行空发挥想象力,创造出了一个个既妙趣横生、又充分展现厦航特色的水果拼盘。

大家八仙过海,用各色水果,拼出脑洞大开、五彩缤纷的作品:有生动的水果白鹭、呆萌的香蕉飞机、彩色的石榴机坪,还有绚丽的彩虹盘,"春夏秋冬"拼盘。最有意思的是水果话务员,柚子脸、蜜瓜身,带着很"高端"的香橙耳机,麦克风是"滥竽充数"的"水果"——鲜红艳丽的小辣椒。新老员工一起,用一双双巧手,传递着人与人之间的真诚和热情。客服中心总经理秦静说:给员工营造温馨美好的工作氛围,让新员从入职开始就感受到集体的热情并爱上这里,才能为旅客提供更好的服务。

今年国庆黄金周期间,厦航95557客服中心每天有180名客服人员坚守岗位,为旅客提供7×24小时无间断的出行信息服务。

(资料来源:王玭、康露城.中国民航网.)

四、社会表现

随着时间的推移,一个稳定的工作群体中的成员会逐渐了解和理解彼此的信仰。尽管人们仍然会有各种不相同的观念看法,但往往能逐渐分享有关工作及工作中的许多信念和观点,或者说,在团队中,即使每个人都有自己的信念,但仍然拥有许多与其他成员相同的社会表现。这些共同的信念就是社会表现。

共同的信念可以成为人们决定采取行动或不采取行动的影响因素。它服务于一种功能,使我们能够调整自己的爱好和行为,并使其理性化。是否达成共识,更多的是以行动而不是用语言来表现的,有些共识是含蓄的、隐蔽的,无须说出来。例如,一个经理在大力提倡员工与上级之间的意见交流,但是员工们知道(有共识),如果真的直言不讳,就会带来数不清的麻烦。因此如果仅仅通过人们的语言表达,是难以识别出一个团体是否达成共识,或者在哪些方面有共识。

团体的社会表现反映了团体的背景、权力结构、人际关系。它通过符号、语言、形象和行动表现出这些背景和关系,反映了人们在这种背景下是如何工作、如何生活的。

什么样的共识有利于团队的管理呢?以团队为基础的工作方式,首先意味着摆脱权威的束缚,实际上也意味着改变组织内权力的运用方式。因此第一个共识应当是互相尊重。它包括团队成员之间的互相尊重(团队成员需要尊重彼此的技术和能力;尊重彼此的意见和观点;尊重彼此对团队任务所做出的贡献),管理人员对团队工作的尊重(信任团队成员,重视每一个团队成员的贡献,准确而平等地传递信息,以得到有效合作所必需的相互尊重和理解)。

五、参与管理

无论在工作积极性、责任感,还是在生产效益方面,参与管理都有其独特的影响。具体而言,在对责任感和生产效益的影响因素中,"参与管理"都达到显著水平。更值得重视的是,奖金则显示出作用。

这些参与管理的效果,事实上在群体参与时才更能体现。因为,个人参与提出的意见,即使很有价值,在没有赢得群体的统一认识以前,是很难"拍板"决定贯彻执行的。团队工作方式的出现,本身就体现着组织对"员工参与"的重视,不仅如此,团队,尤其是自我管理型团队的工作基础之一就是成员的参与。

综上所述,团队建立和工作的心理机制,首先是使成员"属于"这个团队,其次使成员"分享"和"表现"这个团队。

第三节 团队的建设和管理

一、团队建设的途径

团队建设包括四种途径:人际关系途径、角色界定途径、价值观途径和任务导向途径。每一种途径各有其特征,也都在不同的时间和条件下表现其有效性。选择和利用哪一种途径依赖于三个因素:团队所处的环境、团队成员的特点和团队所要完成的任务。

(一)人际关系途径

1. 出发点

如果人们能够充分地互相理解,他们就会有效地共同工作。因此可通过发展密切的人际关系达到团队的目的。

2. 原则

（1）公开、坦诚地讨论群体内部的关系和冲突，形成相互信赖的气氛；
（2）了解团队成员的经历，更好地理解每个人的个性；
（3）对团队成员进行肯定性评价；
（4）学会倾听和有效交流的方法。

3. 具体方法

敏感性训练和人际关系相互作用的 P.A.C 分析是经常使用的团队建设方法。敏感性训练起源于 20 世纪 40 年代，60 年代曾风行一时。它以小组的形式进行训练，目的是使小组成员在感情上更加彼此接近和减少交往中的障碍。这种技术应用于团队建设，目的是培养一个人在团队中工作的人际交往技能。典型的情况是，团队的所有成员常常在周末一起出去，住在某个地方，并有目的地参加为了增强对人际关系的感受性的训练，例如，练习"聆听他人"，训练警觉性、注意力以及信任能力等。每一种训练都会帮助团队成员彼此了解，帮助他们更清楚地认识人们在不同环境下，如何做出反应。这样的训练使成员有了共同的经历，有助于创造"我们感"。

P.A.C 分析法是由埃里克-伯恩（Eric Berne）发明创造的。他把社会交往的单位称为相互影响。他说："当两三个人或更多的人碰在一起，迟早某人要说话，或者向其他人致意，这就叫相互作用刺激。另外的人就会说一些或做一些与这种刺激有某种联系的事，那就是相互作用反应。"相互作用分析是一种方法，用于检查"我对你做了什么，你反过来对我做些什么"一类的相互作用。伯恩在《人们玩的游戏》一书中，应用和发展了精神分析的理论和方法，提出在人际交往中每个人的人格结构由 3 种有不同表现方式的意识构成：父母意识（parent）、成人意识（adult）、儿童意识（child）。

（1）父母意识，是人在早年生活中从父母和社会那里接受的外在训诫，它是记录在人脑中的早期经验——通常是那些强迫性的、不容怀疑的事件。

（2）儿童意识，是指在童年生活中看到、听到、感觉到的东西，它包括各种无法用语言表达的感受。它记录的是惊奇、好奇、创造以及无助、依赖、笨拙的感觉，记录了无数个"第一"的生活经历。

（3）成人意识，是一种成熟和理智的意识，它帮助人们发现和分析现实生活中那些与父母意识"教给的生活概念"及儿童意识"感觉的生活概念"所不同的资料。通过对这些资料的收集和分析，人们发展出成年人的"思考的生活概念"。

在交往中，人们会在不同的情景下选择"出台"P, A, C 三种意识。三种意识表现出不同的形体和语言。例如,处于父母意识下的人,典型的形体姿态为皱眉、叉腰、食指指点、两臂交叉于胸前等,语言中常有"永不""应该""胡说""无论如何也不能""听着"……儿童意识下的人则有流泪、噘嘴、发脾气、尖声叫、低垂双眼、欢快地笑、举手请求发言等表现,使用"我想要""我不""我猜""最大的""就不"等语言词汇。成人意识则表情坦率,善于倾听,有时也会流露出激动、好奇的儿童意识;在语言上使用"为什么""用什么办法""在哪儿""相对的""可能的""不知道""我个人的看法""客观的"等。

在每个人身上,三种意识的比重有所不同,因而形成了不同类型的行为特征。

根据人们在交流中的意识流露,可以把人际相互作用分为两种类型:互补式的和交叉式的。

互补式的相互作用是指交流双方的刺激和反应是平行的,如 P-P, A-A, C-C, 或者 PC-CP, AP-PA, PA-AP 等。在这类相互作用中,由于刺激和反应是互补的,双方能得到预期的反应,因而交流能够平心静气地持续进行。而在交叉式的相互作用中,交流双方的刺激和反应是交叉的,双方得不到预期的反应,因而交流就会停止,乃至陷入僵局。例如:

【对话1】
甲(A):我不知该怎么办,我没办法决定什么是对的。
乙(A):我认为,你这么疲劳不堪的时候最好先不要做决定。你看明天我们再谈这事吧!

【对话2】
甲(C):真讨厌!这件事我成功不了!
乙(C):别傻了!你当然能成功!

【对话3】
甲(PC):这份文件你怎么还没准备好?做事不能总是拖拖拉拉的!
乙(PC):你还不是一样!先把自己管好吧!

【对话4】
甲(AA):我今晚必须写完一篇报告,明天要交。
乙(PC):为什么你总是到最后一刻才做?

就团队工作而言,如果团队成员在交往中过多使用"父母意识"或者"儿童意识",十分武断、互相支配,或者感情用事、由于被忽视而心生憎恨的话,这个团队就不可能发挥作用。P.A.C 分析和训练可以帮助人们认识到这些意识和交往的类型,对团队建设很有益处。

适用范围:人际关系途径常常适用于建立行政部门、公共部门、志愿者部门的一些团队,而不一定适用于商业组织。

(二)角色界定途径

1. 出发点

根据角色期待理论,通过明确界定团队成员的角色和整体的规范而建立团队的基本框架。

2. 原则

使每个成员都清楚地理解自己在团队中的位置、责任和角色。与人际关系途径不同,这里所重视的是团队成员所要做的事情以及在工作中与其他人配合的需要。包括:

(1)每个团队成员既承担一种功能,又担任一种团队角色;

(2)根据执行的任务,一支团队需要在功能及角色之间找到一种令人满意的平衡;

(3)团队的效能取决于成员的个性和智力,确定他们的角色;

(4)根据团队成员的个性和智力,确定他们的角色;

(5)适当而平衡的团队角色以充分发挥每个成员在技术资源方面的优势为前提。

具体方法:角色协商法是主要方法之一。要求每个成员坦率地对自己的工作条件进行评估,并列出他对其他成员的要求;列出其他人应做得更多、更好的事情;列出他们应该做得更少或停止去做的事情;列出他们应该继续做下去的事情。然后这些成员讨论列出的事情,并且相互之间达成协议。

(三)价值观途径

1. 出发点

只有拥有共同的目标,才能把人们凝聚在一起,才能使他们感到可以合作和形成"我们感"。

这一途径把重点放在团队成员就价值观和目标达成的共识上,而不是组成团队的人们的性格或者他们所担当的角色上。因此,建立一支有效的团队的一个首要任务,就是建立共识,确保团队中的每个人都拥有共同的价值观;确保团队的工作反映这些价值观;确保使个人感知到自己是如何为团队的共同目标做出贡献的;个人应该如何反映团队的共同价值观念等。

韦斯特(M.A.West)列出了团队共识的5个方面：

（1）明确目标。必须明确确立团队的目标、价值观以及指导方针，这些有时可能需要多次讨论。

（2）鼓动性的价值观。这些观点必须是团队成员相信并且愿意努力工作去实现的。

（3）力所能及。团队共识必须是团队确实能够实现的。不现实的或无法达到的目标是没有用的，因为它只会使人们更想放弃。

（4）达成共识。所有团队成员都支持是至关重要的。

（5）未来潜力。团队共识必须具有在未来进一步发展的能力。需要经常重新审视团队共识，以确保它仍能够适应新的情况和新的环境。

2. 适用范围

价值观途径尤其适合于具有持续性工作特征的团队类型，而不太适合于只是为了完成一项特殊任务而组成的团队。长期团队需要具备相当程度的共同理解，因为在长期工作中团队成员间的相互冲突的可能性极大。这种方式还适合于团队成员来自不同行业、不同职业特征的团队建设，因而，他们常常需要大量的讨论、辩论，才能形成一套可以共同分享、一致赞同的团队价值观。

珠海空管站管制运行部举办"匠心传承"主题分享会

为弘扬民航精神、空管精神，培育精益求精的工匠精神，围绕"育人传技"核心，2018年8月8日，民航珠海空管站管制运行部举办了"匠心空管 最美师徒"致敬一线工作20年管制员及"匠心传承"主题分享会。空管站站长、党委书记、副站长等出席了活动。

开场视频《守护海上云天、协力共筑安全》完整再现了管制部成立25年来走过的足迹及取得的成绩，每个在场管制员感受到强烈的自豪感。空管站站长为此次活动致开场辞并指出空中交通管制员是匠人中的匠人，感谢各位老管制员的辛勤付出，多年的坚守，同时希望大家增强职业自豪感，为建设四强空管而努力拼搏。

分享会第一篇章为"致敬空管匠人"。通过一段精心策划和拍摄的视频重温了目前仍从事管制一线工作及致力于管制员培训的6名管制员20余年的工作经历，回顾了老管制员与珠海空管站共同发展进步的心路历程。随后各位空管匠人代表上台发表从业20年的感言,分享他们宝贵的工作经历和体会。作为珠海空管站管制运行部从业20年以上的管制前辈们,他们是珠海空管的开拓者,是他们的无私奉献和坚守筑起了如今空管站的稳定根基。空管站站长与站党委书记为6名老管制员颁发了纪念品,并对他们的付出表示感谢。分享会上,这些老前辈们也对青年管制员寄语:团队协作,踏实勤奋,细心谨慎,做好本职工作,珠海机场的发展需要年轻管制员尽快成长。他们说的每一句话,无一不透露着对管制工作的热爱。

随后管制运行部的2017-2018届管制新人为老管制员献上了经过改编的歌曲《乐动空管》,表达自己对空管前辈的敬意。

在美妙的歌声中,活动紧接着进入第二篇章——师徒结对仪式,首先为管制运行部在聘的四类教员颁发聘书,希望教员们传承空管匠人传道授业解惑的本领。紧接着进行了庄重的师徒结对仪式。仪式中,2017届管制学员为自己的师父敬茶,并深深地鞠一躬,感谢师父对自己工作和生活中的指导与帮助。教员和学员代表郑重宣誓,誓词既是承诺,也是激励,激励学员积极学习,早日成为正式管制员,同时进一步明确教员职责和义务,增进师徒情谊,构建和推动积极健康、共同进步的新型师徒关系,营造良好的教学氛围。

在"教员我想对您说"环节,现场的管制员们畅所欲言,表达对教员或师傅曾经对自己的教诲和感恩之情,站长也深情回忆起自己入职时的教员对自己专业和生活上的指导和帮助,认为师徒情是一辈子的情谊。

分享会最后,站长总结发言,首先由衷感谢空管匠人的辛勤付出、多年的坚守和牺牲,老管制员身上的坚持、严谨和奉献精神值得传承和发扬;接着寄语青年管制员,希望青年严格要求自己,尊师重教,制定目标,踏实努力,不断提高自己的资质水平,刻苦学习业务知识,对标高标准,为珠海空管发展贡献自己的力量。

(资料来源:翟翘楚、吉子默.中国民航网)

(四)任务导向的途径

1. 出发点

通过团队的任务以及每个人对预定任务的完成能够做出的贡献为前提而建设团队。应用这一途径的前提是,团队成员都把团队所执行的任务看成是唯一重要的事情——这是所有成员的共识。在这一途径中,重点强调的是成员所拥有的技能和这些技能怎样应用于团队任务,而不是个人感情。

2. 适用范围

任务导向途径尤其适用于有极高效率的"计划/发展团队"。这样的团队的目的是执行一项复杂的任务,由具有互补技能和能力的人组成,一旦完成了任务,团队就解散。在这种团队中,建立共同的价值观不是团队的首要活动,而实际上他们已经拥有关于工作的类似的价值观。

建设以任务为导向的团队的原则是:确定事情的轻重缓急,确立指导方针;按照技能和潜力,而不是个人性格选拔团队成员;对第一次集会和行动予以特别关注;确立一些明确的行为准则;确定并且把握几次紧急的、以能力为导向的任务和目标;定期用一些新的事实和信息对团队加以考验;尽可能多地共度时光;利用积极的反馈、承认和奖励所带来的力量。

3. 具体方法

(1) 确定目标法。这种方法要求团队在工作中要确立一定的目标。确立目标以后,团队把目标分成长期目标和短期目标。团队成员共同工作,建立明确的时间表,说明每一个短期目标应该什么时候完成;同时,这些目标应与系统的反馈形式和对团队的评估相结合。这种方法的可取之处在于:一,通过不断提供一个个可以实现的目标,使成员集中精力于主要任务;二,一个个短期目标的实现,可增强成员对团队的信心;三,在团队建设中确立起来的定期评估和反馈制度,可增强成员的力量,肯定他们的成就,从而培养成员对团队的认同感和自豪感。

(2) 问题解决法。团队成员参加一些模拟他们工作经验的训练,目的是帮助团队成员认识并明确显示出所能遇到的困难。当人们在每一次处理问题时,团队全力以赴,找到解决的方案,并实施这个方案。每次成功地迎接了挑战,成功地解决了困难,都会增强团队的能力,更重要的是,增强团队对自己能力的认识。按照这种模型,一个能力很强的团队由于承担了具有挑战性的任务,可学会更出色地行动。在完成任务的过程中,解决问题、克服障碍,可获得新的技术和能力。通过这样的经历,可形成团队自己的历史,形成高度的共识和共同理解。

以上几种途径都应用于实践中的团队建设,它们侧重于团队建设的不同侧面,与不同类型的团队的关系也不相同。每种途径按照自己的方式来说都是正确的,但都是在某种情况下有效的。因此,组织顾问和专家在指导团队建设时,往往综合使用各种不同的模式,而不是仅仅使用一种途径。

最后,不论人们使用哪一种团队建设的策略,有一条原则是普遍适用的,那就是建立社会认同的心理机制——在团队成员之间创造统一感和归属感,创造相互理解、尊重、合作的气氛,必须能够把团队的其他人看成"我们",而不是"他们",使成员为自己的团队而感到自豪——这对于建立强有力的、具有高度凝聚力的团队是至关重要的。几乎每个途径都强调了"整个团队外出活动"这种方式在这方面的价值。

团队训练两例

1. 生存游戏

这是一个求生模拟的游戏。一个团队全体成员被设想为一架飞机上的全体乘客。他们所搭乘的飞机在失事后被迫降在北极圈附近的一个地点。飞行员死亡,所有乘客全身湿透,两个星期之内不会有任何人或飞机经过失事地点。他们必须对如何生存下去、如何脱离危险等一系列问题做出决策。

在这一游戏里,全体团队成员在尚未开始学习团队合作技能的情况下,就被置身于生死环境中,被迫做出一系列关系到生死存亡的决策。团队成员会发现,绝大多数情况下,有效的集体决策优于个人单独决策。游戏的目的是让团队成员从身临其境的决策经历中认识到,团队合作对组织来说也是生死攸关的。

2. 急流中的小岛

在这个游戏中,把参加者每五人分为一组,其中一人扮演公司的首席执行官,两人扮演中层经理,另两人扮演公司的普通员工。

在整个游戏中,不允许经理说话(要把自己当作哑巴),他们的任务是要在规定的时间内用两条"小船"把执行官和员工运送到自己所在的小岛。两个员工虽然能说话,但却被蒙上眼睛(要把自己当作瞎子),而且也不知道经理要干什么,也不知道执行官在做什么。执行官能凭自己的观察发现经理不能说话、员工看不见东西,但是他事先也不知道经理要干什么;而且,他还被要求完成一大堆毫无意义的工作,而他并不知道这些工作对这个游戏的成功毫无意义。

结果,被蒙上眼睛的员工听到周围热闹非凡,听到大家在忙里忙外,却不知道到底发生了什么事情,也不知道自己能帮什么忙。在游戏的过程中,他们越来越感到孤独和迷茫。经理们则想尽快把执行官和员工接到自己的小岛上来,却苦于无法与他们沟通,急得直跺脚。焦虑和劳而无功的挫折感从他们身上体现出来。

执行官没有被剥夺任何感觉,因而最有可能解决问题,但是他却在紧张地忙于他本人并不清楚的毫无意义的工作,于是对经理和员工的处境置若罔闻。

这个游戏使参加者以一种极端的方式,体验到由于缺乏沟通导致的个人挫败感。它使人认识到团队沟通对实现目标的重要性,也认识到管理不同层次间的相互关系和可能存在的误区。这种体验恐怕会刻骨铭心。

二、团队的组织管理

正如前面所指出的,采用团队工作是组织变革的一部分,而这种变革绝不容易。团队与组织必须花很长的时间才能适应彼此间的互动和决策方式。

(一)优秀的团队领导

尽管多数学者对团队工作的自制性表示认同,但也一致认为,团队的领导者在帮助团队确定目标和方针上具有重要作用。

胜任团队工作方式的领导者,其思维和行动往往不像上司,而比较像教练。还有人把一些临时团队管理人员称为"特约临时主管"。他们大多是资深管理人员,并擅长运用新的管理方式。一旦离开原有的团队,便很快改接另一项临时性的工作——他们有些像影视明星,拍完一部片子,再拍下一部片子。

团队领导的原则同样以社会认同这一决定性的心理机制为基础,鼓励团队成员形成凝聚力,培养成员的职业意识与工作能力,并因此使成员们认同自己的团队,为自己的团队而自豪。

对优秀团队领导的工作方式和任务最为清晰的阐述,是卡特森伯格和史密斯提出的6条原则:

(1)优秀的团队领导帮助自己的团队澄清目标和价值观,并确保团队成员不误入歧途和偏离这些目标。他总是力求使团队的目标、目的和方式密切相关,但他们与一般工作群体的等级制领导不同的是,他不会强迫成员,也不会过分详细地制定那些目标、目的和方式,因为那会危害团队成员的忠诚感、贬低成员的能力。

(2)优秀的团队领导努力培养每个成员的忠诚和信心。他会抓住机会向整个团队展示成员的出色表现,会表明他是多么欣赏成员工作的主动性,鼓励成员尊重彼此的能力和技术。通过这些做法激励个人对团队的忠诚,激励人们的责任感和自制力。

(3)优秀团队领导的第三个任务是促进团队中各种技能的组合,提高团队的技术水平。领导者要对团队的技术保持高度的警觉,因为技术直接关系到团队任务的完成。他必须不断地对成员的能力进行评估,预示团队未来所需要的技术要求。当团队存在或将要面临"技术缺口"时,他会改变、发挥或者培养团队成员在某个新领域的技能,或者会吸收新人,以填补团队的技术力量缺陷。

(4)搞好与外界的关系,清除团队发展道路上的障碍。一般外界人员会首先去找团队的领导,因此团队领导往往是团队对外交往的重要角色。这意味着,团队领导有时是团队的代言人,使组织和组织中的其他人了解团队工作的情况;意味着,为了团队的利益,他要站在团队的立场上向高层管理人员求情或申诉;意味着,要使团队成员免于不必要的批评或来自不同方面的压力,以保证团队成员的工作质量,等等。

(5)团队领导的另一个任务是创造机会使团队成员进一步发展。团队领导应该将整个团队的利益置于个人利益之上,他不会自己抓住所有的机会和功劳,而是让成员负起责任,学会执行新任务。通过这种做法,培养团队成员对团队的忠诚。

东航上海飞行部蔡晖:情怀与土壤

2014年9月26日,东航首航团飞赴美国西雅图迎接东航首架波音777-300ER飞机回沪,走马上任不久的东航上海飞行部飞行二部(波音777大队)总经理蔡晖担任此次首航机长。

仅一年多时间,东航波音777机队的飞机从1架变成13架,飞行员从20余名增加到300余名。到2017年春,其机队规模将扩大到20架,飞行员也将增加到400余名。机队规模的快速扩大以及飞行团队构成的多元化和年轻化,给蔡晖的管理团队提出了一个重要课题:如何帮助这些新入队的飞行员在尽快掌握新机型特征并投入安全运行的同时,兼容多元文化中的优秀传统文化,形成波音777团队自身的先进管理模式和优秀团队文化。

除了飞行时间之外,蔡晖的微信随时处于"待聊"状态,办公室的门都是敞开的。不仅蔡晖,其他团队管理者均是如此。在蔡晖的手机中,工作类的微信群不下20个。这些可以随时跨越时空交流的微信群,搭建起了贯通团队上下、企业内外的信息交互、工作平台。而与飞行员的聊天不局限于工作,可以海阔天空、柴米油盐。他说,平等而相互尊重的对话机制是建立具有凝聚力、向心力的团队的重要基础。

在同事眼中,蔡晖是一个大度、包容、严谨、有担当的好领导。东航上海飞行部二分部原党总支书记聊起蔡晖时,就毫不掩饰对小其10多岁的搭档的溢美之情:富有人情味,但原则性极强。他说,从飞行员家人患病进医院,到飞行员孩子入学等生活、家庭问题,蔡晖都会不遗余力地利用自己的人脉资源为其寻求解决之道,但唯独对涉及飞行技术、飞行时间的问题没有丝毫通融余地。

蔡晖说:"有朝一日,我们的年轻飞行员都将成为机长,肩负起神圣的使命和责任。我希望,这些未来的机长能传承老一辈飞行员的优良作风和传统,带着一种情怀上飞机,懂得敬畏生命及珍爱事业,完成从职业飞行员到情怀飞行员的跨越。"

在蔡晖心中,有两个重要目标召唤着他坚毅前行的脚步:一是早日成为一名功勋飞行员,二是将波音777飞行团队打造成为东航历史上安全飞行业绩最佳的团队。"即使若干年后,我们这些奠基者都退役了,也会为共同奋斗过的事业和创造过的辉煌感到由衷自豪。"蔡晖饱含深情地说。

(资料来源:孟明娟.《中国民航报》)

(6)优秀团队领导亲自从事实际的工作。他们不会光说不做,而是通过自己的实际行动表明,所有团队成员对团队的贡献都是大体相当的,每个人都拥有自己的地位。他们的行动也为其他成员提供了榜样。

(二)团队的成长

长期性团队的建立要用很长的时间,通常还需要顾问予以指导。真正有效的团队,会不断地学习和成长。我们应该把团队建设视为一个持续进行的发展过程。一个具有生产力的团队,就像一个具有生产力的工人一样,永远都为了充分发挥潜力而努力。在当前多变的组织环境中,必须把团队看成是一个在逐渐发展中的团体。

在团队发展的初期,管理层不可施予太大的压力或者期望太高。团队的每一个成就,无论是确定它的核心使命,还是人人都需遵守的规范,都是要经过一段同化时期才产生的。操之过急,会使团队成员没有时间庆贺和强化他们的成就、得到鼓舞,以及进行各种必要的调整。

一旦达到某个成功阶段,就必须设法维持它的成功动力。组织和管理者要小心谨慎地疏导团队探讨新的议题和新的目标。团队需要进步,但不能让它感觉管理层在推着它朝向新的目标,或是对它以往的努力和变革速度感到不满。

这种感觉会破坏团队精神。

在团队处于艰难时期,或是遇到难以解决的议题,需要重新检讨和修订解决问题的方法时,管理层只要对其角色系统做适当的确定、对组织的期望做详细的解释,以及给予适当的辅导,团队工作就会有进展。

(三)团队成员的协调

团队成员的组合是由管理层根据平衡和效能的原则来决定的,团队应由具有各种技能、背景、专长和不同视野的人组成。这种多样性能使团队从各种角度看问题和做决策。当各种人才都齐备时,创造、创新和平衡的观点才会出现。

团队成员成分需要异质性和多元化,而这却可能引起冲突。团队中经常出现的问题之一,就是团队成员之间相处的问题。工作团队异质性变高的同时,协调性越来越差。正如托夫勒(A. Toffler)描述的一群由部落酋长、大臣、自我膨胀的女高音、精明自重的诸侯、啦啦队、沉默的科技官僚、直喊上帝的传道者和家族企业里家长组成的杂耍班子,可能是总经理所不得不面对的。

每位成员都有个性,有些还很难相处。团队成员的分歧和差异、压力和焦虑,究竟是破坏团队的力量,还是团队不可缺的活力来源呢?

大多数人都希望有融洽的人际关系以保证顺利完成工作,但这却不符合团队的需求。具有技能和战斗精神的人,可能是最有价值的团队成员,但这种人也可能是最难缠的人。他提出的看法或许令人无法接受,但却是新的做法,或者可能激发别人的灵感。当然,这种观点并不能消除人们的疑虑:某些人的作风非常独特,使大家无法凝结成一个团队。但是,如果团队成员缺乏多样化的技能,那么,不管彼此的关系有多融洽,也无法弥补所损失的创造力和新观点。

因此,团队必须学会接受有才华的人(可能是难以相处的人),找出共同的基础和彼此都能接受的合作方式。在建立团队时,把焦点放在协助成员既能接受和利用冲突、又能相互合作上面。这需要让每位成员都了解其他成员的个性和作风,正如在前文"团队建设途径"中所强调的。需要替换无力扮演有效角色的某些团队成员的策略一般作为最后的手段来运用。

本章着重介绍与分析了团队的内涵和本质,强调了团队的价值功能,重点分析了团队的合作心理机制及其团队建设和管理的途径。通过案例分析,重在强调提高民航服务人员团队合作的意识,注重实际工作中的密切配合。

(1) 团队的特征与价值是什么？
(2) 合作心理机制包括哪些内容？
(3) 团队建设和管理的途径与方法有哪些？

东航机长谈作风　严谨飞行要"走心"

有一次飞航班，见中间座的学员坐姿特别端正，腰杆挺得倍儿直，于是我打趣他："你父亲当过兵吧？"小伙一脸惊奇："哇，机长，你怎么知道？"我微微一笑，故作神秘状："掐指算的呗。"当然，我肯定不会五行之术，猜他父亲当过兵，是从他坐姿中推测而来。家长的一言一行会影响和带动子女的修养。

其实飞行作风也是一样，无论身处何境，有何习惯、思维方式，最后落实在飞行上都会有体现。"飞行作风"不像法律，有清晰的条款，有具体的奖惩。鉴于此，出了任何不安全事件都可以套上这个概念。其后果，却像天天喊狼来了，久而久之，反而会放松了警惕。

那么，该如何才能有效地严谨飞行作风呢？

首先，严谨飞行作风需要团队的力量。

在民航，安全是一种状态，是一个持续的危险识别和风险管理过程。可以说，安全没有开始，也没有结尾，永远在路上。在飞行行业，大家都有一个共识：不管你经验多丰富，技术等级多高，只要是人总有打盹、犯糊涂的时候。但这种时候，如果机组成员能够提个醒，比如简单"复飞"二字，就能避免许多不安全事件的发生。结合安全的定义，我想，当置于一个有安全氛围的团队中时，对于个人来讲，这才是最安全的状态。

身处一个作风懈怠的组织中，大家都盘算着如何少出力，如何让自己过得轻松、舒服，你若严谨、认真、精细反而与大氛围格格不入，甚至会招来不理解、不认可。那么这时，你该如何选择？屈原就是一个典型的例子，在当时楚国权贵们醉生梦死之时，他忧国忧民，与大环境格格不入，最后只能抱着遗憾投江以明志。

所以，只有整个团队意识到作风的重要，由上而下地加以引导、宣传、教育，并持之以恒常抓不懈，才能让飞行队伍这个铁打的营盘流水的兵，维持一个较高的作风状态和安全水准。

其次，严谨作风是一场个人的修行。

在马斯洛的需求层次中,把人的需求分为:生理、安全、归属、尊重和自我实现。而在民航作风咨询通告中定义,杰出等级职业操守的飞行员致力于自我改进,并有真正的愿望,在任何时候都能表现得最佳。其实就是马斯洛原理中的"自我实现"部分。

可以说,作风超越了规章、制度,是一种企业文化和个人价值观的体现。你不能强迫每个人都保持站、坐皆有型,也不能要求每个人都举止优雅、落落大方,更不能保证每个人都对自己的道德、行动规范有很高的要求。但是,在正确价值观引导下,每个人都积极追求更好,这是可以做到的。

我们常常羡慕"两弹一星"元勋的奉献和无畏,也敬仰中国"天眼"总工程师南仁东,他们都在各自的领域用自己的行动为"作风"做了最好的诠释。可以想象,与他们共事的同伴们,在相当长的一段时间,都必定会被激励和鼓舞着。落实到我们个人,"严谨飞行作风"更可以渗透到方方面面,从前一天的预先准备研究天气和飞机情况开始,到穿衣戴帽和物品整理,再到飞行中管理个人身体、技术、情绪和团队氛围,以及飞行结束后的总结。好的作风,会给你贴上一个标签,影响你自己和你身边的人,是不断精进的表现。

总之,飞行作风的严谨不是一蹴而就的,是团队与个体不断磨合、相互促进、相互成长;飞行作风的严谨也是一种状态,是逆水行舟、不进则退;飞行作风的严谨,是一股精气神,是抓不住、看不着,但又能实实在在地感受到的存在。

海明威在《流动的盛宴》一书开篇说:"如果你年轻时在巴黎生活过,巴黎会一生都跟随你,因为巴黎是一场流动的盛宴"。我也如此形容"飞行作风",一旦养成良好的飞行作风,也会伴随你一生。(作者系东航飞行部四部一分部机长)

(资料来源:中国民航网)

第十章 心理素质培养与训练

> **课前导读**
>
> 优秀的心理素质对于民航服务人员来讲至关重要。本章着重分析了心理素质的内涵以及对民航服务工作的重要影响,分析了民航服务人员应具备的心理素质以及提高心理素质水平的途径和方法。
>
> **教学目标**
>
> - 了解心理素质的内涵以及心理素质的影响;
> - 了解服务人员应具备的心理素质;
> - 学习服务人员心理素质的培养与训练方法。

心理素质指的是一个人心理品质的高低。良好的心理素质是一个现代人在社会生活中所必须具有的品质,对于从事特殊行业的民航服务人员来说,更加重要。良好的品德修养、强烈的服务意识、高超的服务技能、优秀的心理素质和高尚的职业道德是一个优秀的民航服务人员所必备的品质。

第一节 心理素质概述

民航服务工作是一项特殊的职业。它既充满着神奇、光彩,为很多人所向往,同时又集风险、劳累、挫折等不利因素于一身。作为民航服务人员,除具备过硬的业务素质外,优秀的心理素质更是必不可少的,它对于民航服务人员的身心、工作有着相当大的影响。

一、心理素质的含义

心理素质,是指以个体的生理条件和已有的知识经验为基础,将外在获得的刺激内化成稳定的、基本的、衍生的并与人的适应行为和创造行为密切联系的心理品质。心理素质的形成源于生理、心理和外部条件。或者说,心理素质是以先天的禀赋为基础,在环境的教育、影响下形成并发展起来的稳定的心理品质。

例如,在先天禀赋方面,有人活泼好动,有人沉默寡言;有人暴躁,有人温柔;有人行动敏捷、灵活,有人缓慢、呆滞等。在智力因素方面,有的人记忆力好,有的人思维能力强等。在非智力因素方面,有人谦虚,有人骄傲;有人认真,有人马虎;有人意志坚强,有人怯懦、退缩;有人果断,有人寡断;有人会迎着困难上,有人则知难而退;有人追求物质需要,有人更注重精神需要等。

二、心理素质的影响

心理素质作为民航服务人员的素质的重要组成部分,不仅是其身心健康的重要标志,而且将对其他素质的形成和发展起推动和促进作用。良好的思想、道德、技能等素质,必须建立在良好的心理素质的基础上。不论是业务知识的获取,还是个体能力的发挥、思想品德的形成,无一不以认知能力、情感意志为基本心理成分,以心理过程和能力性格等个性心理特征的形成为基础。一个心理素质差的民航服务人员,不利于工作的顺利完成,不可能战胜各种困难和挫折,不可能充分挖掘自身的各种潜能。相反,一个具备健康心理素质的民航服务人员则能做到自尊、自爱、自律、自强,善于自我心理调适,从容适应工作和社会环境,有较强的耐受挫折和逆境的能力,能与人和睦相处、真诚合作,出色地完成工作,并使潜能得到不断开发。

某航空公司招聘空姐,靠一道心理测试题筛选:你能一次将生日蜡烛吹熄吗?

某航空公司招聘空姐,要求年龄在 25 岁以下,性格开朗,容貌端庄。经过严格的笔试,最后有 100 人通过初试。在面试部分,航空公司准备了这样一道心理测试题:你能一次将生日蜡烛吹熄吗?

备选的答案有两个:A.可以全部吹熄;B.可能会略有剩余;C.因为怕口水飞

溅到蛋糕上,没有全部吹熄。答案后面附注了一条资料:古希腊人在庆祝孩子的生日时,喜欢在蛋糕上插很多根点燃的小蜡烛。他们相信点燃的蜡烛具有神秘的力量,过生日的孩子在心中许下一个愿望,一口气吹灭所有的蜡烛,愿望就能实现。

参加面试的人中,有三分之二选了 A,六分之一选了 B,剩余的六分之一则选了 C。航空公司直接淘汰了选 C 的人,理由是这部分人或太过矫情,或做事过于拘谨,在工作中不会落落大方。

航空公司问选择 B 的人:"你们在插蜡烛时,是根据自己的岁数决定插多少根蜡烛,还是根据年龄的尾数?"

几乎 80%的人都说是根据自己的岁数来决定。航空公司也淘汰了这部分人。因为这部分人或太过浪漫,理性思维不足;或太过愚笨,想不到节省的办法。

对于选 A 的人,航空公司分别给每人一个插满 25 根蜡烛的蛋糕,让他们一次吹熄。结果,有一半的人因为紧张而没有吹熄。航空公司也淘汰了这部分人,理由是,遇到小考就紧张,若是出了航空事故,如何能够应对自如?

剩余的人一并进入深度面试。进入深度面试,就意味着已经被航空公司录用。进行第三轮面试的目的,是要在这些人中选拔一位主管人员。

深度面试的面试官皆为航空公司的主要负责人,问题只有一个:以"假如生命是一个生日蛋糕"为题,自由发言。

一名考生的回答得到全体面试官的称赞。她的回答是这样的:

如果生命是一个生日蛋糕的话,蜡烛见证了人心的成长。10 岁之前,我们插上屈指可数的蜡烛,一口气就能把它们吹熄,这是我们单纯而自信的童年;到了 20 岁,蛋糕上插满蜡烛,一口气吹下来,不可能全部吹灭。即使能全部吹灭,也会有头晕目眩的感觉。这时,意味着我们长大了,需要考虑的事情多了,难免有些应接不暇,过了 25 岁,我们选择年龄的尾数插上蜡烛。这时我们学会了化繁为简,逐渐告别单纯,走向成熟,慢慢学着做一个智慧的人。今天,我已经 25 岁了,即使没有蛋糕,也会在心里为自己点亮蜡烛。因为,我要时时刻刻提醒自己,做一个一口气吹熄全部蜡烛的人。

在发表感言时,她说:"做一个能一口气吹熄全部蜡烛的人,就是要求我们用智慧提炼生命,凡事学会化繁为简,这样才能发掘到生命当中的快乐泉眼!"

(资料来源:搜狐教育)

在民航服务中我们看到,心理健康的人,其目标追求明确、具体而现实,在目标实现过程中既能持之以恒,又能沉着应对困难和挫折,因而,在事业上能比一般人更有建树。对民航服务人员而言,优秀的心理素质对其身心及工作的作用体现在以下几个方面：

（一）是顺利完成工作的基本条件

民航服务工作是一项非常辛苦的工作，需要消耗大量的生理和心理能量，会带来疲劳和紧张，而且航班上经常会遇到"刁蛮"旅客而遭受委屈和误解，甚至投诉。这些在工作中常发生的不愉快，很容易使民航服务人员产生多种不良情绪。由于工作本身的特点，民航驾驶员和乘务员很容易处在高度紧张的心理状态中。因此，民航服务人员必须具有良好的心理素质。这不仅有助于调整自身的心态，更重要的是能够保证工作的质量，保证飞行的安全，顺利地完成工作任务。反过来，如果民航服务人员心理素质不过硬，对旅客、对自己、对航空公司都将产生不利的影响，甚至带来难以挽回的不良后果。

飞行员心理负荷不容忽视

在某一飞机系统/部件故障或特殊情况下，针对机组所承受的飞行心理负荷，笔者拟用以下表达式进行定性描述：

机组飞行心理负荷=（故障价值×故障数）/（可供处置的有效时间×机组整体处置能力）

在这个公式中，飞行员所面临的飞行"故障价值"是指处置该飞行险情的难易程度以及其对飞行安全所构成的威胁度；"可供处置的有效时间"是指在当时的环境下，容许机组做出判断、决策和实施处置的有效时间，也就是机组处置完主故障、引发的相关子故障或特殊情况并使航空器脱离危险转入安全运行而可供利用的时间；"机组整体处置能力"是指机组整体处理故障的综合实力，也是指机组理论、技术、心理素质、价值取向、CRM（机组资源管理）等的综合指数。

显然，故障数越多，牵涉面越广，飞行员面临的心理负荷就越大；故障或特殊情况的处理难度越大或者对安全构成的威胁越大，那么给飞行员造成的压力也就越大；机组整体处置能力越弱，遇到的故障越生疏，则机组飞行心理负荷越重。与此类似，在特定的环境中飞行员能够用于处置故障的时间越短，飞行员的工作负荷也越高，所承受的心理压力也会越大。在较高的心理负荷状态下时，飞行能力会明显下降。

（资料来源：刘清贵.《中国民航报》）

（二）有利于服务人员自我发展

心理健康的民航服务人员具有自我反省能力和自制力。健康的心理能使其正确认识和评价自己，正确对待工作中的挫折，无论身处顺境还是逆境，都能以乐观态度、进取精神正视现实、正视自己，以社会道德、法律规范来约束自己。反之，心理不健康的民航服务人员，则会表现出精神不佳、自卑、忧郁、苦闷与悲观，造成情绪、性格、人际关系上的缺陷，直接影响其工作适应能力和发展目标的实现。

深圳空管站艾国胜当选2017年度感动交通十大年度人物

在2017年"五一"国际劳动节来临之际，深圳空管站塔台管制室主任艾国胜荣获"2017年感动交通十大年度人物"称号，成为民航系统唯一当选代表。

站在领奖台上，当主持人问他，指挥飞机，处置特情，会不会紧张时，艾国胜认真地说，紧张是肯定的，但是管制工作适度的紧张又是必要的，我们有标准的处置流程，有严格的培训演练，有优秀的团队协作，保证了所有管制员都有足够的专业技能和过硬的心理素质。

被问到坚持一线十多年，如何对这份职业保持激情时，他说，管制对于他不仅仅是一份工作，更是事业和追求，可以实现自己的人生理想和价值。管制员的世界有时候很简单，两个同行碰到一起，如何调配飞行冲突是永恒的话题。每当看到航班平安落地，旅客顺利出行，飞行员在波道中的一句"辛苦了，谢谢"，他内心都充满成就感。

"其实没想过会得奖，我就是值班做好本职工作。"捧着水晶奖杯的艾国胜略带羞涩地笑了笑，"我感到无比自豪，感谢各级领导和各位朋友对我的支持和关心。"

（资料来源：李芳芳、郑阳.中国民航网）

（三）有利于服务人员潜能的开发

20世纪初，美国著名心理学家威廉·詹姆斯就曾断言，普通人一般只开发了他们全部潜能的极小部分。他说："与我们所具有的全部潜能相比，我们只苏醒了一半。我们的热情受到打击，我们的蓝图没能展开，我们只用了我们头脑和身体资源中的极小一部分。"健康的心理会促进民航服务人员开发自己的潜能，注意发展、完善和实现自我。在面对工作中某些失败的教训时,他们一般不会产生哀怨或沮丧的不良情绪,而是建设性地对待问题,努力去争取工作的成功。

(四)有利于服务人员充满自信

现代社会要求民航服务人员不仅具有良好的思想品德、优异的业务知识,还要有稳定的情绪、良好的人际交往能力和较强的工作适应能力等心理素质。健康的心理会促使服务人员在学习和工作中积极培养和提高自身的综合素质,使其目标明确,努力追求成功;在遇到失败和挫折时善于总结经验,积极寻找新途径和新方法;在面对选择时勇于表现自己,善于推销自己,充满自信,不畏艰难和不怕失败,能以较强的业务知识和充分的思想准备,满怀信心地走向社会和工作岗位。

(五)有利于服务人员提高自制力

具有良好心理素质的民航服务人员,能够善于控制和支配自己的情绪,约束自己的言行,促使自己去执行已经采取的决定,既能控制与实现目标不一致的思想情绪和外界诱因,保证不偏离既定活动目标,又能为实现既定的崇高目标,忍受各种磨难与痛苦。

当那个矿泉水瓶子砸在我后背上的时候,我真的有些懵了

作为面对乘客的最前沿窗口部门,负责换登机牌的值机员遇到的问题同样直接甚至棘手。29岁的朱某文静秀美,属于那种大声说话都怕惊扰了别人的温柔女子。然而她也要经常面对因为不满航班延误而寻衅闹事者的围攻,甚至有一次,一个带着两个孩子的父亲把已经嚼过的口香糖从嘴巴里吐出来,又扯成一绺一绺地悉数粘在柜台上。"我当时真是挺替他悲哀的,他的那么小的两个孩子就在旁边看着自己的爸爸做出这种不礼貌的事情来。"

事实上,每天面对那么多五湖四海的乘客、面对那许多防不胜防的新问题,很多服务人员都感叹真是能从这个小窗口里看到人生百态。内秀腼腆的李某是去年才毕业的大学生,走上社会的第一份工作就是在做值机员,若问她现在最大的感受是什么,她一定会说,以前自己把这个世界想得太简单了,把与人交往也想得太简单了:"我以前总以为,有什么事情,你只要很认真地听他说,并且很耐心地帮他出主意想办法解决,就总是能够处理好的,但是后来看看,还真不是那么简单的事情,你需要的不但有耐心,还有忍耐力、克制力。"

李某一直记得自己第一次受到的袭击是一个乘客为了发泄心头的不满,将一个矿泉水瓶子砸向柜台里的工作人员:"那个瓶子正好砸在我的后背,我当时就疼得差点掉眼泪,心里更是委屈得不得了。要知道我们已经在尽力满足他们提出的要求了,为什么他们就一点也不理解呢?"

霸机、冲击服务柜台、损毁候机厅里的公共设施、封堵检票口、甚至对服务人员进行人身攻击……这些都是李某他们经常能碰到的事情。有一次,一个男人竟然将一个大花瓶向李某砸过去,她的胳膊上立刻被划出一道印痕。"我当时真有把手里的步话机向他砸过去的冲动,但最终还是忍住了。哎,反正我的脾气以前挺不好的,到这边来,全练出来了。"

(资料来源:青志信.中国东方航空江苏有限公司网站)

第二节 服务人员心理素质培养与训练

一、心理素质的内容

要想能够胜任民航服务工作,民航服务人员必须具备以下几方面的心理素质:

(一)自觉性

自觉性,是指能够独立自主地调节控制自己的行动,主动性、独立性强,从而达到自己的目的。具有自觉性的服务人员,不用别人暗示和督促就能独立地发现问题,并主动地使自己的行动服从于目的。有自觉性的服务人员能把自己的热情和力量都投入到工作中去,即使遇到困难也决不妥协、不动摇,总是千方百计地去克服困难,坚决执行决定。

南航新疆空姐细微服务见真情

1月8日,南航CZ6998(上海—乌鲁木齐)航班正常起飞,飞机在10 800米高空平飞。乘务员孙某和往常一样在客舱里不停地巡视、忙碌着。无意之间她发现一位中年女性旅客手里拿着一袋牛奶不停地在她自己的脸上、肚子上变换着位置……这是怎么回事呢?细心的孙某立刻轻轻地走过去询问这位旅客是否身体不舒服、有什么需要帮助的,旅客说,她有胃病不能喝凉牛奶,刚才是想放在脸上或肚子上热一下再喝。小孙说这件事就交给我吧。起初这位旅客执意不肯,怕太麻烦了。但看到乘务员小孙是真心想帮她时,就打消了顾虑,欣然接受了这诚挚的关怀。小孙把牛奶拿到服务舱用热开水烫了又烫后,亲自把牛奶递还给了这位旅客,还顺手给她带了一根吸管。贴切的服务把这位旅客感动得不知说什么才好,一个劲儿地说"谢谢!谢谢!"从这些细微的、平凡的小事中,充分地体现了南航的温馨服务无处不在、无微不至。

(资料来源:中国民航信息网)

(二)坚持性

坚持性,是指在工作中坚持决定,克服困难,百折不挠,不达目的誓不罢休,善于长期维持和既定目标相一致的行为,不轻易放弃对既定目标的追求。具有坚持性的服务人员不仅能顺利完成容易而感兴趣的工作任务,而且也能以顽强的毅力和饱满的精力投身于困难重重、枯燥乏味的工作之中。

飞机监护员小于:安全飞行的最后守护者

小于是首都机场安保公司飞机监护岗的一名分队长,1999年加入民航安检队伍的他,已经在飞机监护一线连续工作了16个年头。在这16年的时间里,他从飞机监护队员做起,通过自己的不懈努力,成为一名基层管理人员。

谈起自己的成长经历,小于感慨万千。还记得刚来首都机场的时候自己还是个年轻的小伙子,工作的历练让他成了员工眼中的楷模。参加工作的16年时间里,他曾先后荣获公司级优秀共产党员3次,优秀班组长6次。当然,这些荣誉的背后是他艰辛的付出。

在外人看来,飞机监护员的工作非常简单,甚至有些机械,但作为一名从事监护工作十几年的老员工,小于深知监护工作的职责并不简单。监护员是距离飞机最近的人,是旅客登机前的最后一道查验程序,是空防安全的最后一道关口。工作中,他任劳任怨、一丝不苟。并且,他对时间有着一种与生俱来的敏感,因为他知道时间就是命令,时间就是安全,一丝疏忽和侥幸都可能带来不可弥补的损失和危害。为了确保空防安全,在工作中他身先士卒,充分发挥一个党员的先锋模范作用。特别是在一些重大保障任务过程中,他始终坚持工作在第一线,无论酷暑或寒冬,停机坪上都能看到他带领员工守护空防安全的身影。

加强岗位责任意识,确保空防绝对安全,是于分队长对自己分队员工的要求,也是他十六年一直坚守的信念。时光飞逝,转眼间这个70后的汉子已经不再年轻了,但他依旧坚守着自己的岗位,默默奉献着!

(资料来源:中国民航网)

(三)果断性

果断性,是指善于迅速明辨是非,并在决策关头当机立断的能力。具有果断性的服务人员,在复杂的情况下能够迅速有效地执行决定,勇敢、及时地投入行动,在特定情境下能够审时度势,全面、深刻地认识到行动的目的和应当采取的方法。

飞行员如何才能获得果敢的决断能力

一是加强专业知识和经验积累,提高决断的敏捷性,形成合理的知识结构。

二是坚持正确的价值取向,提高决断的果断性。如边缘天气的复飞决断,假若前一架飞机顺利着陆了,紧跟在后面的自己虽然也知道天气变化很快,条件已经低于降落标准,但因为怕别人说自己水平低,落不下去,也硬着头皮往下落,甚至偏差超标了也不复飞。发生着陆"偏、冲、掉、擦"飞行事故征候的,许多都是归属于这类价值取向问题。实际上,面对低于最低气象标准的天气,果断地拉升复飞的是合格的机组,而硬着头皮往下落就算侥幸着陆成功的也不是负责的机组。飞行职业道德的最高价值取向是一切为了安全!将安全真正放在首位,才能不受干扰地提高决断的果断性。

三是警惕定势心理,提高决断的独立性。过去的经验、做法对于判断和解决传统的、常见的特殊情况应该是有效的,但也要防止"技能负迁移"的消极影响,要警惕定势心理的误导,即使是同一类型的特殊情况,其产生的环境、外界条件以及诱发原因不尽一致,因此,处置步骤也应该不一样,有所侧重,有所区别。

(资料来源:刘清贵.《中国民航报》)

"英雄机长"刘传健

2018年5月14日,四川航空公司3U8633航班飞机在万米高空突发驾驶舱右侧风挡玻璃爆裂脱落、座舱释压的紧急状况。在此紧急关头,机组临危不乱、果断应对、正确处置,创造了成功处置险情的契机,避免了一场灾难的发生,确保了机上119名旅客和9名机组人员的安全,引起极大的社会反响。机组高超的技术水平、优良的职业素养和履险如夷的英雄行为,感动了无数人,鼓舞了无数人。为此,民航局和四川省人民政府授予成功处置险情的川航3U8633航班机组"中国民航英雄机组"称号,授予刘传健同志"中国民航英雄机长"荣誉称号。

"英雄机长"的背后,源于千锤百炼的精湛飞行技术、勇当人民生命守护者的坚定信念、敢于战胜一切困难的过硬作风。1995年,刘传健毕业于中国人民解放军空军第二飞行学院,凭借"全优"的毕业成绩留校任教担任飞行教员。2006年,刘传健转业民航,在四川航空公司任飞行员,并先后担任川航重庆分公司飞行部中队长、综合业务管理室经理。独特的经历,使刘传健的飞行生涯既有空军部队的严谨作风和坚强意志,也烙上了中国民航的安全管理文化和勤学苦练的执着追求。

刘机长告诉记者,没有那么多"史诗级的降落",所有的好运,不过是以前漫长日子里的坚守和专业素养,认真且注重细节。从空军到民航,他飞了23年,川藏线飞了100多次,研究过无数的故障和特情。

他还说:"荣誉是属于大家的,属于整个民航行业的,我们只是一个代表而已,没有更多值得炫耀和夸奖的东西。如果要说夸奖,那是中国民航的管理做得很好,他们管理非常严格,我们下面的才做得不错。"

(资料来源:中国民航网、重庆晨报)

(四)自制力

自制力,是指善于控制自己的情绪,并能有意识地调节和支配自己思想和行动的能力。这种自制力表现在两方面:其一,是善于鞭策自己去执行新采取的决定;其二,是善于抑制与目标相违背的愿望、动机、情感和行动。自制力强的服务人员能严格控制自己的各种消极情绪,对挫折有很强的承受力,在学习、工作中能够高度集中注意力,达到忘我的境界。

地服员小王：我用真情诠释责任

在日常工作中，机场地服人员最不愿意看见的就是因为各种原因引起的航班延误。每当看见因为航班延误而不知所措的花甲老人，每当看见怀抱婴儿焦急等待的母亲，每当看见因病重急需成行医治的苍白脸庞，小王的心中都会泛起一丝酸楚。而此时他只能尽可能地做好服务工作。旅客的责怪和不解在耳边萦绕，只能默默承受。

还记得2011年春运时，一位旅客所乘坐的航班是由海口经停青岛到沈阳，而那段时间海口天天大雾，所以航班一直无法按时起飞。那时正值春运，也没有后续的航班可以改签。当时那位旅客情绪很大，在值机柜台从中午11点左右一直纠缠到下午1点。而这期间，小王一直耐心解释，并尽可能地帮旅客想其他方法。两个多小时的时间，他的电话几乎没有停歇。他想是否可以从大连、北京或者天津中转到沈阳，于是，他一一查找从青岛到大连、北京、天津几个地方的余票，但是当时票很紧张，都没有了。能想到的办法都试过了，此时的他只能耐心地劝说旅客再等一等。下午一点多了，考虑到旅客还没有吃饭，小王又带着旅客去餐厅吃饭，从交流的过程中，小王了解到，因为工作原因，这位旅客一年只能回一次家，年迈的父母正焦急地等着他回家团聚。"了解情况后，我心里酸酸的，很不是滋味儿。"他说。"航班延误给您造成了麻烦真是对不起。"小王一遍遍跟旅客道歉。此时，饭吃到一半，这位旅客突然说："你们上班也不容易，你赶快去忙你的吧，我再等等。"旅客对他的表现表示了认可，并理解了他的工作。随后，小王等旅客吃完饭，把他安排到休息室，并把自己的手机号码留给了他，"我们成了朋友，会经常联系。"

"碰到有来投诉的旅客，要换位思考一下，站在旅客的角度去想，就容易解决问题了，"小王说，"心里想的只有把航班处理好，把旅客安抚好，只有心系旅客才能提升服务质量，只有热心服务旅客才是对公司和旅客最大的回报。"

（资料来源：中国民航网）

（五）责任心

责任心，是性格心理的组成部分，具有稳定性，使人能自觉、主动、积极地尽职尽责。当服务人员完满地尽到自己的责任时，会产生满意、愉快的情感，如果没有尽到自己的责任,会深感不安和内疚。可以说,有了责任心,个人的价值才能得到充分、合理的体现。

客舱里组织小旅客绘画比赛　缓解航班延误的负面情绪

乘务工作需要敢于承担责任的责任心,善于分析和处理问题的判断力,恰到好处的执行力。这对于身为东航云南分公司乘务员的王小艳而言,不论在体力和智力方面都是一个挑战,然而她十分享受这样的挑战。她不止一次地表示:"人生因挑战变得精彩而充实。"

一次,王小艳执行任务时遇上了航班延误,由于正值暑运期间,客舱里小旅客特别多。由于长时间的等待,旅客难免会产生急躁情绪,一位带孩子的女士叫住了一名乘务员,气愤地质问航班延误的原因,尽管乘务员已把其所了解的情况都告诉了乘客,并尽量安抚她的情绪,可这位女士还是怒气难消。这时,王小艳看见这位女士的儿子正在一张纸片上涂鸦,灵机一动,她让乘务员取来了头等舱的杯垫纸作为画纸,拿出听装饮料以及小吃零食作为奖励品,现场组织小旅客们开展了一场绘画比赛。即刻,一幅幅充满童趣的作品在孩子们的笔下诞生,大人们也饶有兴趣地在一旁观看。接着,她还组织旅客们推选出了评委小组,为小旅客们的作品评分。一时间,客舱里其乐融融,充满欢声笑语……航班延误的事儿似乎也被大家遗忘了。直到航班收到放行许可指令时,大家都还有点意犹未尽。

临下机时,依依不舍离开客舱的孩子们都问乘务员们:"下次还会有比赛吗?"而每一位惜别的家长也纷纷报以赞赏的微笑。

(资料来源:王玭、康露城.中国民航网.)

(六)自信心

自信,是指人们凭借自己的能力克服各种困难,对揭示自然或社会发展规律充满信心。

服务人员在学习、工作和生活中不可能一帆风顺。有的服务人员一遇挫折和失败就情绪低落、怨天尤人、灰心丧气,甚至惊慌失措,彻底崩溃;有的服务人员则视胜败为人生常事,从中吸取教训,在失败中寻找成功的因素,继续努力。面对挫折和失败,两种人的行为表现截然不同,关键在于有无自信。坚强的自信心带来顽强的毅力,可以使人最大限度地发挥聪明才智,蔑视困难和失败。

培养自信心的关键,是要肯定自身存在的价值,学会客观地分析自己,既要看到自己的长处,也要了解自己的短处。看不到自己的长处,容易产生自卑心理;看不到自己的短处,容易产生傲慢心理。这样的人在困难面前都会失去信心。

(七)团队精神

团队精神使工作更有效率,使组织有更高的凝聚力,并发挥出创造性。民航服务工作的性质,要求团体成员要精诚合作,密切配合,这是一个群体性的工作。下面的这个例子就很好地说明了团队精神的重要性。

他们为安全飞行保驾护航

身处白云塔台重地的他们,肩负着神圣的使命——飞行区施工管理、飞行区异常情况处置、应急救援组织指挥、不安全事件信息收集传递、大面积航班延误处置、航班服务信息接收传递和处理、指挥调度保障单位做好航班保障等。他们就是广州白云机场运行指挥中心运行监控部的"天地通"班组。

服务贯穿于天地之间。上至蓝天,服务空中航班;下至大地,协调地面运行。守护白云机场的安全运行,是机组与保障单位间沟通的桥梁。创建六年以来,"天地通"坚守着自己的服务理念不断成长,在班组建设中成为一面鲜明的旗帜,多次获得股份公司十佳班组和优秀班组称号。

某天17:50,塔台专线电话传来一条紧急消息"某航班空中出现紧急情况,机组宣布'MAYDAY',预计落地时间18:06,使用20L落地,落地后需要消防车尾随"。接报的小胡立马打起了十二分精神,一边谨慎地复述塔台传递的信息,一边奋笔疾书做着记录。"MAYDAY"这一字眼像一股强劲的冲击波袭向同事们的大脑,所有人的目光瞬间汇聚到了小胡身上。班组长仔细核对信息无误无漏后,当机立断做出启动集结待命的决定,集结点为东三集结点。组员在班组长的统筹下分工合作,有的负责与塔台保持联系跟进飞机最新状况;有的负责按《航空器突发事件通报卡》通知各应急保障单位并报告相关领导;有的密切关注场面雷达,监控飞机落地情况。顷刻,消防、急救、公安的车辆呼啸而来,在集结点整装待发。18:06,在这间不容发的时刻,所有人屏住呼吸,默默祈祷着一切平安。飞机终于在所有人的关注下安全着陆,在消防车的尾随下抵达机位。18:18,总指挥指示解除预案。短短的28分钟,白云机场上演了扣人心弦的一幕。生死攸关,压力重重,办公室里弥漫着紧张的气氛,但班组成员运筹帷幄,决胜千里,以专业的知识、丰富的经验和严谨的作风夺取了救援"攻坚战"的胜利。

六年的建设历程,"天地通"班组成员一直秉承踏实肯干、不断进取的工作精神,取得了丰硕的成果。"天地通"班组还将继续努力,通过对自身的不断强化紧跟白云机场的发展步伐,做白云机场安全运行的坚强的守护者,为白云机场安全高效的运行奉献自己的青春力量!

(资料来源:中国民航网)

二、民航服务人员提高心理素质的策略

民航服务人员要想提高自己的心理素质状态,至少以下几点是需要予以重视的:

(一)培养健全人格

人格,是人心理的核心,反映一个人的处世哲学、精神风貌、道德品质。人格是身心健康的基础,也是心理健康与否的重要标志。因此,培养健全的人格是保持心理健康必须首先重视的一条。为此,应该:①确立正确的世界观、人生观、价值观,有崇高的理想境界和高尚的道德情操;②培养爱国主义和集体主义精神,要助人为乐、与人为善;③培养敢于面对现实、正视现实、求真务实的态度和开拓进取的精神;④锻炼坚强毅力,有胜不骄、败不馁的意志品质;⑤培养艰苦奋斗、勤奋工作(学习)、勇于追求真理的精神品质;⑥培养谦虚谨慎、沉着稳重、敢于和善于批评与自我批评的良好品质,努力使自己的言行举止与社会要求相适应;⑦培养开朗、豁达的性格,保持乐观、愉快的心境;⑧培养广泛的兴趣爱好,以愉悦生活、丰富精神食粮、帮助事业成功、增强适应生活环境的能力。

(二)要有自知之明

民航服务人员对自己各方面的现状都应做到心中有数,做到自我评价客观、真实,唯有如此,方能使自己头脑清醒,立于不败之地,保证身心健康。

(三)培养战胜挫折的能力

挫折,人生难免,但如何对待却是人各不同。处理好挫折有利于身心健康,但首先要有战胜挫折的能力。为此,要不怕挫折;要认真总结经验教训,分析挫折原因;要借鉴别人战胜挫折的方法和经验,在工作(学习)过程中逐步培养战

胜挫折的能力。

(四) 培养良好的环境适应能力

环境包括多方面,有自然环境、人际环境、工作单位、家庭和社会环境等。这些环境都需要很好地去适应。能很好地适应环境,无疑对身心健康有利。要适应环境,首先要有思想和知识准备,因此需要努力学习;其次要培养冷静、稳重、果敢的性格和处理问题的能力;最后,要正视现实、总结经验教训、学会适应方法。

(五) 培养积极心态

积极良好的精神和情绪状态,是保持心理健康的一个重要条件。积极、向上、乐观的精神和情绪,有利于经受住来自各方面的考验,有利于锻炼应付与战胜困难和挫折的能力,使身心少受伤害。积极良好的心态来自豁达开朗的性格和事事想得开的本领。

(六) 理顺人际关系

人际交往是人生活的重要组成部分。人际关系状况直接影响人的情绪,进而影响健康,所以理顺人际关系很重要。理顺人际关系,一是理解。理解对方的心情、难处。理解是缩小心理距离、处理好相互关系的基础。二是沟通。沟通可以了解相互间产生矛盾原因之所在,可以融洽感情、消除矛盾。三是谅解。对对方采取谅解、宽容的态度,能缓和对立情绪,为矛盾、冲突的解决提供有利条件。四是性格开朗、心胸宽广。有这样的性格和心胸,就不会为令人不快的人际矛盾而烦恼伤神,矛盾也容易解决。

(七) 参加有益活动

积极参加有益的活动,如积极健康的文化娱乐活动、体操练功、旅游、公益劳动等。参加这些活动能愉悦心情、广交朋友、增长见识、锻炼身体、调节心理功能,自然有利于身心健康。因此,培养参加有益活动的兴趣和毅力是很必要的。

本章小结

良好的心理素质是服务人员从容乐观地面对工作和生活的重要品质。作为一名民航业的服务人员,具备优秀的心理素质更加重要,必须要加强自我学习,提高修养,养成优秀的心理素质。掌握提高自身心理素质的内容与方法,成为一名优秀的民航人。

(1)心理素质的内涵是什么?
(2)心理素质的内容有哪些?

心理健康测试表

根据自己过去和现在的情况,回答下面的60个问题。符合提问内容的在括号中记2分,有点符合的记1分,不符合的记0分,不清楚的也记0分。回答时不必仔细考虑,要尽快回答。

1. 如果周围有喧嚷声,不能马上睡着。(　　)
2. 常常怒气陡生。(　　)
3. 梦中所见与平时所想的不谋而合。(　　)
4. 习惯于与陌生人谈笑自如。(　　)
5. 经常地精神萎靡。(　　)
6. 常常希望好好改变一下生活环境。(　　)
7. 稍稍等人一会儿就气得不得了。(　　)
8. 常常感到头有紧箍感。(　　)
9. 看书时对周围很小的声音也会注意到。(　　)
10. 不大会有哀伤的心情。(　　)
11. 常常思考将来的事情并感到不安。(　　)
12. 整天孤独一人时常常心烦意乱。(　　)
13. 常常有由于慌忙导致失败的情形。(　　)
14. 经常担心别人对自己的看法。(　　)
15. 经常以为自己的行动受别人支配。(　　)
16. 做以自己为主的事情,常常非常活跃,全无倦意。(　　)
17. 常常担心发生地震和火灾。(　　)
18. 希望过与别人不同的生活。(　　)
19. 失败后,会长时间地保持颓丧的心情。(　　)

20. 过度兴奋时常常会突然神志昏迷。（　　）
21. 即使最近发生了什么事故,也往往毫不在乎。（　　）
22. 常常为一点小事而十分激动。（　　）
23. 很多时候天气虽好却心情不佳。（　　）
24. 工作时,常常因想起什么突然外出。（　　）
25. 常常对别人的微词耿耿于怀。（　　）
26. 常常因为心情不好感到身体的某个部位疼痛。（　　）
27. 常常会突然忘却以前的打算。（　　）
28. 尽管睡眠不足或者连续工作但毫不在乎。（　　）
29. 生活没有活力,意志消沉。（　　）
30. 工作认真,有时却有荒谬的想法。（　　）
31. 与人约定事情常常犹豫不决。（　　）
32. 看什么都不顺眼时常常感到头痛。（　　）
33. 常常听见他人听不见的声音。（　　）
34. 常常毫无缘由地快乐。（　　）
35. 一紧张就直冒汗。（　　）
36. 比过去更厌恶今天,常常希望最好出些变故。（　　）
37. 往往漠视小事而无所长进。（　　）
38. 紧张时脸部肌肉常常会抽动。（　　）
39. 有时认为周围的人与自己截然不同。（　　）
40. 常常会粗心大意地忘记约会。（　　）
41. 爱好沉思默想。（　　）
42. 一听到人说起仁义道德的话,就怒气冲冲。（　　）
43. 一着急后总是担心时间,频频看表。（　　）
44. 尽管不是毛病,但常常感到心脏和胸口发闷。（　　）
45. 不喜欢与他人一起游玩。（　　）
46. 常常兴奋得睡不着觉,总想干些什么。（　　）
47. 尽管是微小的失败,但总是归咎于自己的过失。（　　）
48. 常常想做别人不愿意做的事情。（　　）
49. 必须在别人面前做事情时,心就会激烈地跳动起来。（　　）
50. 心情常常随当时的气氛变化很大。（　　）
51. 即使是自己发生了重大事情,也能冷静思考。（　　）
52. 往往因为极小的愉悦而非常感动。（　　）
53. 心有所虑时常常情绪非常消沉。（　　）
54. 认为社会腐败,不管怎么努力也不会幸福。（　　）
55. 失败一次后再做事情时非常担心。（　　）
56. 常常有嗓子被堵的感觉。（　　）
57. 常常视父母兄弟如路人一般。（　　）

58. 常常与初次相见的人愉快交谈。（　　）
59. 念念不忘过去的失败。（　　）
60. 常常因为事情进展不如自己想象的那样而怒气冲冲。（　　）

心理健康自我鉴定评分表

症状类型	问题号码										合计
焦躁神经症	1	7	13	19	25	31	37	43	49	55	
歇斯底里	2	8	14	20	26	32	38	44	50	56	
精神分裂症	3	9	15	21	27	33	39	45	51	57	
躁郁症	4	10	16	22	28	34	40	46	52	58	
抑郁症	5	11	17	23	29	35	41	47	53	59	
神经质	6	12	18	24	30	36	42	48	54	60	

计分

1. 按照表中所列的题号横向相加起来,分别填入合计栏中。
2. 计算心理症状指数:将合计栏中的6项得分相加,再将总数乘3,所得分数即为心理症状指数。一般来说,精神症状指数低于61则无重大问题。

分数解释

1. 心理症状指数18~23的人精神健康,没有什么不良征兆。
2. 心理症状指数33~47的人精神健康,但要检查一下某一症状类型的得分是否过高。
3. 心理症状指数48~61的人精神健康状况一般,要努力调整自己的健康状况,使心理症状指数达到47以下。特别要积极找出得分较高的症状类型的病因,及时治疗。
4. 心理症状指数62~76的人,有心理疾病的征兆,最好去请专科医生诊断,进行缜密的分析。在做自我评价时,自己检查一下哪一项症状最严重,以便选择治疗的办法。要仔细分析症状严重的原因,并努力解除这个原因。
5. 心理症状指数77~90的人已经患有某种程度的心理疾病,一定要接受专科医生的诊断,早期发现,早期治疗,尽早恢复心理健康。

参考书目

1. 刘纯. 旅游心理学[M]. 北京:高等教育出版社,2002.
2. 周晓虹. 现代社会心理学[M]. 上海:上海人民出版社,1997.
3. 章志光. 社会心理学[M]. 北京:人民教育出版社,1996.
4. 夏国新. 新编实用管理心理学[M]. 北京:中央民族大学出版社,1999.
5. 胡卫东. 人际关系心理学[M]. 沈阳:辽宁大学出版社,1995.
6. 贾晓波. 心理适应的本质与机制[M]. 天津:天津人民出版社,2001.
7. 张春兴. 现代心理学[M]. 上海:上海人民出版社,1994.
8. 卢盛忠. 管理心理学[M]. 杭州:浙江教育出版社,1985.
9. 陈祝平. 服务市场营销[M]. 大连:东北财经大学出版社,2001.
10. 陈祝平. 服务营销管理[M]. 北京:电子工业出版社,2002.
11. 金正昆. 服务礼仪教程.[M]北京:中国人民大学出版社,1999.
12. 天宇. 如何赢得顾客的心[M]. 北京:中国致公出版社,2003.
13. 于保政. 餐馆服务实用手册[M]. 北京:中国物资出版社,2005.
14. [澳]约瑟芬·艾夫. 卓越服务[M]. 北京:旅游教育出版社,2005.
15. 邹金宏编著. 现代餐饮服务与培训手册[M]. 广州:广东经济出版社,2004.
16. 吴正平、阎纲. 旅游心理学[M]. 北京:旅游教育出版社,2003.
17. 余晓晖. 2008公民礼仪手册[M]. 北京:清华大学出版社,2006.
18. 洪美玉. 旅游接待礼仪[M]. 北京:人民邮电出版社,2006.
19. 田光占. 旅游礼仪[M]. 成都:西南财经大学出版社,2001.
20. 孙乐中. 导游实用礼仪[M]. 北京:中国旅游出版社,2005.
21. 曾力生. 旅游心理学[M]. 长沙:中南大学出版社,2005.
22. 孤草编. 逆境心理学[M]. 北京:大众文艺出版社,2001.
23. 高觉敷. 西方心理学的新发展[M]. 北京:人民教育出版社,1987.
24. 颜世富. 心理健康与成功人生[M]. 上海:上海人民出版社,1997.
25. 孟昭兰. 情绪心理学[M]. 北京:北京大学出版社,2005.
26. [美]Jerry M. Burger. 人格心理学[M]. 陈会昌等译. 北京:中国轻工业出版社,2000.
27. 张等菊. 服务心理学[M]. 北京:经济科学出版社,2013.
28. 程春旺. 酒店服务心理学[M]. 北京:国防工业出版社,2012.

全国空中乘务专业规划教材

书 名： 民航概论（第4版）
ISBN： 978-7-5637-1081-2

书 名： 空乘服务概论（第4版）
ISBN： 978-7-5637-1523-7

书 名： 民航旅客运输（第4版）
ISBN： 978-7-5637-1521-3

书 名： 民航法律法规与实务
（第5版）
ISBN： 978-7-5637-1029-4

书 名： 客舱设备运行及管理
（第4版）
ISBN： 978-7-5637-1028-7

书 名： 客舱服务技能与训练
（第4版）
ISBN： 978-7-5637-1779-8

书 名： 民航地勤服务（第5版）
ISBN： 978-7-5637-1080-5

书 名： 民航服务心理与实务
（第5版）
ISBN： 978-7-5637-1518-3

书 名： 空乘服务沟通与播音技巧
（第5版）
ISBN： 978-7-5637-1514-5

书　名：航空卫生保健与急救
（第5版）
ISBN：978-7-5637-1516-9

书　名：空乘人员形体及体能
训练（第4版）
ISBN：978-7-5637-1515-2

书　名：空乘人员化妆技巧与
形象塑造（第5版）
ISBN：978-7-5637-1520-6

书　名：空乘人员仪态与服务
礼仪训练（第3版）
ISBN：978-7-5637-2123-8

书　名：民航乘务英语会话
（第4版）
ISBN：978-7-5637-1517-6

书　名：民航乘务英语视听
（第2版）
ISBN：978-7-5637-2408-6

书　名：民航服务实用韩国语
（第2版）
ISBN：978-7-5637-2998-2

书　名：空乘地勤英语一本通：
应试+工作
ISBN：978-7-5637-3400-9

总策划:刘 权
执行策划:李红丽
责任编辑:李红丽

图书在版编目(CIP)数据

民航服务心理与实务/张澜编著.—北京:旅游教育出版社,2007.7(2022.7)
(全国空中乘务专业规划教材)
ISBN 978-7-5637-1518-3

Ⅰ.民 Ⅱ.张… Ⅲ.民用航空—旅客运输—商业心理学—教材 Ⅳ.F560.9

中国版本图书馆 CIP 数据核字(2007)第 086093 号

全国空中乘务专业规划教材

民航服务心理与实务
(第5版)

张 澜 编著

向 前 聂建波 梁定召 董泽俣 张彩霞 参编

出版单位	旅游教育出版社
地 址	北京市朝阳区定福庄南里1号
邮 编	100024
发行电话	(010)65778403 65728372 65767462(传真)
本社网址	www.tepcb.com
E-mail	tepfx@163.com
印刷单位	北京泰锐印刷有限责任公司
经销单位	新华书店
开 本	710 毫米×1000 毫米 1/16
印 张	17.5
字 数	261 千字
版 次	2019 年 6 月第 5 版
印 次	2022 年 7 月第 6 次印刷
定 价	38.00 元

(图书如有装订差错请与发行部联系)